W0288522

Rahel Eckert-Stauber   Andrea Neuhaus   Marta Rüegg   Monika Wyss

Deutsch.

Rahel Eckert-Stauber Andrea Neuhaus Marta Rüegg Monika Wyss

Deutsch.
Deutsch und Kommunikation für berufliche Schulen

hep der bildungsverlag

der bildungsverlag
www.hep-verlag.de

Rahel Eckert-Stauber Andrea Neuhaus Marta Rüegg Monika Wyss
Deutsch.
Deutsch und Kommunikation für berufliche Schulen
ISBN 978-3-03822-021-3

Bibliografische Information der Deutschen Nationalbibliothek:
Die Deutsche Nationalbibliothek verzeichnet diese Publikation
in der Deutschen Nationalbibliografie; detaillierte bibliografische
Daten sind im Internet über http://dnb.dnb.de abrufbar.

2. Auflage 2015

www.hep-verlag.de

Zusatzmaterialien und -angebote zu diesem Buch:
http://mehr.hep-verlag.de/deutsch

Vorwort

Das vorliegende Lehrwerk für das Fach Deutsch und Kommunikation an beruflichen Schulen ist sowohl für die Auszubildenden des dualen Systems (klassische Berufsschule in Teilzeit) in allen Bundesländern als auch für alle beruflichen Vollzeitschulen, die zu einem Mittleren Bildungsabschluss führen, geeignet. Es erfüllt somit die Anforderungen der von der Kultusministerkonferenz am 04. Dezember 2003 vereinbarten Bildungsstandards im Fach Deutsch für den Mittleren Bildungsabschluss.

Autorinnen und Verlag haben mit diesem Lehrwerk den hoffentlich gelungenen Versuch unternommen, ein modernes und schülergerechtes neues Schulbuch herauszubringen, das optimal auf das Niveau eines Durchschnittslernenden abgestimmt ist. Ein klarer, übersichtlicher Aufbau, das große Format und nicht überfüllte, aber attraktiv gestaltete Seiten regen zum Mitmachen an.

«Deutsch.» ist der produktiven und normativen Sprachkompetenz gewidmet. Durch gezieltes und systematisches Sprachtraining werden die sprachlichen Kompetenzen der Lernenden gefördert, damit diese die sprachlichen Herausforderungen im persönlichen, beruflichen und gesellschaftlichen Alltag bewältigen können. Der normative Teil in «Deutsch.» steht in Bezug zur Berufs- und Alltagswelt der Jugendlichen und ist knapp gehalten. Er beschränkt sich auf wesentliche und einprägsame Regeln.

Strukturierter Aufbau

Das Lehrwerk verknüpft die Sprachförderung mit *zwölf gesellschaftlich relevanten Themenkreisen* und setzt so einen zentralen Leitgedanken modernen Sprachunterrichts um. Die zwölf Kapitel sind jeweils nach dem gleichen – für die Schülerinnen und Schüler leicht durchschaubaren – Muster aufgebaut: Nach einem motivierenden Einstieg mit Impulsfragen zum jeweiligen Gesellschaftsthema wird ein *Thema der Kommunikation* aufgegriffen und vertieft. Eine Vielzahl sprachlicher Übungen zu berufsorientierter und privater Kommunikation wird angeboten. Im Zentrum steht dabei die schriftliche Sprachproduktion, doch auch die mündlichen und rezeptiven Kompetenzen werden gefördert. Es folgt ein Block mit einem jeweils dazu passenden *Sprachtraining* (Grammatik, Rechtschreibung). Im anknüpfenden *Literaturteil* werden schließlich – wiederum thematisch abgestimmt – die verschiedenen literarischen Gattungen aufgegriffen. Hier haben die Autorinnen eine attraktive Auswahl getroffen und versucht, das Gesetz des «Immergleichen» zu durchbrechen. So haben in «Deutsch.» auch moderne Literaturformen wie etwa Tweets, Slam Poetry oder Songs ihren Platz. Ein kreativ-produktiver Umgang mit diesen neuen sprachlichen Möglichkeiten wird gefordert und gefördert. Abgerundet wird jedes Kapitel mit einem Block zu den unterschiedlichen *Arbeitstechniken*. Generell und durchgehend wurde darauf geachtet, dass Sozial-, Methoden- und Medienkompetenz mit solidem Basiswissen verknüpft wird.

Wir danken verschiedenen Lehrerinnen und Lehrern an beruflichen Schulen, die uns beratend und begleitend zur Seite standen, insbesondere jedoch Frau Barbara Meinecke und Frau Kathrin Bauder.

Herbst 2015
Die Autorinnen

Inhaltliche Struktur

GESELLSCHAFTSTHEMA	Themen der Kommunikation	Sprachtraining	Literatur	Arbeitstechniken
1 FAMILIE UND ZUSAMMENLEBEN	Gespräche führen	Verwandtschaft der Wörter: Wortbildung, Rechtschreibung	Roman: Eine Fortsetzung schreiben	Teamarbeit
2 EINSTIEG INS BERUFSLEBEN	Gegenstände, Personen und Vorgänge beschreiben	Wortarten, Groß- und Kleinschreibung	Roman: Einen Bezug zum Alltag herstellen	Lerntechniken
3 UMWELT UND RESSOURCEN	Diagramme erstellen und analysieren	Die Steigerung des Adjektivs	Naturgedichte vergleichen	Eine Mindmap erstellen
4 GESUNDHEIT	Präsentieren	Kommasetzung	Drama: Den Zeitgeist herausfiltern	Ein Strukturbild erstellen
5 GELD UND KONSUM	Inhalte wiedergeben	Texte verknüpfen	Den Inhalt eines literarischen Textes wiedergeben	Fachtexte verstehen
6 MEINUNGSFREIHEIT UND GESELLSCHAFTSSYSTEME			Eine Kurzgeschichte analysieren	Recherchieren
7 MOBBING	Nachricht, Bericht und Reportage	Verb: Stamm- und Zeitformen	Jugendbuch: Eine Geschichte aus einer anderen Perspektive erzählen	Lange Texte/ Arbeiten schreiben
8 ARBEIT UND GERECHTER LOHN	Leserbrief und Kommentar	Bildhafte Ausdrücke und Redewendungen	Ein Gedicht interpretieren	Ein Berichtsheft führen
9 MOBILITÄT	Interviews und Umfragen durchführen	Direkte und indirekte Rede	Erzählung: Die eigene Meinung vertreten	Eine große Arbeit planen und durchführen
10 INTERNET UND SOCIAL MEDIA	Erörtern	Bedingungssätze, Konjunktiv II	Thriller: Tweets verfassen	An einer Diskussion teilnehmen
11 UNTERWEGS AUF REISEN	Geschäftliche Briefe und formelle E-Mails verfassen	Formeller und informeller Stil	Reisebericht: Einen Dialog formulieren	Ein Protokoll oder eine Telefonnotiz verfassen
12 STELLENSUCHE UND BEWERBUNG	Sich bewerben und vorstellen	Fremdwörter/ Zusammengesetzte Wörter	Song und Slam Poetry	Eine Dokumentation erstellen

Inhaltsverzeichnis

FAMILIE UND ZUSAMMENLEBEN

»ICH KANN JA SPÄTER BEIM AUFRÄUMEN HELFEN.«
Julian, 12 Jahre, Enkel

»STIMMT. ICH GEHE DANN MAL SPIELEN.«
Marie, 10 Jahre, Enkelin

»ICH HABE DEN KINDERN DOCH GESAGT, DASS SIE MIT DEM AUFRÄUMEN DRAN SIND.«
Sven, 43 Jahre, Schwiegersohn

»DIE KÜCHE IST NOCH NICHT AUFGERÄUMT.«
Brigitte, 65

»IMMER MEINT SIE, WIR SEIEN NICHT ORDENTLICH GENUG.«
Sandra, 42 Jahre, Tochter

»DAS CHAOS HIER ÄRGERT SIE, DAS KANN ICH SCHON VERSTEHEN.«
Antonia, 16 Jahre, Enkelin

1. Was wollte die Frau eigentlich sagen? Äußern Sie eine Vermutung. Erklären Sie, wieso die Familienmitglieder unterschiedlich reagieren.

2. Aussagen werden von verschiedenen Zuhörerinnen und Zuhörern oft unterschiedlich verstanden. Fällt Ihnen eine Situation ein, in der Sie dies beobachtet oder selbst erlebt haben? Beschreiben Sie sie.

Gespräche führen

WAS ICH AM ENDE KANN

Ich kenne die vier Ebenen der Kommunikation und kann ihnen Äußerungen zuordnen.

Ich kenne die Bedeutung der nonverbalen Kommunikation und kann mein Wissen in Alltagssituationen anwenden.

Ich kann in heiklen Gesprächen wichtige Gesprächsregeln beachten.

1. Eine Familie – bestehend aus Mutter Anna, Vater Gottlieb und den Töchtern Julia und Regina – sitzt am Mittagstisch. Zwischen Anna und Julia bricht ein Streit aus. Lesen Sie die Szene aus Martin Walsers Roman »Jagd« und lösen Sie anschließend die Aufgaben.

Am Mittagstisch

Als alle am Tisch saßen, sagte Anna: Wenn alle mit solchen Gesichtern am Tisch sitzen, das halt ich nicht aus. Ohne die geringste Verzögerung antwortete Julia: Ich habe kein anderes. Anna schaute Julia wild an. Also fuhr Julia fort, das finde sie schon toll, die, von denen man das Gesicht hat, machen einem dann noch Vorwürfe, daß man dieses Gesicht hat. – Also wenn das nicht toll ist. Anna schaute Gottlieb an. Der sollte, bitte, jetzt klarstellen, daß Anna es anders gemeint habe und daß Julia, bitte, nicht schon wieder ihre alte Klage- und Vorwurfsplatte abspiele, die hänge einem nämlich längst hier heraus! Gottlieb konnte Anna nicht helfen. Er konnte einfach nicht. Anna hatte zwar recht, alle saßen am Tisch wie eine Versammlung von Verdammten; jeder war von irgend jemandem an diesem Vormittag beleidigt worden, das trug er jetzt in die Familie, die sollte es ihm abnehmen; aber Anna war offenbar selber so überreizt, daß ihr der vielleicht beabsichtigte allgemeine Entspannungston völlig mißlang. Inzwischen war Julia schon dabei, ihre Unzufriedenheit mit sich selbst an einem Makel zu demonstrieren, den sie bis jetzt nicht eingesetzt hatte. Die Ringe unter den Augen. Das Bindegewebe zu schwach. Die Knochen kommen durch. Die Haut um die Augen herum fällt ein, wird also schattig, also Ringe. Die dagegen aufgebotene Creme hilft überhaupt nichts. [...] Was sie empört: ihr wird etwas vererbt, sie kann also nichts dafür, aber ihr wird es vorgeworfen, vorgerechnet, lebenslänglich, von jedem Mann, dem sie begegnen wird. Wenigstens hier, habe sie gedacht, fange man nicht auch noch damit an. Aber bitte, wenn die Frau Mama darauf bestehe, dann sei jetzt Schluß mit dem Verschweigen dessen, woran alle die ganze Zeit denken ... Gottlieb fragte jetzt doch, ob Julia heute morgen habe eine Klassenarbeit schreiben müssen. Julia sagte, sie werde in dieser Schule keine Klassenarbeiten mehr schreiben, da sie diese Schule ja ohnehin ab Herbst nicht mehr besuche. Und warum? Entweder sei sie im Herbst im Internat oder ... Oder, fragte man, weil sie nicht weitersprach. Oder etwas, was euch so gut wie nichts angeht, sagte sie. Anna sprang auf, rannte hinaus, schlug die schwere Zimmertür zu, daß die Wände bebten. Draußen trommelten ihre Schritte so dicht aufeinander, daß es klang, als wetze man ein Messer. Und schon schmetterte die nächste Tür zu. Die Schritte eilten weiter. Tür Nummer drei flog zu. Und droben eine vierte. Jetzt war Anna im Schlafzimmer. Ein weiteres Türschmettern war nicht mehr zu befürchten. Gottlieb schaute Julia an. Die war purpurrot im Gesicht. Fast violett. Die Farbe der reinen Erbitterung. Gottlieb schaute die blasse Regina an. Die wußte auch nicht weiter. Das Essen war beendet, bevor es angefangen hatte.

(Martin Walser: Jagd. Frankfurt am Main 1990, S. 30–32, die Rechtschreibung entspricht dem Original)

a. Überlegen Sie, was der Auslöser des Streits ist.

b. Anna sagt: »Wenn alle mit solchen Gesichtern am Tisch sitzen, das halt ich nicht aus.« Erklären Sie, was sie damit sagen will.

c. Erklären Sie, wie Julia diesen Satz versteht und weshalb sie so darauf reagiert.

BASISWISSEN

Die vier Ebenen der Kommunikation

Warum streiten wir? Warum reden wir aneinander vorbei?

Was wir hören, deuten wir je nach Stimmung unterschiedlich. Der Sender bzw. die Senderin sagt nicht immer genau das, was er oder sie meint. Der Empfänger oder die Empfängerin fasst die Aussagen wiederum anders auf. So kann es zu Missverständnissen kommen.

Der Kommunikationsforscher Friedemann Schulz von Thun hat ein Kommunikationsmodell entworfen. Darin sieht man, dass Sender ihre Botschaften auf vier Ebenen an die Empfänger schicken und diese wiederum mit vier verschiedenen Ohren hören können. Deshalb nennt man dieses Modell auch »Vier-Ohren-Modell«.

1. Sachebene:
Worüber ich informiere.
Die Nachricht enthält eine Sachinformation.
Die Ampel steht auf Grün.

2. Selbstoffenbarungsebene:
Was ich von mir preisgebe.
Wer spricht, sagt etwas über sich selbst aus, ob er/sie will oder nicht.
Ich habe es eilig.

»Die Ampel steht auf Grün!«

3. Beziehungsebene:
Was ich von dir halte.
Aus der Nachricht geht hervor, wie der Sender die Beziehung zum Empfänger sieht.
Du brauchst meine Hilfe.

4. Appellebene:
Wozu ich dich veranlassen möchte.
Die Nachricht zeigt, was der Sender sich vom Empfänger wünscht: Er soll bestimmte Dinge tun oder lassen.
Gib Gas, damit wir die Grünphase nicht verpassen!

2. Die vier Ebenen spielen auch für den Empfänger eine Rolle. Was hört die Frau? Ordnen Sie zu.

Sachebene
Selbstoffenbarungsebene
Beziehungsebene
Appellebene

Er ist mit meinem Fahrstil nicht zufrieden und will mich korrigieren.

Er will, dass ich losfahre.

Er ist ungeduldig und hat es eilig.

Die Ampel steht auf Grün.

3. Ordnen Sie die zehn Aussagen den vier Ebenen zu.

Sachebene
Selbstoffenbarungsebene
Beziehungsebene
Appellebene

1. **Er braucht das Buch.**

2. **Er glaubt, dass ich nicht zuverlässig bin und dass er mich immer an alles erinnern muss.**

3. **Ich soll das Buch zurückgeben.**

4. **Er möchte ausgeliehene Sachen pünktlich zurückhaben.**

Was Daniel zu Annika sagt:

»Ich brauche mein Buch zurück.«

5. **Er denkt, er muss mich immer erinnern, weil ich von selbst nicht auf die Idee komme.**

6. **Ich soll die Wäsche in den Wäschekorb räumen.**

7. **Da liegt schmutzige Wäsche.**

8. **Es stört sie, wenn Wäsche herumliegt.**

9. **Sie findet, dass ich zu unordentlich bin.**

10. **Es ist wichtig für sie, dass immer aufgeräumt ist.**

Was Annika zu Daniel sagt:

»Auf dem Boden liegt schmutzige Wäsche.«

BASISWISSEN

Gestörte Kommunikation

Bei Kommunikationsproblemen (Streit, Missverständnis, Unstimmigkeit) wandert die Nachricht oft auf verschiedenen Ebenen hin und her. Das heißt: Der Sender schickt seine Botschaft oft auf einer anderen Ebene, als der Empfänger sie hört.

Beispiel:

Die Frau sagt zu ihrem Mann:

»Du, der Mülleimer quillt schon wieder über!«

→

Was sie meint:
Sie wundert sich tatsächlich nur darüber, dass der Mülleimer schon wieder voll ist. Denn sie hat ihn eben erst geleert. Sie spricht auf der Sachebene.

→

Was er hört:
Er fühlt sich auf der Appell- und der Beziehungsebene angesprochen: *»Sie findet, ich sei unordentlich und soll den Müll endlich rausbringen!«* Es kommt zu einer Unstimmigkeit.

Auf der Beziehungs- und der Appellebene reagieren wir besonders empfindlich, weil wir uns persönlich angegriffen fühlen. In den meisten Fällen ist es besser, auf der Sach- oder Selbstoffenbarungsebene zu kommunizieren und zuzuhören. So kann sich das Gespräch positiv entwickeln.

4. Ein Paar möchte ins Kino gehen, doch die beiden sind schon spät dran. Sie zieht sich gerade den Mantel an, während er noch einmal im Wohnzimmer verschwindet, um sein Handy zu holen. Nun fragt sie: »Weißt du eigentlich, wie spät es ist?«

a. Überlegen Sie zu zweit, was der Mann auf ihre Frage antworten wird und welcher Dialog sich daraus entwickeln könnte. Machen Sie sich dazu Notizen.
b. Spielen Sie die Szene der Klasse vor.
c. Vergleichen Sie die gespielten Szenen miteinander. Diskutieren Sie in der Klasse, weshalb der Wortwechsel zu einer schlechten Stimmung oder gar zu einem Streit führen könnte.

BASISWISSEN

10 Regeln für gelungene Gespräche

1. Ich bleibe sachlich und sende Ich-Botschaften.
2. Ich äußere mich klar und deutlich, beharre aber nicht stur auf meiner Meinung, wenn ich gute Argumente höre.
3. Meine Körpersprache unterstreicht meine Aussagen und widerspricht ihnen nicht.
4. Ich behandle meinen Gesprächspartner/meine Gesprächspartnerin mit Respekt und akzeptiere, wenn er oder sie eine andere Meinung und andere Gefühle hat als ich.
5. Ich höre aufmerksam zu und lasse mein Gegenüber ausreden.
6. Wenn ich etwas nicht verstehe, frage ich nach.
7. Ich achte auf die Körpersprache meines Gegenübers.
8. Wenn ich im Unrecht bin, entschuldige ich mich.
9. Auch wenn es zum Streit kommt, versuche ich, gelassen zu bleiben, und vermeide Anschuldigungen.
10. Ich beende ein Gespräch lieber, als weiter zu streiten.

5. Wählen Sie eine der folgenden Situationen aus. Beschreiben Sie, wie Sie reagieren würden, um das Problem ohne Streit zu lösen. Was sagen Sie? Welche Formulierungen benutzen Sie dabei? Wie treten Sie auf?

   a. Einmal die Woche muss die Treppe geputzt werden. Sie waren dran, doch Sie haben es vergessen, weil Sie so viel zu erledigen hatten. Ihre Mutter wird wütend, denn sie hat sich schon oft darüber geärgert, dass am Ende alles an ihr hängenbleibt.
   b. Ihre vierzehnjährige Schwester möchte mit einer Jugendgruppe in den Urlaub fahren. Die Eltern erlauben es ihr nicht. Denn es war geplant, dass die Familie zusammen verreist. Ihre Schwester kündigt an, dass sie in den Ferien lieber alleine zu Hause bleibt, als mit den Eltern wegzufahren. Sie sind enttäuscht, weil Sie sich auf den gemeinsamen Urlaub gefreut hatten.
   c. Ihre Schwester sagt zu Ihnen, dass Sie sich immer vor allen unangenehmen Aufgaben drücken und alle anderen Familienmitglieder ausnutzen. Sie sind anderer Meinung und finden es ungerecht, dass Ihre Schwester Ihnen Vorwürfe macht.

BASISWISSEN

Kritik üben

So nicht.

Verallgemeinerungen (immer, nie …):
Nie sagst du mir Bescheid, wenn du später von der Arbeit heimkommst!

Vorwürfe:
Du bist schrecklich unzuverlässig!

Ironie:
Das ist ja schön, dass du auch schon nach Hause kommst.

So ist es besser.

Ich-Botschaften aussenden:
Ich mache mir Sorgen, wenn ich nicht weiß, wann du heimkommst.

Das Verhalten kritisieren, nicht die Person:
- Zuerst Fakten nennen: Du hast das Auto nicht weggebracht, obwohl wir das so vereinbart hatten.
- Dann Wünsche formulieren: Ich möchte mich auf unsere Absprachen verlassen können.

Höflich und sachlich bleiben:
Wir hatten vereinbart, dass du um 22 Uhr wieder zu Hause bist.

6. Formulieren Sie diese Sätze, die Kritik zum Ausdruck bringen, neu.

   Beispiel:
   Musst du immer gleich rauchen, wenn wir noch essen?

   Bessere Formulierung:
   Es stört mich, wenn du rauchst, obwohl ich noch nicht mit dem Essen fertig bin.

   a. Nie bringst du dein Geschirr in die Küche!
   b. Kannst du mir nicht mal zuhören?
   c. Toll, dass du mich immer ausreden lässt und mir nie ins Wort fällst.
   d. Immer bin ich am Ende der Dumme und muss hinter dir her räumen.
   e. Du gehst mir echt auf die Nerven! Ich habe dir schon tausendmal gesagt, dass du den Fernseher leiser drehen sollst.
   f. Du hast schon wieder die Haustür offen gelassen.
   g. Immer brauchst du morgens so lange im Bad.
   h. Mach du dir deinen Kaffee mal selbst, ich bin doch nicht dein Dienstmädchen.
   i. Du beschäftigst dich nur mit deinem Computer, und was ich mache, interessiert dich nicht die Bohne.
   j. Jetzt reicht's mir mit dir, ich habe dir oft genug erklärt, wie der Geschirrspüler funktioniert.

7. Spielen Sie zu zweit ein Konfliktgespräch.

Mögliche Themen:

- Zwei Geschwister streiten sich darüber, wer wem wie viel Geld schuldet.
- Ein Ehepaar plant, was es am Samstagabend unternehmen könnte. Beide haben verschiedene Vorschläge und müssen sich einig werden.
- Ein Pärchen diskutiert darüber, wann der beste Zeitpunkt ist, in eine gemeinsame Wohnung zu ziehen.

Nonverbale Kommunikation

8. Betrachten Sie die beiden Bilder und die Aussagen. Was fällt Ihnen auf?

»Ich bin traurig.«

»Es geht mir gut.«

9. »*Man kann nicht nicht kommunizieren.*« (Paul Watzlawick).

Erklären Sie diese Aussage.

BASISWISSEN

Verbale und nonverbale Kommunikation

Informationen werden nicht nur sprachlich, über die Bedeutung der Worte, vermittelt. Viele Informationen geben wir auch nonverbal weiter, also ohne Worte. Wichtig sind dabei …

- die Körperhaltung,
- Gesten,
- der Gesichtsausdruck (Mimik),
- die Sprechweise (Tonfall/Intonation).

Verbale und nonverbale Signale sollten übereinstimmen, sonst entsteht ein widersprüchlicher Eindruck.

10. Überlegen Sie, welche nonverbalen Signale (Körperhaltung, Gestik und Mimik) Sie erwarten, wenn Sie folgende Sätze hören:

a. »Ich freue mich ja so sehr, dass du die Prüfung geschafft hast.«
b. »Ich bin schon ganz aufgeregt wegen der Party morgen.«
c. »Ich bin so müde, ich muss gleich schlafen gehen.«
d. »Ich bin so nervös wegen der Fahrprüfung.«
e. »Wie schön, dass wir uns endlich wiedersehen.«
f. »Ich bin enttäuscht von dir, weil du mir nicht Bescheid gesagt hast.«
g. »Ja, das können wir machen, das macht sicher Spaß.«
h. »Das ist echt lecker.«

Souverän Gespräche führen
Bei vielen Gesprächen läuft etwas schief. Eigentlich wollte man sich nur kurz absprechen, doch es endet in einem Streit. Man wird persönlich angegriffen und ist sprachlos. Kennen Sie eine solche Situation aus Ihrem Alltag? Überlegen Sie, wie Sie reagieren können, und berücksichtigen Sie die Regeln, die Sie in diesem Kapitel kennengelernt haben. Sie können Ihr Gesprächsverhalten auch in einem Rollenspiel mit einem Partner/einer Partnerin trainieren.

Verwandtschaft der Wörter: Wortbildung, Rechtschreibung

WAS ICH AM ENDE KANN

Ich kann die verschiedenen Wortarten unterscheiden und weiß, welche Wörter miteinander verwandt sind. Dies kann ich nutzen, um korrekt zu schreiben.

Ich verfüge über einen großen Wortschatz zu den Themen »Familie« und »Zusammenleben«, kann Texte dazu im Detail verstehen und mich dazu äußern.

Ich verfüge über einen ausreichend großen Wortschatz, um Texte zu den gesetzlichen Grundlagen meiner Ausbildung zu verstehen und mich dazu äußern zu können.

Wortbildung

Mit Vorsilben und Nachsilben kann man aus dem Wortstamm neue Wörter bilden:

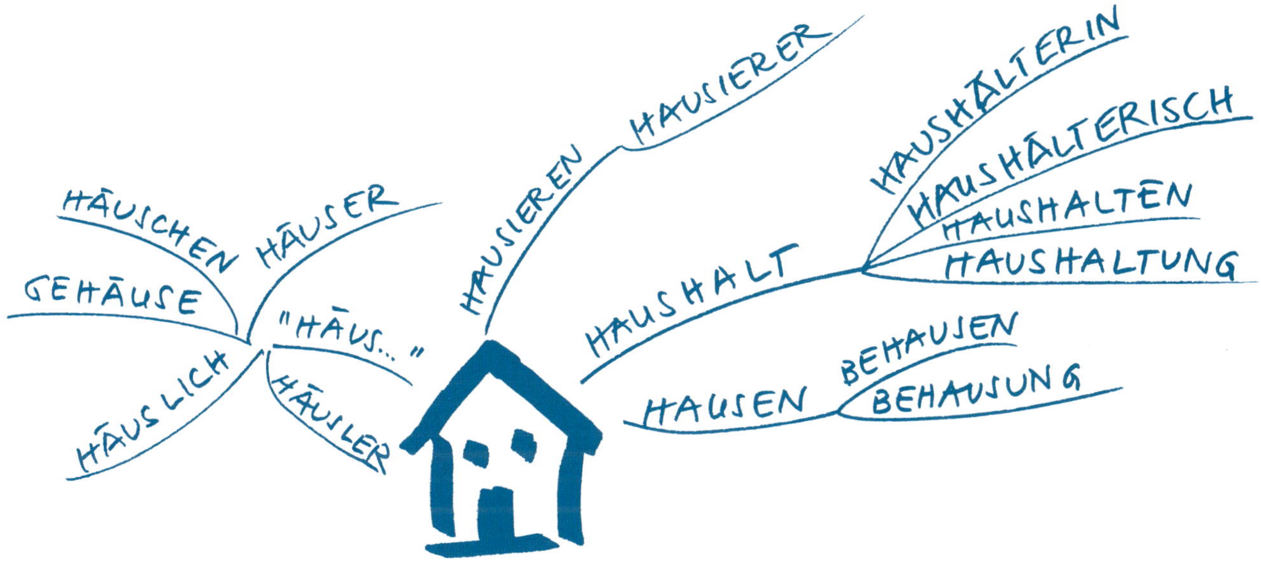

Auch durch Zusammensetzung entstehen neue Wörter, z. B. »Lohnarbeit« oder »Arbeitslohn«; vgl. dazu Seite 187.

1. Zeichnen Sie in Partnerarbeit Mindmaps zu den folgenden Stammwörtern: **Heim**, **Leben**, **Raum**, **Hand**.

Begriffe, die vom selben Wort abgeleitet sind, können ganz unterschiedliche Bedeutungen haben. Manchmal werden ähnliche Wörter verwechselt.

Beispiel:
herzlich – Wir grüßen euch herzlich.
Bedeutung: von Herzen kommend, mit ganzem Herzen

herzig – Das Kind trug ein herziges Mützchen.
Bedeutung: hübsch, niedlich

2. Bilden Sie nun mit jedem Wort einen Satz, aus dem die Bedeutung deutlich hervorgeht. Benutzen Sie, wenn nötig, ein Wörterbuch.

golden

seelisch

selig

goldig

scheinbar

zeitlich

zeitig

anscheinend

heimlich

kindisch

kindlich

heimisch

REGELN

Rechtschreibung: Vokale und Doppellaute

Wortverwandtschaft
Gleichklingende Laute kann man unterscheiden, wenn man die Stammwörter kennt.

Beispiel:
Fälle – Felle
Fälle: Stammwort = der Fall
Felle: Stammwort = das Fell

Vokallänge
Die Aussprache kann verraten, ob ein Vokal gedehnt (durch Verdoppelung des Vokals oder Hinzufügung eines anderen Buchstabens) oder gekürzt wird (durch Verdoppelung des nachfolgenden Konsonanten):

Beispiele:
Aal – All
Höhle – Hölle
fühlen – füllen
Mut – Mutter

Andere Wörter muss man sich einzeln einprägen:

Beispiele:
malen – mahlen
Saite – Seite
Nachname – Nachnahme

Auch für Fremdwörter gelten teilweise andere Regeln, z. B. schreibt man ein langes »i« ohne Dehnungs-e.

Beispiele:
Kritik, Maschine, primitiv

3. Schreiben Sie den unten stehenden Text ab und setzen Sie die fehlenden Buchstaben ein.

a. e oder ä? eu oder äu?

N ■ ulich wurde ins Schmuckgesch ■ ft im Geb ■ ude, in dem meine Frau und und ich wohnen, eingebrochen. Wir hatten G ■ ste zum Abend ■ ssen und haben davon nichts gem ■ rkt! Die R ■ uber haben f ■ tte B ■ ute gemacht; zwei verd ■ chtige Personen sitzen vorl ■ ufig in Haft. Ob das bed ■ utet, dass es sich dabei tats ■ chlich um die T ■ ter handelt, l ■ sst sich aber nicht sagen, weil offizi ■ lle St ■ llen dies nicht best ■ tigt haben. W ■ hrend gewisse Boulevardbl ■ tter t ■ glich mit m ■ chtigen Schlagzeilen zu diesem »Abent ■ uer« aufwarten, hüllt sich die Polizei n ■ mlich bis h ■ ute in Schweigen über den konkr ■ ten Tath ■ rgang.

b. Welche Buchstaben fehlen?

Beim Sp ■ len h ■ lfen, aufr ■ men, den T ■ sch d ■ ken: Bei Konfl ■ kten in der Fam ■ lie sp ■ lt die Hausarbeit oft eine gr ■ ße R ■ le. Für Kinder ist es wichtig, sich an R ■ geln und eine gew ■ se Ordnung zu gew ■ nen. Eltern s ■ lten es also nicht t ■ lerieren, wenn in der W ■ nung immer Chaos h ■ rrscht. Das Aufr ■ men f ■ llt leichter, wenn jedes Teil einen f ■ sten Pl ■ tz hat. Eltern d ■ rfen aber nicht mit Unged ■ ld reag ■ ren, sondern s ■ ten den Kindern in R ■ he erkl ■ ren, was sie von ihnen erw ■ rten. Auch L ■ b und Anerk ■ nung sind wichtig.

4. »Wieder« oder »wider«?
Schlagen Sie im Wörterbuch die Bedeutung von »wider« und »wieder« nach. Entscheiden Sie, ob vor die folgenden Wortteile »wieder« oder »wider« gehört.

wieder …

wider …

… willig

… stehen

… kehren

… sehen

… geben

… käuen

… verwerten

… rechtlich

… holen

… sprechen

5. »Das« oder »dass«?

REGELN

Das oder dass?

das

- ➢ Demonstrativpronomen: »**Das** ist mein Sohn.«
- ➢ Artikel: **das** Mädchen, **das** Kind, **das** Spielzeug
- ➢ Relativpronomen: »Das Mädchen, **das** eben bei uns angerufen hat, war Leas Freundin Sophie.«

dass

Konjunktion: »Ich weiß, **dass** sie lügt.«

Tipp

»Das« wird mit einem s geschrieben, wenn man es durch »dieses« oder »welches« ersetzen kann.

a. Entscheiden Sie, ob an den markierten Stellen »das« oder »dass« stehen muss:

»Werte sind wichtig«

Die Psychologin Eva Zeltner befasst sich mit dem Thema »Kindererziehung«. In einem Interview spricht sie über ihr Buch »Elternlust – Elternfrust«.

Frau Zeltner, was können wir aus Ihrem Buch lernen?

Grundsätzlich will ich den Eltern sagen, ■ Lust und Frust in der Erziehung zusammengehören. Kinder sind zwar etwas Schönes, aber ■ sie einem hin und wieder auch auf die Nerven gehen, ist ganz normal und ■ darf man auch zugeben.

Darf man dem Kind auch sagen, ■ es nervt?

Natürlich, ■ Kind soll ja auch offen sagen dürfen, was es fühlt oder denkt. Wenn man dazu steht, ■ Kinder gelegentlich nerven, ist man weder ein schlechter Vater noch eine schlechte Mutter, sondern ehrlich. Kinder lernen so, ■ Eltern auch ihre Grenzen haben. Aber zu sagen »Du bist ein böses Kind«, ■ wäre falsch.

Warum ist Kindererziehung heute schwieriger als früher?

■ hat mehrere Gründe. Einer liegt sicher in den veränderten Familienstrukturen. Heute gibt es viele Ein-Kind-Familien oder Alleinerziehende. ■ Kind steht im Mittelpunkt, man ist darauf fixiert, es erhält materiell alles, was es verlangt.

Ist ■ denn falsch?

Ja, ■ ist unverhältnismäßiges Verwöhnen. ■ Kind muss lernen, ■ es zwar ein wichtiger Teil, aber trotzdem nur ein Teil der Familie ist. Dazu gehört, ■ es auch einmal hinten anstehen, warten oder verzichten muss. Dazu gehört im Weiteren auch Konsequenz, sie ist ein ganz zentraler Teil der Erziehung. Wenn ■ Kind dabei merkt, ■ man es liebt, und wenn die Erziehung ohne Gewalt geschieht, dann klappt ■ gut. Man muss den Kindern die Chance geben, ihre Grenzen zu erforschen, anzuecken und aufzulaufen. Man darf ihnen diese Möglichkeit nicht nehmen, indem man ihnen früher oder später alles gewährt, was sie fordern.

Welchen Ratschlag können Sie den Eltern geben?

Konsequenz in der Kindererziehung ist ein hartes Stück Arbeit. Aber Eltern sollten sich nicht davor fürchten, ■ sie nicht mehr geliebt werden, wenn sie den Kindern etwas verbieten. Man macht bald die Erfahrung, ■ Kinder vernünftige Regeln ziemlich schnell akzeptieren. ■ fördert zudem ihr Selbstbewusstsein, weil sie zeigen können, ■ sie sich im Gefüge der Familie zurechtfinden. Wir sind es den Kindern schuldig, ■ wir sie zu gesunden, sozial kompetenten Menschen erziehen.

REGELN

ss oder ß?

Nach einem kurzen Vokal steht **ss**: Riss, Biss, Fluss, Rüssel, Kasse

Nach einem langen Vokal steht **ß**: Straße, Fuß, Gruß, Maß, gießen

b. Entscheiden Sie, ob an den markierten Stellen »s« oder »ss« oder »ß« stehen muss:

Da■ »Familienmitglied« Haustier

Da■ Haustiere nicht nur Geld, sondern vor allem Zeit kosten, das verge■en leider viele Familien, wenn das po■ierliche Kätzchen, das lustige Hündchen oder das sü■e Zwergkaninchen für die Kinder angeschafft wird. Man sollte wi■en, da■ Haustiere gro■e Aufmerksamkeit erfordern. Man denke nur an das regelmä■ige Ausmisten und daran, da■ manche Haustiere täglich Auslauf bekommen mü■en. Allein das schlechte Wetter kann schon Anla■ genug sein, da■ niemand den kleinen Scho■hund Ga■i führen will.
Wer möchte schon bei Wind und Nä■e auf die Stra■e? Ein gro■er Hund hat sogar noch höhere Ansprüche: Es macht ihm Spa■, viel zu laufen und oft von der Leine gela■en zu werden. Es ist wichtig, über die Bedürfni■e der Haustiere Bescheid zu wi■en. Auch ein Kleintier braucht nicht nur genug zu fre■en, sondern auch viel Zuwendung. Vernachlä■igte Tiere bei■en manchmal zu. Und man mu■ sich viel Zeit nehmen, wenn man ein bi■iges Tier zähmen will. Es ist also be■er, sich genau zu überlegen, welches Haustier zu einem pa■t. Schlie■lich kann auch der Umstand, da■ da■ Haustier ein Kostenfaktor ist, dazu führen, da■ gewi■e Leute das neue Familienmitglied schon bald wieder loswerden möchten.

c. Entscheiden Sie, welches Adjektiv passt.

Launisches / Launiges Glück

Obwohl die Wahrscheinlichkeit, einen Volltreffer zu landen, lediglich bei etwa 1:15 Millionen liegt, beteiligen sich viele Leute in unserem Land regelmäßig am Lotto-Spiel. Sie tun dies in der etwas **kindlich / kindisch** anmutenden Hoffnung, so ans große Geld zu gelangen.

So träumten auch ein in Metzingen **heimischer / heimeliger** Angestellter und seine Frau vom großen Lotto-Gewinn. Eines Tages hätte nicht viel gefehlt und der Traum wäre Wirklichkeit geworden.

Wie jede Woche füllte das Ehepaar im vergangenen November den Lottoschein **zeitig / zeitlich** aus. Den Voraussagen seiner Frau traute der Hobbyfußballer aber **scheinbar / anscheinend** am nächsten Morgen nicht mehr: Bei der Lotto-Annahmestelle zerriss er **heimlich / geheim** den Schein und füllte einen neuen aus.

Das hätte er besser nicht getan. Seine Ehefrau hatte nämlich die 6 **goldigen / goldenen** Zahlen getippt!

Der Mann wollte seine Tat **heimlich / geheim** halten. Doch als er nach Hause kam, schwebte seine Frau schon im siebten Himmel. Sie war **seelisch / selig**, dass sie **scheinbar / anscheinend** fünf Millionen Euro gewonnen hatte.

Ob sie dem Pechvogel je verziehen hat, ist nicht bekannt.

Familie und Zusammenleben: Redewendungen

6. Ordnen Sie die Redewendungen in der linken Spalte den richtigen Erklärungen zu.

Wenn man sagt, …	… meint man damit:
Trautes Heim, Glück allein.	Du lebst von meinem Geld.
Blut ist dicker als Wasser.	Zu Hause ist es am schönsten.
Du verfügst über eine gute Kinderstube.	Man soll nicht übertreiben und mit dem Schlechten gleichzeitig das Gute an einer Sache verwerfen.
Man soll das Kind nicht mit dem Bade ausschütten.	Familienmitglieder stehen uns näher als andere Personen.
Du liegst mir auf der Tasche.	Du hast tadellose Manieren.
Der Apfel fällt nicht weit vom Stamm.	Man hat einen Wunsch zur Tatsache erklärt./ Das Erwähnte ist nicht Realität, sondern nur Hoffnung.
Kinder und Narren sagen die Wahrheit.	Das Kind verhält sich wie seine Mutter oder sein Vater.
Der Haussegen hängt schief.	Diese Aufgabe wirst du sicher bewältigen können.
Der Wunsch war Vater des Gedankens.	Kinder verstellen sich nicht, sie halten sich noch nicht an die Regeln der Höflichkeit.
Du wirst das Kind schon schaukeln.	Es herrscht Ärger zu Hause.

7. Suchen Sie für die Lücken das passende Wort oder den passenden Wortteil.

Geburt

das Licht der __1__ erblicken; zur __2__ kommen; den ersten __3__ tun;
als neue __4__ -bürgerin oder neuer __4__ -bürger begrüßt werden

Hochzeit

__5__ -zeit feiern; sich das __6__ geben; die Ringe __7__ ;
den __8__ fürs Leben __9__ ; gemeinsam vor den Trau- __10__ treten;
get- __11__ werden; sich __12__ -heiraten;
gehoben: in den __13__ der Ehe treten; eine Ehe __14__ -gehen;
jemanden __15__ -lichen;
umgangssprachlich: unter die __16__ kommen;
in den __17__ der Ehe einlaufen

Tod

»Sie hat uns für immer __18__ .«; »Er ist sanft __19__ .«;
»Sie wurde von ihren Leiden __20__ .«; »Er ist seinen Verletzungen __21__ .«;
»Sie wurde unerwartet aus dem Leben __22__ .«;
gehoben: »das Leben voll- __23__ «; »das Zeitliche __24__ «;
»in die Ewigkeit ab- __25__ werden.«

Roman: Eine Fortsetzung schreiben

WAS ICH AM ENDE KANN

Ich kann eine Fortsetzung zu einer Geschichte schreiben.

Ich kann eine Erzählperspektive erkennen.

Ich kann mich in literarische Figuren hineinversetzen und ein Geschehen aus ihrer Sicht schildern.

Ich kann zwischen den Zeilen lesen.

1. Kehren Sie noch einmal zu Gottlieb (Vater), Anna (Mutter), Regina (jüngere Tochter) und Julia (ältere Tochter) aus Walsers Roman »Jagd« zurück (S. 12). Einige Zeit nach dem Streit am Mittagstisch ist Julia verschwunden. Lesen Sie den folgenden Textauszug und bearbeiten Sie anschließend die Aufgaben.

   a. Erklären Sie, warum Gottlieb nicht sofort mit der Suche nach Julia beginnt.
   b. Beschreiben Sie das Verhältnis von Gottlieb und Julia. Überlegen Sie, welche Hinweise darauf sich dem Text entnehmen lassen. Tipp: Achten Sie auf Kleinigkeiten und lesen Sie auch zwischen den Zeilen.
   c. Erklären Sie, aus wessen Perspektive der Text erzählt wird.

Martin Walser
geboren 1927 in Wasserburg (Bodensee), ist ein deutscher Schriftsteller. Seinen Erstlingsroman »Ehen in Philippsburg« veröffentlichte er 1957; für sein umfangreiches Schaffen erhielt er zahlreiche Preise. Ein gemeinsames Merkmal vieler seiner Werke ist die präzise Gestaltung des Helden und der gesellschaftlichen Verhältnisse, in denen er sich bewegt.

DIE JAGD

Julia war nicht zum Essen gekommen.

Anna mußte mit dem Herrn Dumoulin in Lindau essen. Gottlieb hatte gekocht. Regina wußte nicht, wo Julia war. Sie hatte sie auch in der Pause nicht gesehen, aber das kam ja oft genug vor. Oberkläßler haben ihre ganz besonderen Wege.

Er und Regina aßen allein. Anna hätte sicher keinen Bissen zu sich genommen, bevor sie nicht gewußt hätte, wo Julia war. Anna wäre sofort nach Herdwangen gefahren. Aber er hatte ja kein Auto. Sollte er Judith Schatz anrufen? Oder die Reinholdtochter? Wenn Anna heimkam und Julia fehlte, und er saß in seinem Sessel! Aber was sollte er denn tun? Julia war schon ganze Nächte ausgeblieben und war dann zurückgekommen mit einer so frechen Stirn, daß man ihr nichts anhaben konnte. Er sowieso nicht.

[…] Julia hat gestern in englischer Sprache telefoniert, aus ihrem Zimmer drang so ein komischer Geruch oder Duft, ihre Finger und Fußnägel hat sie noch nie so grell angemalt wie gestern Abend, diese schwarze Augenfassung heute, also wirklich wie noch nie, aber das haben jetzt alle Oberkläßlerinnen. Regina fieberte ein bißchen. Am Freitag wollte Julia ja auch nicht zum Mittagessen kommen. Da hätten sie nachmittags Turnen, deshalb komme sie nicht. Alle Auswärtigen machten das so. Dann war sie am Freitag doch gekommen, weil am Freitag nur Bubenturnen sei, für die Mädchen am Montag. Und heute war Montag. Sie hat zwar nichts mehr gesagt, heute. Und alle anderen auswärtigen Mädchen aus Julias Klasse seien im Bus gewesen. Susanne, Marion, Denise … Also ist heute doch kein Turnen. Also wo ist sie? Sie ist sicher mit Tobias Spalinger im Mokkas, sagt Regina, mit dem geht sie ja zur Zeit … Den könnte er anrufen. Spalinger, jawohl, steht im Telephonbuch. Warum schafft er das bloß nicht? Anna hätte längst angerufen. Aber das ist sinnlos. Wenn sie bei dem ist, kommt sie wieder; wenn sie nicht bei dem ist, weiß der auch nicht, wo sie ist.

Martin Walser: Jagd. Frankfurt am Main 1990, S. 82–84, die Rechtschreibung entspricht dem Original

2. Versetzen Sie sich in Gottliebs Situation. Schreiben Sie eine mögliche Fortsetzung.

Überlegen Sie vorher,
... was Gottlieb als Nächstes unternehmen wird,
... woran er dabei denkt und welche Gefühle er hat,
... welche Pläne er fassen wird.

BASISWISSEN

Erzählperspektive und Erzählsituation

Der Erzähler
Epische Texte haben einen Erzähler. Dieser gibt die Geschichte aus einer bestimmten Perspektive wieder (Erzählperspektive):

- Der Ich-Erzähler beschreibt seine eigenen Erlebnisse. Die Gedanken und Gefühle anderer Figuren kennt er nicht.
- Der Er-/Sie-Erzähler beschreibt die Erlebnisse anderer. Er kann allwissend sein und somit die Gedanken und Gefühle anderer Figuren beschreiben.

Der Erzähler darf nie mit dem Autor oder der Autorin verwechselt werden.

Die Erzählsituation
Die Erzählsituation hängt mit der Erzählperspektive zusammen. Es gibt drei Erzählsituationen:

- auktoriale Erzählsituation: Der auktoriale Erzähler ist vom erzählten Geschehen unabhängig; er steht außerhalb der Handlung. Er kann allwissend sein, die Gedanken und Gefühle der handelnden Figuren kennen und die gesamte Handlung kommentieren und bewerten.
- personale Erzählsituation: Der personale Erzähler erzählt wie der auktoriale Erzähler in »Er-Form«. Er ist nicht allwissend, sondern folgt nur einer Figur. Die Lesenden wissen dann etwa so viel wie diese Figur, aber nicht mehr.
- Ich-Erzählsituation: Der Ich-Erzähler ist in den meisten Fällen selbst Teil der Erzählung. Die Lesenden nehmen alles aus seiner Perspektive wahr.

Einen Text fortsetzen

- Versetzen Sie sich in die erzählte Situation: Mit welchen Ereignissen sind die Personen konfrontiert? Was haben sie bisher erlebt und gefühlt?
- Entwerfen Sie die Handlung: Wer handelt? Was wird geschehen? In welcher Zeit?
- Legen Sie die Erzählperspektive fest.
- Geben Sie den Personen Gefühle und Motive.
- Berücksichtigen Sie die Lebensumstände, die im Text beschrieben wurden.
- Berücksichtigen Sie die Sprache des Textes, z. B. die Wortwahl. Versuchen Sie, wenn möglich, den Stil in Ihrem Text zu übernehmen.

Teamarbeit

WAS ICH AM ENDE KANN

Ich kann mich in ein Team einfügen und zum Gelingen eines gemeinsamen Projektes beitragen.

Ich weiß, worauf ich bei Teamarbeiten achten muss.

Ich weiß, wie ich auf Menschen aus anderen Kulturen zugehen kann, damit keine Missverständnisse entstehen.

Im Berufsleben, aber auch in der Schule werden viele Aufgaben in einem Team erledigt. Die Teammitglieder suchen gemeinsam nach einer Lösung für eine Aufgabe. Denn eine Gruppe kann größere Aufgaben bewältigen als eine Person alleine. Damit dies gelingt, müssen alle Teammitglieder teamfähig sein, das heißt: Sie müssen bestimmte sprachliche und soziale Kompetenzen besitzen.

Wenn ich in einem Team arbeite, bin ich dazu bereit …

- andere über Themen zu informieren,
- Vorschläge zu begründen,
- zu argumentieren,
- aktiv zuzuhören,
- Stellung zu beziehen,
- an Aufgaben mitzuwirken,
- meine Kenntnisse und Erfahrungen einzubringen,
- mich mit anderen abzustimmen,
- Verantwortung zu übernehmen,
- Ergebnisse zu präsentieren.

Viele dieser Fähigkeiten kann ich mithilfe dieses Buchs trainieren: Wie ich eine Präsentation erarbeite, erlerne ich z. B. in Kapitel 4, wie ich überzeugend argumentiere in Kapitel 8.

Erfolgreiche Teamarbeit

Teamarbeit gelingt, wenn sich alle an bestimmte Regeln und Vereinbarungen halten:

- Wir streben ein gemeinsames Ziel an und tragen die Verantwortung für das Gelingen des Projektes gemeinsam. Wir arbeiten miteinander – nicht nebeneinander und schon gar nicht gegeneinander.
- Am Anfang klären wir die Rahmenbedingungen: Ziel, Zeitaufwand, benötigte Räumlichkeiten/Mittel usw.
- Wir einigen uns, wer welche Aufgabe übernimmt, und sprechen die Arbeitsweise miteinander ab.
- Bei Meinungsverschiedenheiten versuchen wir, eine Lösung zu finden, die alle akzeptieren können.
- Jeder leistet seinen Beitrag und arbeitet produktiv und zielorientiert.
- Wir halten regelmäßig Besprechungen ab und überprüfen dabei unsere Ergebnisse.
- Wir dokumentieren Besprechungen (z. B. mit einem Protokoll → Kapitel 11, S. 175 f.) und den Verlauf der Arbeit.
- Mögliche Konflikte besprechen wir offen. Wir üben konstruktiv Kritik und wahren die Sachebene. Wir achten dabei auf gegenseitige Wertschätzung und halten uns an die »10 Regeln für gelungene Gespräche« (→ Kapitel 1, S. 15).
- Wir nehmen aufeinander Rücksicht und zeigen uns tolerant und kompromissbereit.

Interkulturelle Zusammenarbeit

Wenn Menschen aus verschiedenen Kulturen aufeinandertreffen, entstehen leicht Missverständnisse, die zu Konflikten führen können. Um dies möglichst zu vermeiden, ist es wichtig, mit einer positiven Einstellung aufeinander zuzugehen.

Im Kontakt mit Menschen aus anderen Kulturen achte ich deshalb auf folgende vier Punkte:

- Interesse zeigen und nachfragen. Manchmal bemerke ich Unterschiede: Die einen verbeugen sich bei der Begrüßung, die anderen schütteln einander die Hände – doch beides drückt dasselbe aus. Wenn mir ungewohnte Verhaltensweisen auffallen oder mich verunsichern, rede ich darüber und frage freundlich nach. So lerne ich das Gegenüber kennen und kann es besser verstehen.
- Nicht bewerten, sondern verstehen. Eine Mitschülerin reagiert anders, als ich erwartet habe? Ich nehme dies zwar wahr, urteile aber nicht darüber. Und vor allem gehe ich nicht gleich von einer bösen Absicht aus. Wenn ich etwas nicht verstehe, frage ich interessiert und höflich nach. Oft wird mir dann manches klarer.
- Andere Überzeugungen respektieren. Ich muss nicht immer mit allen Menschen einer Meinung sein. Aber ich respektiere den anderen als Person. Ich zeige Wertschätzung für das, was ihm wichtig ist, zum Beispiel für seine Traditionen, und äußere mich nicht abfällig darüber.
- Gemeinsamkeiten suchen. Trotz aller Unterschiede suche ich eine gemeinsame Basis. Vielleicht können wir zusammen Fußball spielen, über Bücher diskutieren oder ins Kino gehen? An gemeinsame positive Erlebnisse kann ich anknüpfen.

EINSTIEG INS BERUFSLEBEN

1. Überlegen Sie, welche Arbeitsabläufe auf den Fotos gezeigt werden. Nennen Sie einige Vorgänge aus Ihrem Berufsalltag.

2. Nennen Sie Situationen, in denen Sie schon einmal einen Vorgang beschrieben haben.

3. Finden Sie Beispiele: Wann begegnen Ihnen im Beruf oder Alltag Personenbeschreibungen oder Gegenstandsbeschreibungen? Welche Funktion haben sie?

Gegenstände, Personen und Vorgänge beschreiben

WAS ICH AM ENDE KANN

Ich kann Gegenstände und Orte aus meinem Umfeld genau beschreiben.

Ich kann Abläufe klar und präzise beschreiben.

Ich kann ein Porträt oder einen Steckbrief verfassen.

1. Lesen Sie folgende Beschreibung aufmerksam durch.

Übersicht

Kompakter All-in-One-Drucker für zuverlässiges, kostengünstiges Drucken, Scannen und Kopieren. Schnelle Einrichtung und einfache Bedienung über nur vier Tasten, um Dokumente, Webseiten und mehr problemlos zu drucken.
Der All-in-One-Drucker wurde für Privatbenutzer konzipiert, die einen kompakten, kostengünstigen und zuverlässigen All-in-One wünschen, der sich ideal zum einfachen Drucken, Scannen und Kopieren alltäglicher Dokumente eignet.

Funktionen

Drucken, Scannen und Kopieren mit einem kompakten und kostengünstigen Gerät.

- Vielfältiges, kostengünstiges Gerät – Drucken von Webseiten, Scannen von Fotos, Kopieren von Korrespondenz und mehr.
- Exzellente Ergebnisse beim Drucken und Kopieren – wählen Sie optionale Tintenpatronen mit hoher Kapazität für den häufigen Gebrauch.
- Sparen Sie Platz in der Wohnung – kompaktes Design eignet sich für (Bücher-)Regale und sonstige Orte mit geringem Platzangebot.
- Inbetriebnahme in Minuten durch schnelle, problemlose Einrichtung und einfache Bedienung.
- Sofort startklar – dank benutzerfreundlicher, minutenschneller Installation.
- Einfache Bedienung über nur vier Tasten.
- Keine Wartezeiten – dieser vielseitige All-in-One ist innerhalb kürzester Zeit betriebsbereit.

Zuverlässige Performance

- ISO-Druckgeschwindigkeiten für alltägliche Dokumente (vergleichbar mit Laserdruckern) von bis zu 7.5 S./Min. S/W und 4.5 S./Min. Farbe.
- Dieser zertifizierte All-in-One reduziert den Energieverbrauch.
- Kostenfreies, kundenfreundliches Recycling – über unsere Partner zurückgegebene Patronen werden umweltgerecht recycelt.

Technische Daten der Druckfunktion

- Druckgeschwindigkeit (Schwarz-Weiß): ISO Laserqualität: Bis zu 7.5 S./Min.
- Druckgeschwindigkeit (Farbe): ISO Laserqualität: Bis zu 4.5 S./Min.
- Ausgabe der ersten Seite: Schwarz: Nur 17 Sek.; Farbe: Nur 24 Sek.
- Druckleistung (monatlich, A4): Bis zu 1 000 Seiten
- Empfohlenes monatliches Druckvolumen: 300 bis 400
- Drucktechnologie: Thermischer Tintenstrahldruck
- Druckqualität (bestmögliche): Farbe: Bis zu 4 800 x 1 200 dpi (optimiert) in Farbe beim Drucken über einen Computer (bei 1.200 Input-dpi); Schwarz: Bis zu 600 dpi
- Anzahl der Druckpatronen: 2 (1 Schwarz und 1 dreifarbig)
- Automatischer Papiersensor: Nein

a. Erläutern Sie, welche Absicht mit dieser Beschreibung verfolgt wird.
b. Untersuchen Sie, wie die Beschreibung gegliedert ist.
c. Suchen Sie nach Fachbegriffen und erklären Sie sie.
d. Beschreiben Sie den oben gezeigten Drucker in fünf bis sieben ganzen Sätzen.
e. Suchen Sie sich einen Gegenstand aus, den Sie an Ihrem Arbeitsplatz verwenden (Werkzeug, Gerät, Produkt u. a.). Notieren Sie zunächst Stichworte zu folgenden Punkten:

- Genaue Bezeichnung?
- Verwendungszweck?
- Größe und Gesamtform?
- Material?
- Farbe?
- Einzelteile?
- Funktion?
- Besondere Merkmale?

Schreiben Sie dann eine zusammenhängende Gegenstandsbeschreibung.

BASISWISSEN

Gegenstandsbeschreibung

Gegenstandsbeschreibungen finde ich z. B. in Gebrauchsanweisungen oder Verkaufsanzeigen. Sie sollen dem Leser/der Leserin eine exakte Vorstellung von dem Gegenstand vermitteln, seine Funktionsweise und Bedienung erklären oder für das Produkt werben.

Inhalt	Genaue und sachliche Darstellung des Gegenstandes und seiner wesentlichen Einzelheiten.
Aufbau	Zuerst beschreibe ich die Gesamterscheinung und nenne den Verwendungszweck. Dann beschreibe ich bedeutende Merkmale und Hauptbestandteile, zuletzt Einzelteile und Besonderheiten.
Sprache	➢ Fachbegriffe für wichtige Einzelteile des Gegenstands ➢ aussagekräftige, beschreibende Adjektive ➢ eventuell Vergleiche zur Veranschaulichung ➢ Zeitform: Gegenwart (Präsens)

Den Arbeitsplatz beschreiben

2. Lesen Sie den Text durch und lösen Sie die untenstehenden Aufgaben.

Mein Arbeitsplatz

Seit Mitte August arbeite ich in einem Friseursalon namens Haargenau. Dieses Geschäft liegt in einem kleinen Dorf zwischen Esslingen und Göppingen direkt an der Hauptstraße. Steht man vor der großen Glastür am Eingang, lässt sich kaum erahnen, dass dieses Beauty-Center so geräumig und hell ist. Also, lasst uns meinen Arbeitsplatz besichtigen!

Direkt nach dem Gang finden wir rechter Hand die Rezeption. Hier werden Termine vereinbart, die Kosten für eine Friseurbehandlung bezahlt oder Kundinnen und Kunden begrüßt. Der Empfang besteht aus einem halbrund geformten Möbelstück, das mit einem Sideboard zu vergleichen ist. Den Abschluss bildet eine milchige Glasplatte. Auf der inneren Seite, wo sich das Personal aufhält, finden wir das Reservierungsbuch, das Telefon, die Kasse und alles, was für die Verwaltung wichtig ist.

Auf der linken Seite neben dem Eingang stehen frei im Raum ein moderner Garderobenständer mit Spiegel und ein stilvoller Schirmständer. Daneben ist ein gelbes, ledernes Sofa platziert, das zum Schmökern in Magazinen und Zeitschriften einlädt.

Betrachten wir nun das Innere des Raums, so stechen uns sofort die ultramodernen, pechschwarzen Waschbecken mit den verstellbaren Liegen ins Auge. Der grüne Gummibaum daneben und der helle Plattenboden ergeben ein harmonisches Bild inmitten des geräumigen Friseursalons.

Wenn wir uns umdrehen, sehen wir rundum unser Spiegelbild, da an den Wänden die Frisierstühle mit wuchtigen Spiegeln eingerichtet sind, deren Ränder ein buntes Muster aus Zitronengelb, Hellgrün und Schwarz zeigen. Alle acht Plätze sind genau gleich ausgestattet: Unterhalb des Spiegels ist eine Ablagefläche angebracht. Da ist Platz für eine Tasse Kaffee, Magazine oder persönliche Utensilien der Kundschaft. Die schlichten, modernen Stühle sind aus Metall und einem besonderen Kunststoff hergestellt. Hinter den einzelnen Arbeitsboxen stehen zwei Rollkörper, auf denen sich sämtliche Arbeitsgeräte der Friseurinnen befinden. Besondere Farbtupfer werden im ganzen Raum durch die vielen Kopfwaschtücher gesetzt.

Dieser erst kürzlich umgebaute und modern eingerichtete Friseursalon lädt zum Verweilen ein, nicht nur für einen schönen Haarschnitt, sondern auch für eine wohltuende Massage oder eine schonende Nagelpflege.

Jessica Maurer, Friseurin im 1. Ausbildungsjahr

a. Notieren Sie die verschiedenen Nomen, die Jessica für die Beschreibung ihres Arbeitsortes verwendet.
b. Welche Möbel erwähnt sie?
c. Erklären Sie den Begriff »Sideboard« in eigenen Worten.
d. Zählen Sie weitere Gegenstände auf, die sich in den Räumen befinden.
e. Nennen Sie alle Farbadjektive, die im Text vorkommen, sowie Adjektive, die auf Farben hinweisen.
f. Notieren Sie alle zusammengesetzten Adjektive, ausgenommen die Farbadjektive.
g. Mit welchen sprachlichen Mitteln kann ein Ort oder Gegenstand erwähnt werden, ohne dass man das Nomen wiederholt? Nennen Sie drei Beispiele aus dem Text.

3. Beschreiben Sie Ihren Arbeitsplatz.

Personen beschreiben

4. Lesen Sie den Text durch und beantworten Sie die untenstehenden Aufgaben.

Direkt und gemütlich

Ich heiße Gerd – ein Name, der nicht sehr trendy ist und den ich auch gar nicht mag! Ich bin ziemlich genau 16 Jahre alt und 1,75 m groß. Meine Statur ist eher schlank, ich habe blonde Haare und blaue Augen.

Ich bin ein ehrlicher Typ. Auf alle Fälle sage ich meistens, was ich denke. Oft bin ich sehr direkt. Wenn nötig, kann ich mich aber auch beherrschen. Manchmal leide ich plötzlich unter schlechter Laune. Ich weiß selber nicht genau, warum. Zum Glück geht das aber meistens schnell vorbei.

Ich habe es gerne gemütlich mit Freunden, denn ich halte viel von Kameradschaft und Toleranz. Zum Lernen habe ich selten Lust. Meistens würde ich lieber etwas anderes machen, doch leuchtet mir ein, dass Lernen wichtig ist, wenn man im Leben weiterkommen will.

Unsere Familie besteht aus meinen Eltern und zwei jüngeren Geschwistern und mir. Als Ältester muss ich meinen Willen bei meinen Eltern immer als Erster durchboxen. Meine Geschwister brauchen später bloß noch darauf hinzuweisen, dass ich dies oder jenes auch durfte, und schon bekommen sie, was sie wollen. Das ärgert mich manchmal, aber ändern kann ich es nicht.

Zu meinen Eltern habe ich ein gutes Verhältnis. Sie lassen mir recht viele Freiheiten, die ich, wie ich glaube, nicht missbrauche. Natürlich gibt es manchmal unterschiedliche Meinungen, aber ich finde, Konflikte gehören zum Leben.

Ich habe viele Hobbys und Freizeitbeschäftigungen. So spiele ich seit der 4. Klasse in einem Fußballverein und bin fast ebenso lange bei den Pfadfindern. Ich interessiere mich für Technik, besonders für Flugzeuge. Außerdem mag ich Hip-Hop, schwimme und tanze gern. Meine Freunde haben ähnliche Interessen wie ich. Langeweile kenne ich gar nicht.

Mit der Ausbildung zum KFZ-Mechatroniker beginnt für mich ein ganz neues Leben: Ich werde nicht mehr so viel Zeit für meine Hobbys und meine Freunde haben. Sehr wahrscheinlich werde ich meine Zeit ganz neu einteilen müssen. Doch ich freue mich auf meine Ausbildungszeit: Meine positive Lebenseinstellung wird mir sicher in den nächsten Jahren eine große Hilfe sein – davon bin ich überzeugt!

Gerd, KFZ-Mechatroniker im 1. Ausbildungsjahr

a. Erläutern Sie, wie sich Gerd selbst charakterisiert. Beschreiben Sie, in welcher Reihenfolge er vorgeht und worauf er den Schwerpunkt legt.

b. Diskutieren Sie über die Personenbeschreibung. Können Sie sich ein gutes Bild von Gerd machen? Was möchten Sie zusätzlich wissen?

c. Schreiben Sie ein Selbstporträt.

d. Stellen Sie sich in einem Kurzreferat der Klasse vor:
- ➢ Verwenden Sie als Grundlage Ihr Selbstporträt.
- ➢ Sprechen Sie vor allem über Ihren Charakter.
- ➢ Dauer: drei bis fünf Minuten
- ➢ Sprechen Sie frei.

BASISWISSEN

Personenbeschreibung (Porträt, Steckbrief)

Eine Personenbeschreibung soll dem Leser/der Leserin ein anschauliches Gesamtbild der Person vermitteln.

Man unterscheidet zwischen:
- ➢ einem **Steckbrief**, der sich auf die äußeren Merkmale (Größe, besondere Kennzeichen, Kleidung usw.) und die Personalien (Alter, Beruf usw.) beschränkt,
- ➢ und einem **Porträt**, zu dem auch detaillierte Angaben zum Charakter, zu Stärken und Schwächen, inneren Werten und Denkweisen, Hobbys usw. gehören.

Vorgänge beschreiben

5. Schauen Sie sich folgende Anleitung an und beantworten Sie die Fragen auf der nächsten Seite.

Ein Wandregal anbringen

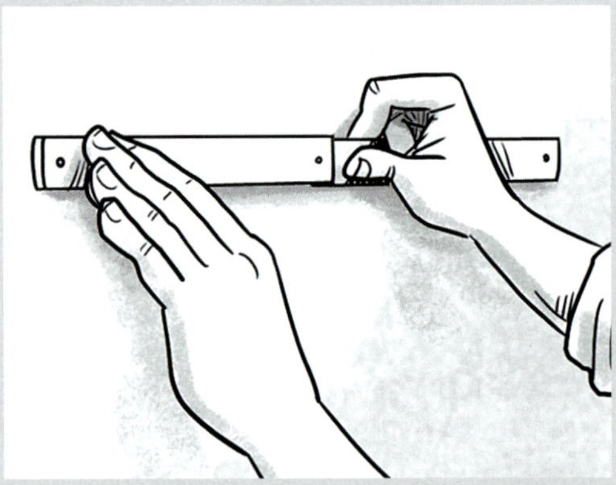

1. Zuerst die Stellen ausmessen, an denen das Regal befestigt wird.

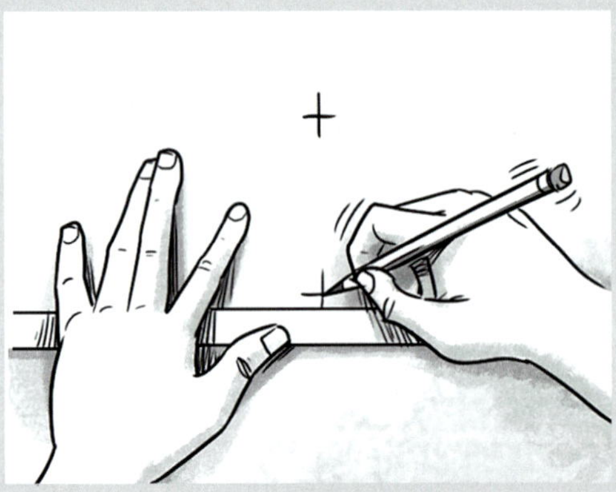

2. Anschließend mit Bleistift die Punkte für die Bohrlöcher markieren.

3. Als Nächstes die Bohrmaschine ansetzen und Löcher für die Dübel bohren.

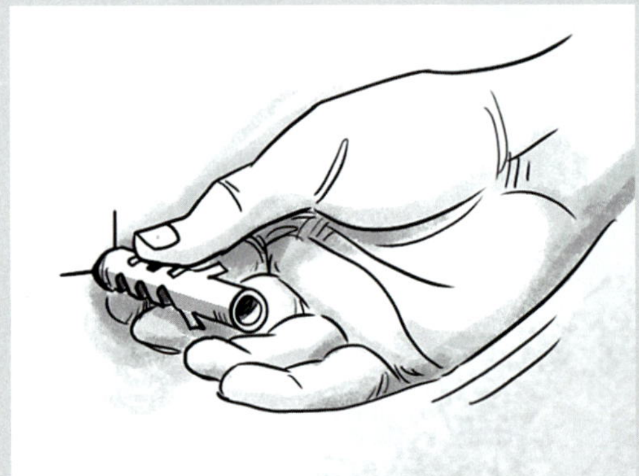

4. Dann die Dübel in die Löcher einsetzen.

5. Die Konsolen festschrauben und danach das Regalbrett einsetzen.

a. Untersuchen Sie, wie erreicht wird, dass der Leser oder die Leserin den Vorgang nachvollziehen kann.
b. Listen Sie die Wörter auf, mit denen die Reihenfolge der einzelnen Schritte verdeutlicht wird. Fallen Ihnen weitere Wörter ein?

6. Ein Freund ruft Sie an: Er möchte ein Wandregal aufhängen und weiß nicht, wie er dabei vorgehen soll. Erklären Sie es ihm. Denken Sie daran, dass er die Bilder nicht sehen kann.
Benutzen Sie die Zeitform des Präsens:
»Zuerst misst du die Stellen aus ...«
Welche Informationen müssen Sie ergänzen, wenn Ihnen keine Bilder zur Verfügung stehen?

7. Beschreiben Sie einen Vorgang aus Ihrem Beruf, den Sie oft verrichten.

Beispiele:
- Wand anstreichen
- Haare waschen
- Blutdruck messen
- den Posteingang bearbeiten

BASISWISSEN

Vorgangsbeschreibung

Vorgangsbeschreibungen begegnen mir im Beruf und im Alltag oft: als Bedienungsanleitungen, Gebrauchsanleitungen, Kochrezepte oder auch als mündliche Unterweisungen für berufliche Tätigkeiten.

Inhalt und Aufbau:
Zunächst benenne ich den Gesamtvorgang. Dann beschreibe ich die Einzelschritte in ihrer zeitlichen Abfolge (chronologisch) kurz und genau.

Sprache:
- verständliche Fachbegriffe
- Adjektive für Umschreibungen
- Zeitform: Gegenwart (Präsens)

8. Beschreiben Sie einen typischen Arbeitstag in Ihrem Ausbildungsbetrieb in etwa 250 Wörtern. Halten Sie sich dabei an die Merkmale der Vorgangsbeschreibung. Suchen Sie möglichst viele Synonyme (gleichbedeutende Ausdrücke) zu »dann«, bevor Sie mit dem Schreiben beginnen.

Tutorials verfassen

Im Internet finden Sie zu vielen Themen Tutorials: Anleitungen, in denen Vorgänge Schritt für Schritt beschrieben werden, schriftlich oder als Video auf YouTube. Die Möglichkeiten sind unbegrenzt: Es gibt Tutorials über die Bedienung von Computerprogrammen, Fotografie, das perfekte Augen-Make-up ebenso wie über den Reifenwechsel beim Fahrrad. Worüber könnten Sie ein Tutorial erstellen? Sammeln Sie Ideen.

Wortarten, Groß- und Kleinschreibung

WAS ICH AM ENDE KANN

Ich kann Wörter den entsprechenden Wortarten zuordnen.

Ich kenne die wichtigsten Regeln der Groß- und Kleinschreibung und kann sie anwenden.

Ich verfüge über einen ausreichend großen Wortschatz, um Texte zu den gesetzlichen Grundlagen meiner Ausbildung zu verstehen und mich dazu äußern zu können.

1. Erstellen Sie eine Mindmap, die in den zehn Ästen die zehn Wortarten und in den Zweigen jeweils drei Beispiele enthält. Wählen Sie die Wörter für die Beispiele aus der Liste unten aus.

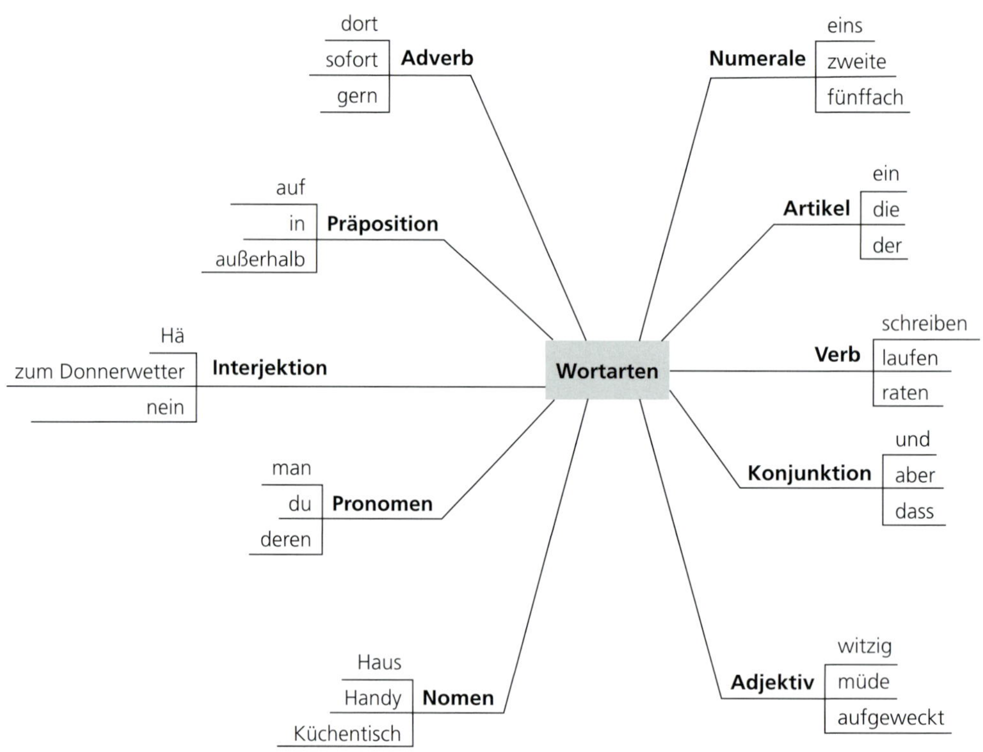

Die zehn Wortarten

Nomen (Substantiv)
Verb
Adjektiv
Artikel
Pronomen
Numerale (Zahlwort)
Adverb
Präposition
Konjunktion
Interjektion

Merkmale der Wortarten

2. Ordnen Sie jeder Wortart passende Merkmale zu. Wählen Sie aus der unten stehenden Liste aus. (Achtung: Manche Merkmale treffen auf mehrere Wortarten zu.)

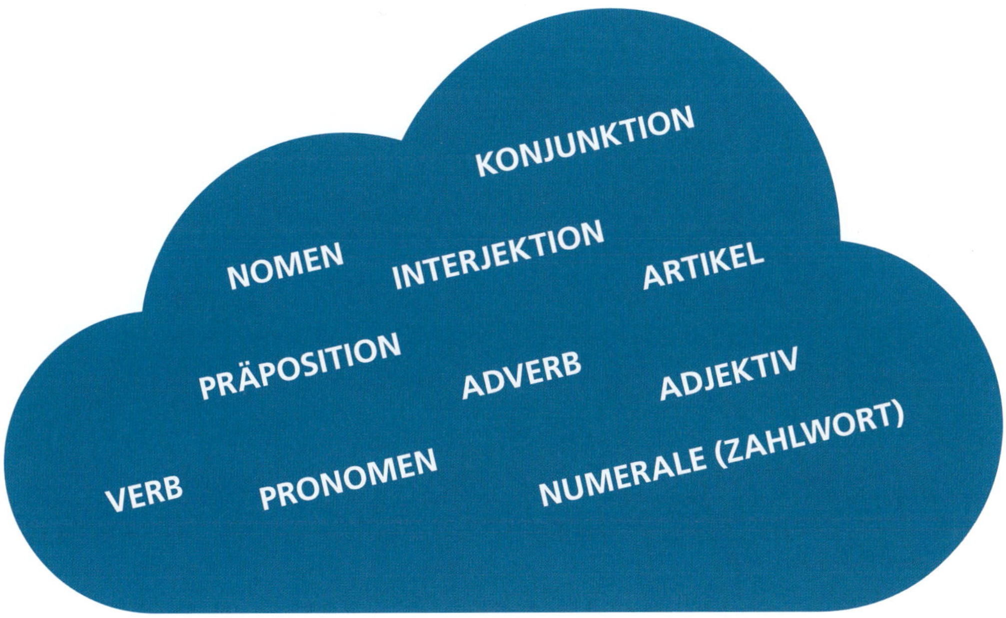

Merkmale:

- lässt sich steigern (Beispiel: groß – größer – am größten)
- ist unveränderlich
- lässt sich zwischen Artikel (Begleiter) und Nomen setzen (z. B. das große Buch)
- schreibt man groß
- lässt sich in die vier Fälle setzen (z. B. mein Ausbildungsbetrieb, meines Ausbildungsbetriebs, meinem Ausbildungsbetrieb, meinen Ausbildungsbetrieb)
- davon gibt es eine Form der Einzahl und der Mehrzahl (z. B. die Stadt, die Städte), manchmal auch eine weibliche und eine männliche Form (z. B. der Arbeiter, die Arbeiterin)
- lässt sich in verschiedene Zeiten setzen (z. B. ich gehe, ich ging)
- steht oft als Stellvertreter des Nomens, kann aber auch Begleiter sein
- davor kann man meistens der/die/das oder ein/eine setzen
- lässt sich konjugieren (z. B. ich gehe, du gehst, er/sie geht usw.)
- benennt eine Anzahl, Reihenfolge oder Häufigkeit
- drückt Empfindungen, Bejahung oder Verneinung, Aufforderungen aus oder ahmt Geräusche nach
- beschreibt eine Handlung
- beschreibt, in welchem Verhältnis Gegenstände oder Personen zueinander stehen (z. B. Das Buch liegt auf dem Tisch.)
- verbindet Wörter, Satzglieder und Sätze miteinander

3. Die folgenden Wörter können zwei unterschiedlichen Wortarten angehören. Dies hängt davon ab, wie sie verwendet werden. Wählen Sie die entsprechenden Wortarten aus und finden Sie Beispielsätze. Beachten Sie die Groß- und Kleinschreibung.

Beispiel:
GRÜNDE
a) Verb: Ich gründe eine Firma.
b) Nomen: Die Gründe sind verständlich.

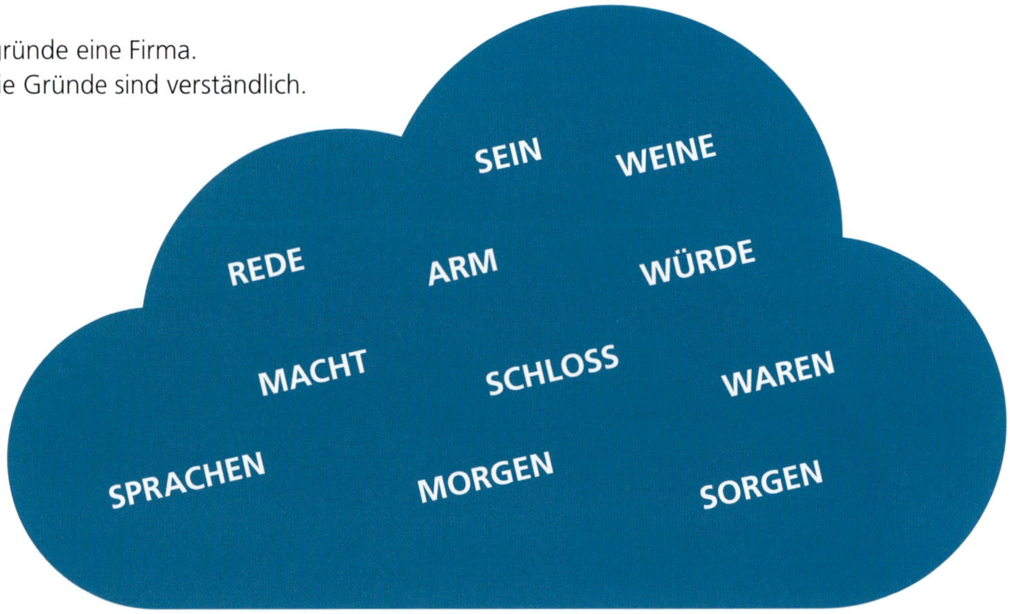

Nominalisierung

REGELN

Großschreibung

Nomen schreibt man groß.

Kleinschreibung

Die Wörter der übrigen Wortarten schreibt man klein.

Die anderen Wortarten, insbesondere Adjektive und Verben, lassen sich leicht in ein Nomen verwandeln (»Nominalisierung«); sie werden dann ebenfalls großgeschrieben.

Beispiele:

Adjektive	Das **Schnelle** ist nicht immer das Richtige oder das Beste. Zum Fest waren **Alt** und **Jung**, **Arm** und **Reich** erschienen. *(Die Adjektive stehen für Personen: Alte und Junge, Arme und Reiche.)*
Verben	Das **Schreiben** fällt ihr leicht. Kennst du die **Badenden** dort? Ich habe das **Gelernte** schon vergessen.
Pronomen	Er hat mir das **Du** angeboten. Sie kann **Mein** und **Dein** nicht unterscheiden.
Numeralia	Die **Drei** ist meine Lieblingszahl. Er kam als **Erster** an die Reihe.
Konjunktionen	An das ewige **Wenn** und **Aber** kann ich mich schlecht gewöhnen. Das **Wie** ist mir noch nicht klar.

4. Im Kasten auf Seite 38 sehen Sie verschiedene Beispiele für Nominalisierung. Das jeweils erste, das zu einer Gruppe gehört, ist fett hervorgehoben. Finden Sie die anderen Beispiele.

1) **nominalisierte Adjektive**
Beispiel: **das Schnelle**

2) **nominalisierte Verben**
Beispiel: **das Schreiben**

3) **nominalisierte Pronomen**
Beispiel: **das Du anbieten**

4) **nominalisierte Numeralia**
Beispiel: **die Drei**

5) **nominalisierte Konjunktionen**
Beispiel: **das ewige Wenn und Aber**

ZUSATZREGELN (1)

Groß schreibt man:

- das erste Wort eines Satzes, einer Überschrift, eines Titels, einer direkten Rede
- die Höflichkeitsform (Sie, Ihnen usw.)
- Teile eines Namens (z. B. der Nahe Osten, die Französische Revolution)
- Adjektive nach unbestimmten Mengenangaben (z. B.: Wir wünschen dir alles Gute! Dieser Artikel ist etwas Besonderes. Es gibt viel Neues, aber wenig Erfreuliches zu berichten.)
- von geografischen Namen abgeleitete Wörter auf -er (z. B. die Stuttgarter Innenstadt)

5. Zu welcher Regel gehören die folgenden Beispiele?
- Haben Sie Ihren Lohn schon erhalten? Wir gratulieren Ihnen!
- die Vereinigten Staaten; der Zweite Weltkrieg; die Neue Welt
- wenig Wissenswertes; etwas Süßes; nichts Wertvolles

6. Welche Wörter werden großgeschrieben?

Was lesen Auszubildende? (1)

Lea macht ihre ausbildung zur einzelhandelskauffrau in einem kölner lebensmittelgeschäft. »sehen sie, wenn ich einmal am lesen bin, kann ich kaum mehr aufhören und lese das buch meistens gleich zu ende. Diese leidenschaft habe ich von meiner mutter geerbt, die eine große leserin ist. Mit vorliebe wähle ich krimis, weil sie viel spannendes bieten. Das miteifern und rätseln liebe ich über alles! Ich kann mich beim lesen ganz und gar ins geschehen hineinleben und selbst kommissarin spielen.

Vor allem an meinen freien nachmittagen, am montag und am mittwoch, habe ich zeit zu lesen. Zu hause besitzen wir eine große bibliothek, da hole ich mir meine lektüre. Im voraus studiere ich die inhaltsangabe auf dem buchumschlag. Wenn dieser text etwas aufregendes verspricht, lese ich die geschichte. Mein gefühl lässt mich selten im stich.«

ZUSATZREGELN (2)

Einige Wörter schreibt man klein, obwohl *der/die/das* oder *ein/eine* davorstehen kann:

- die beiden
- ein wenig; ein bisschen (wenn gemeint ist: ein wenig); ein paar (wenn gemeint ist: einige)
- den Superlativ (höchste Steigerungsform) des Adjektivs mit »am«: am größten, am schwierigsten
- ein Adjektiv, das sich auf ein vorangehendes Nomen bezieht.

Beispiel: Lea liest viele Krimis. Die spannendsten verschlingt sie in einem Zug.

7. Welche Wörter werden großgeschrieben?

Was lesen Auszubildende? (2)

Leon, fleischer im dritten ausbildungsjahr, nimmt ein neues blech mit duftendem fleischkäse aus dem ofen und stellt es zum abkühlen auf ein brett. Dann gibt er auskunft: »in meiner freizeit treibe ich fast ausschließlich sport. Nach der arbeit setze ich mich aufs fahrrad und trainiere bis gegen 21 uhr. Am wochenende nehme ich immer an rennen teil. Wann soll ich da noch ein dickes buch lesen?

Aber tageszeitungen lese ich, am liebsten den sportteil. Während der mittagszeit und am abend vor dem training informiere ich mich ungefähr eine halbe stunde übers sportgeschehen. Im winter interessiert mich das skifahren am meisten. Die tagesaktualitäten verfolge ich in der »stuttgarter zeitung«, die blättere ich täglich durch.

Ein buch habe ich aber schon lange nicht mehr gelesen, das letzte mal irgendwann in der schulzeit. An den titel erinnere ich mich nicht, es ist zu lange her. Viel lieber verbringe ich meine freizeit zusammen mit meiner familie beim kartenspielen oder mit der freundin.«

Roman: Einen Bezug zum Alltag herstellen

WAS ICH AM ENDE KANN

Ich kann mich in einen Ich-Erzähler hineinversetzen und beschreiben, welche Wünsche und Ziele er hat.

Ich kann einen Bezug herstellen zwischen einem literarischen Text und meinem Alltag.

In dem autobiografischen Roman »Dorfpunks« (2004) erzählt Rocko Schamoni die Geschichte seiner Jugend. Sein Ich-Erzähler Roddy Dangerblood wächst in dem Dorf Schmalenstedt auf und spielt in einer Punkband. Auf Wunsch seiner Mutter macht er eine Töpferlehre, die ihm wie eine »freiwillige Isolationshaft« vorkommt. Der Langeweile in der Töpferstube versucht er zu entgehen, indem er Radio hört oder mit dem Hund der Chefin spielt. Eines Tages geschieht etwas Unerwartetes …

Rocko Schamoni (*1966)
Rocko Schamoni, eigentlich Tobias Albrecht, ist ein deutscher Entertainer, Musiker, Schauspieler und Schriftsteller. Sein Musikstil wird oft als »deutscher Post-Punk« bezeichnet. Seit 2000 hat er bis jetzt vier Romane veröffentlicht.

STARS

Manchmal lief im Radio Musik, die mir wirklich gefiel. Von den Mainstream-Stars mochte ich Bowie, Madness, ABC und Prince. Bowie wurde ständig gespielt. »Lets Dance« und »China Girl«. Bowie war für mich auch eine Art Punk. Punk war für mich alles, was gut und anders war. Dann hieß es plötzlich, Bowie würde in Bad Segeberg spielen. Die »Glass Spiders Tour«. Wir waren alle sehr aufgeregt und freuten uns auf dieses Spitzenereignis der Poprock-Openairsaison. Wenn ich hinter meiner Töpferscheibe auf die Kirchenmauer starrte und Radio hörte, dachte ich oft an Bowie oder Annie Lennox. Wie sich ihnen die Welt präsentierte und wie sie sich mir darbot. Und dass zu diesem toten Winkel hinter der Kirche nie jemand kommen würde, dass die Wahrscheinlichkeit eins zu einer Million stand, dass Iggy Pop zufällig eines Nachmittags an meiner Töpferei vorbeilaufen und nach einem Blick auf mich interessiert hereinschauen würde, auf einen kleinen Plausch über Popmusik oder Tonwiederaufbereitung.

Eines Nachmittags, so um drei, ging die Tür der Töpferei, die Glocke klingelte, ich war gerade im Nebenraum. Ich kam nach vorne, um den Kunden zu begrüßen. Vor mir stand David Bowie. Er sah ganz anders aus, als ich ihn mir vorgestellt hatte, klein, etwas ausgehungert und mit einem sonderbar leeren Gesicht. Er trug einen Trenchcoat, Stiefeletten und eine Ray-Ban-Sonnenbrille in den Haaren. Erst schaute er in die Regale, sah sich unsere Töpferwaren an, dann stellte er sich vor die Töpferscheibe. Ich war ganz leise, wollte nicht aufdringlich wirken und den scheuen Superstar vertreiben. Das konnte doch nicht wahr sein. Woher wusste er, dass ich mich über einen Besuch von ihm freuen würde? Und was wollte er in Stelling in einer Töpferei? Wo waren seine Bodyguards? Was bedeutete das alles? Er schaute mich an und bat mich mit englischem Akzent, etwas für ihn zu töpfern. Ich setzte mich wortlos vor ihn hin und begann, einen Klumpen Ton auf der Scheibe zu zentrieren. Aus meinen Händen wuchs eine Vase, ich ließ sie steigen, gab ihr Form, sie wurde immer größer. Die Vase dehnte sich aus, wurde kraft meiner Arme zu etwas Ungebändigtem, Bowie tat einen Schritt zurück und leckte sich hungrig die Lippen. Ich ließ die Vase in den Raum wachsen, das Material hatte unendliche Kapazitäten, Ton umschloss uns, überall Ton, Musik aus stummer Erde. Bowie ließ sich umschlingen und ich mich ebenfalls.

Der Ton presste uns zusammen und vergrub uns in sich.

Ich bin mir im Nachhinein unsicher, ob diese Erinnerung der Realität entspricht oder ob sie einem Traumbild entsprungen ist. Es ist schon so lange her.

Wenn »Musik für junge Leute« [1] vorbei war, hatte ich wieder etwas Kraft und arbeitete ein bisschen, um wenigstens ein minimales Ergebnis vorweisen zu können. Die Chefin war zufrieden mit mir. Sie hielt mich für faul, war aber selbst kein Engel, irgendwie verstand sie mich.

Um sechs fuhr ich mit dem um diese Zeit leeren Bus zurück nach Schmalenstedt. Kurz vor dem Ortseingang an einer Kreuzung stieg ich aus und ging die paar hundert Meter zu unserem Haus hinauf. Zu diesem Zeitpunkt waren meine Energien erneut auf einem Tiefpunkt angelangt, und wenn ich die Haustür öffnete, fror ich wieder ein. Meine Mutter begrüßte mich froh. Sie fragte mich jedes Mal, wie es auf der Arbeit gewesen sei. Ich schwieg sie stumpf an und brachte vielleicht drei muffige Worte heraus, während ich ihr Essen in mich hineinschlang, um mich danach möglichst schnell in mein Zimmer verdrücken zu können. Ich war wie der sprichwörtliche Alte, der von der Maloche[2] nach Hause kommt. Ich glaube, ich wollte sie bestrafen. Dafür, dass ich ihren Plan leben musste. Und was sollte ich ihr berichten aus ihrem Plan? Sollte sie ihn doch selber erleben. Ich war damals sehr ungerecht, aber ich konnte die Befürchtungen meiner Mutter einfach nicht verstehen, ihre Sorgen nicht ertragen, ihre Liebe nicht erwidern. Ich machte sie für alles verantwortlich, dafür, dass ich so früh aufstehen musste, dafür, dass ich den ganzen Tag einsam war, dafür, dass ich mir im Sommer keinen Urlaub nehmen durfte, für den Käfig meines Lebens. Sie konnte mich nicht verstehen. Ich sie auch nicht. Es tut mir Leid.

Rocko Schamoni: Dorfpunks. Roman. Hamburg 2004, S. 145–147

[1] Eine Radiosendung, die Roddy jeden Tag in der Töpferei hört.
[2] schwere Arbeit

1. Zu welcher literarischen Gattung gehört dieser Text? Ordnen Sie zu. Falls Sie nicht mehr sicher sind, hilft Ihnen der nebenstehende Kasten.
2. In »Dorfpunks« vermischt der Autor Fantasie und Tatsachen. Nicht immer geht aus dem Roman hervor, was wahr und was erfunden ist. Hat der Ich-Erzähler tatsächlich Besuch von David Bowie bekommen oder war das nur ein Traum? Begründen Sie Ihre Meinung.
3. Beschreiben Sie das Verhältnis zwischen dem Ich-Erzähler und seiner Mutter.
4. Der Autor beschreibt seine Jugend. Doch die Ereignisse von damals betrachtet er heute aus kritischer Distanz. Finden Sie eine Textstelle, die dies belegt.
5. Der Ich-Erzähler langweilt sich bei der Arbeit. Überlegen Sie und diskutieren Sie: Was würde er lieber machen? Was wünscht er sich? Welche Rolle spielt dabei die Episode mit David Bowie?
6. Stellen Sie sich vor, dass Sie auf der Arbeit Besuch von einem Star bekommen. Wer könnte das sein? Wie würden Sie reagieren? Wie könnte eine solche Begegnung ablaufen?
   Schreiben Sie dazu eine Geschichte, die ähnlich aufgebaut ist wie Rocko Schamonis Text.

BASISWISSEN

Literarische Gattungen

Dramatik
Das Drama ist zur Aufführung am Theater geschrieben. Es gibt z. B.:
- Tragödien
- Komödien
- moderne Dramenformen (episches Drama, dokumentarisches Drama ...)

Epik
Epische Texte sind erzählende Texte wie z. B.:
- Romane
- Erzählungen
- Kurzgeschichten
- Novellen
- Märchen und Legenden
- Fabeln und Parabeln

Lyrik
Lyrische Texte sind in Versform geschrieben, sie werden auch Gedichte genannt.
Beispiele:
- Balladen
- Naturgedichte
- Lieder
- Hymnen

Lerntechniken

WAS ICH AM ENDE KANN

Ich kann meine Hausaufgaben gezielt angehen.

Ich weiß, wie ich effizient lerne.

Ich kenne hilfreiche Lernstrategien und Lerntechniken.

In einer Ausbildung muss viel Lernstoff verarbeitet werden. Nicht nur wichtige Prüfungen, sondern auch die Hausaufgaben lassen sich einfacher bewältigen, wenn man sinnvolle Lerntechniken anwendet. Die folgenden elf Grundsätze helfen dabei.

Aktiv am Unterricht teilnehmen

- Ich profitiere so viel wie möglich vom Unterricht: Ich höre zu, mache Notizen, denke und rede mit und stelle Fragen.
- Wenn ich den Stoff schon in der Schule beherrsche und aktiv am Unterricht teilnehme, kann ich auch die Hausaufgaben schneller erledigen und es fällt mir leichter, für Prüfungen zu lernen.

Den Arbeitsplatz gestalten

- Mein Arbeitsplatz ist ruhig, hell und aufgeräumt.
- Ich richte den Arbeitsplatz so ein, dass ich mich wohlfühle.
- Ich habe das notwendige Arbeits- und Lernmaterial griffbereit.
- Ich vermeide Ablenkung durch Musik, Fernsehen, Lärm und Gespräche.

Den Lernstoff strukturieren und mit vorhandenem Wissen verknüpfen

- Ich verschaffe mir einen Überblick über den Lernstoff: Was muss ich lernen?
- Ich stelle Beziehungen zum Vorwissen her: Was kenne ich schon? Was ist ganz neu?
- Ich teile den Stoff in Einheiten ein, die ich nach und nach bearbeite.

Lernzeiten einplanen

- Ich baue die Zeit, die ich zum Lernen für eine Prüfung oder für die Hausaufgaben brauche, in meine Wochenplanung ein.
- Ich teile die Lernzeiten in maximal einstündige Abschnitte ein, denn so kann ich mir den Inhalt besser merken.
- Ich beginne frühzeitig zu lernen; das verhindert Stress und ermöglicht es mir, schwierige Dinge noch einmal zu wiederholen.
- Ich teile meine Lernzeit so ein, dass ich am Vorabend der Prüfung alles Wesentliche schon beherrsche und nur noch einige Punkte wiederholen muss.

Arbeitsstrategie festlegen

- Ich arbeite konzentriert und wähle eine Strategie, die zu mir passt.

  Beispiele:
  - Ich beginne mit einer Aufgabe, die mir leichtfällt, um ein Erfolgserlebnis zu haben. Das steigert mein Selbstbewusstsein.
  - Ich beginne mit einer Aufgabe, die Spaß macht.

Verschiedene Sinne einsetzen

- Ich lese laut, streiche an, schreibe heraus, schreibe Zusammenfassungen oder erstelle eine Mindmap.
- Ich trage jemandem in eigenen Worten den Lernstoff vor.
- Ich stelle Inhalte grafisch dar.
- Grundsätzlich gilt: Je mehr Sinne (sehen, hören, schmecken, tasten, riechen) ich beim Lernen benutze, desto besser kann der Lernstoff in meinem Gehirn gespeichert und in der Prüfung wieder abgerufen werden.

Nur Verstandenes lernen

- Ich lerne nicht einfach auswendig, sondern lerne nur, was ich verstanden habe. Denn nur so kann ich mein Wissen anwenden.

Motiviert sein

- Ich finde die richtige Einstellung zum Lernen. Denn man lernt nur, wenn man lernen will.
- Ich versuche, Desinteresse abzubauen. Wenn ich eine positive Einstellung habe, geht mir die Arbeit leichter von der Hand.
- Ich setze mir nahe, erreichbare Ziele. Und vielleicht habe ich ja eine Belohnung verdient, wenn das Ziel erreicht ist?

Pausen einlegen

- Wenn ich länger lernen muss, lege ich bewusst Pausen ein. So kann ich mich danach wieder besser konzentrieren.
- Manchmal reicht es schon, wenn ich aufstehe, mich bewege und etwas trinke.

In der Gruppe oder zu zweit lernen

- Vielleicht lerne ich besonders gut mit jemandem zusammen. Dann lohnt es sich, eine Lernpartnerin oder einen Lernpartner zu suchen.
- Gerade bei großen Stoffmengen kann es motivierend sein, zu zweit zu lernen.
- Sich gegenseitig abzufragen, festigt den Lernstoff und dient zugleich als Lernkontrolle.

Eine Lernkartei anlegen

- Für das Lernen von Fremdwörtern, Fachbegriffen oder Definitionen lege ich eine Lernkartei an.
- Mit den Karteikärtchen kann ich auch gut im Zug oder Bus lernen.

UMWELT UND RESSOURCEN

Weltbevölkerung und Wasserknappheit

Weltbevölkerung 2010:
6,9 Milliarden

Weltbevölkerung 2050:
9,3 Milliarden (mittlere Projektion)

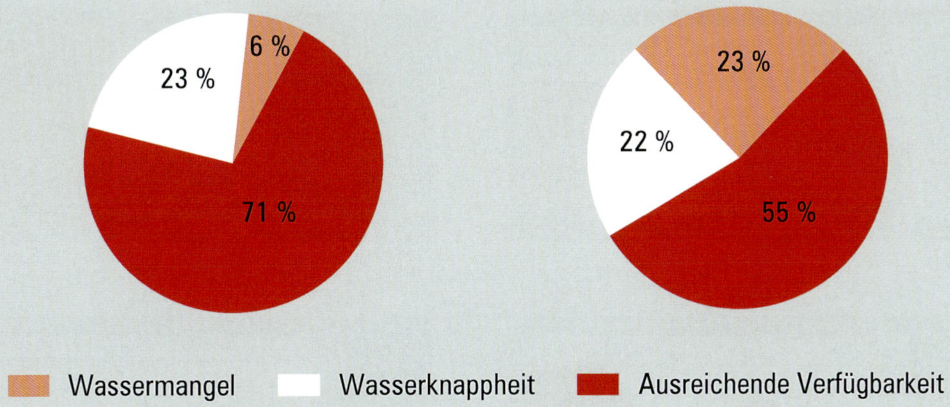

Grafik: Stiftung Weltbevölkerung
Quelle: Population Action International 2012

* **Wasserknappheit:** verfügbares erneuerbares Süßwasserangebot pro Kopf und Jahr liegt zwischen 1.001 m^3 und 1.666 m^3

Wassermangel: Süßwasserangebot pro Kopf und Jahr beträgt 1.000 m^3 oder weniger

1. Beschreiben Sie, worüber die Diagramme informieren.
2. Erklären Sie, welche Entwicklung vorhergesagt wird.
3. Diskutieren Sie gemeinsam über die Ursachen für das dargestellte Problem und über Lösungsmöglichkeiten.

Diagramme erstellen und analysieren

WAS ICH AM ENDE KANN

Ich kenne die geläufigen Arten von Diagrammen.

Ich kann Diagramme gezielt einsetzen.

Ich kann einfache und schwierigere Diagramme lesen und Vermutungen über Ursachen und Konsequenzen anstellen.

Ich kann Informationen aus Diagrammen zusammenfassen.

1. Ordnen Sie den Diagrammen jeweils die richtige Bezeichnung zu.

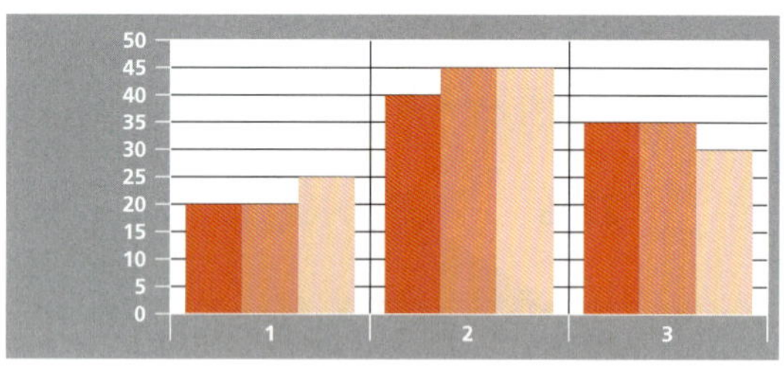

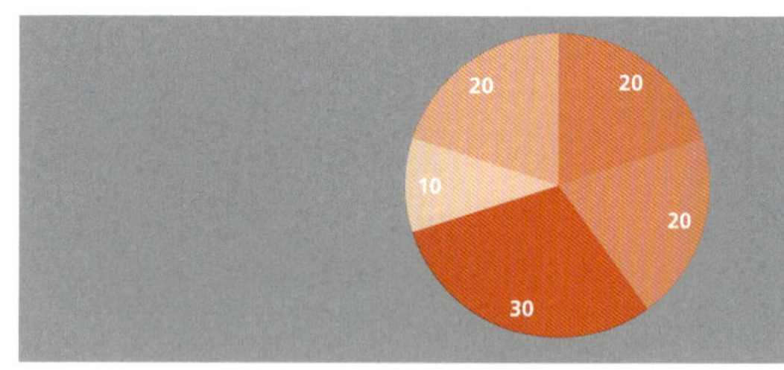

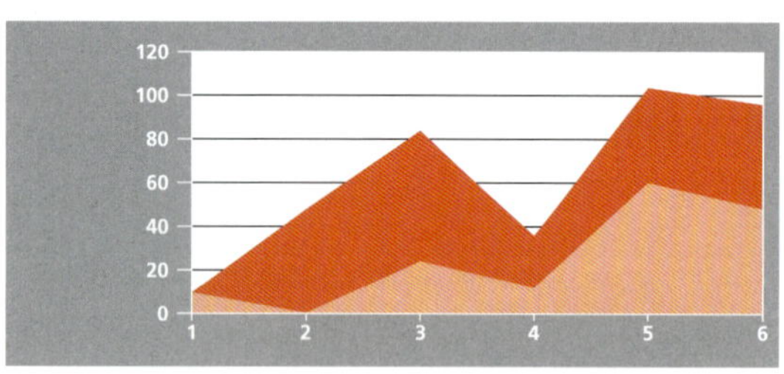

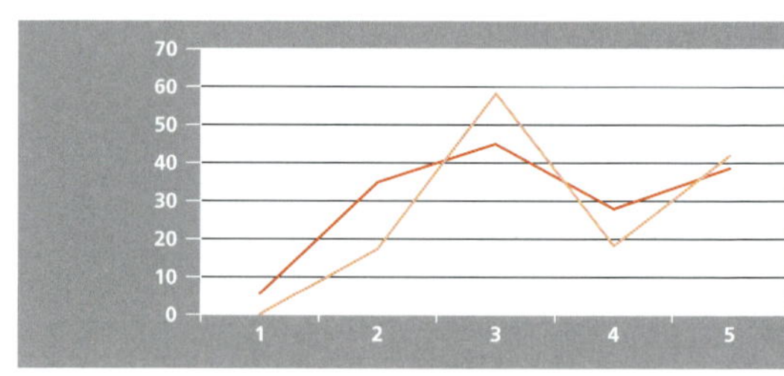

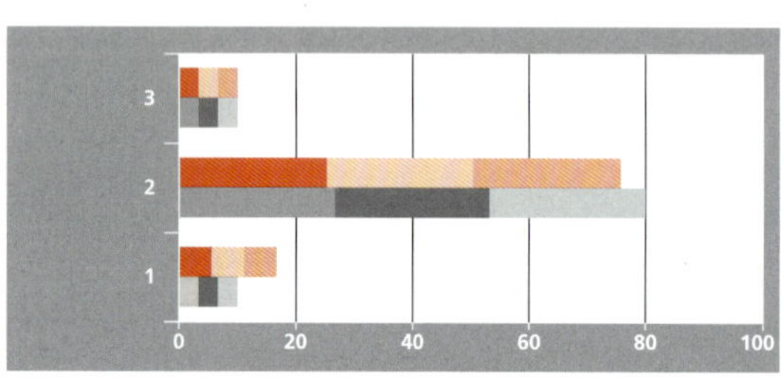

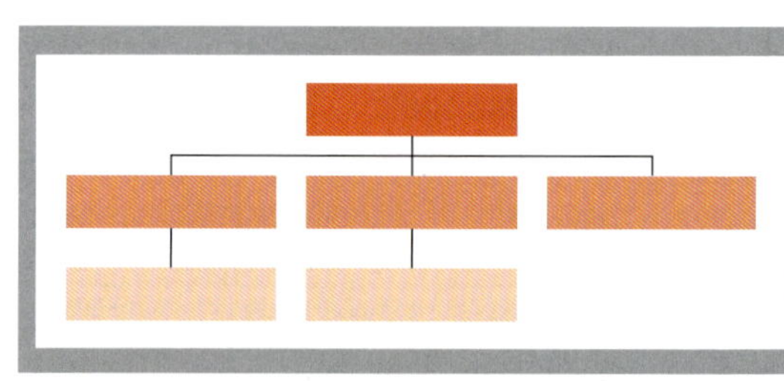

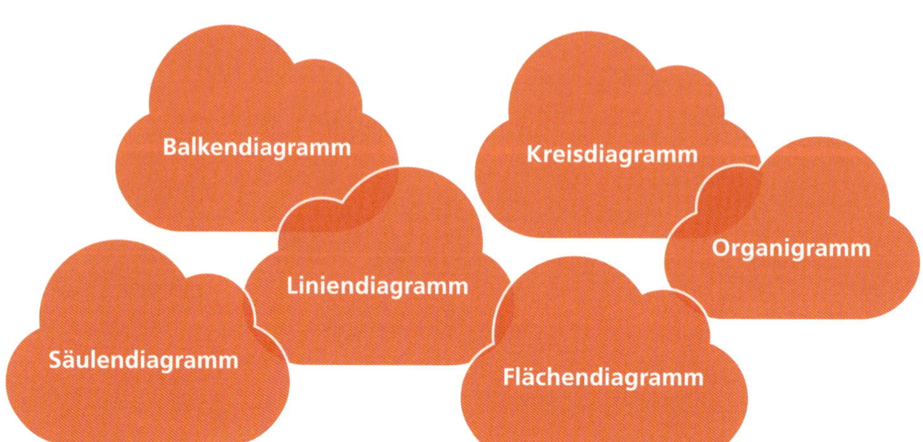

2. Erklären Sie, welches Diagramm sich für welchen Zweck am besten eignet. Manchmal sind mehrere Antworten möglich.

- Firmenstruktur, Struktur einer Organisation: **Organigramm**
- Vergleich von Einheiten (z. B. Bevölkerungszahlen verschiedener Bundesländer, Preise ähnlicher Produkte)
- prozentuale Angaben (z. B. prozentuale Anteile unterschiedlicher Altersgruppen an der Gesamtbevölkerung)
- zeitlicher Verlauf, zeitliche Entwicklung (z. B. Entwicklung der Gesundheitskosten in den letzten fünf Jahren, Verlauf der Börsenkurse von Januar bis Juni)
- Vergleiche von Größen innerhalb eines Zeitraums (z. B. Anteile der einzelnen Energieträger am Gesamtenergieverbrauch der letzten zehn Jahre)

3. Stellen Sie die folgenden Informationen jeweils in einem passenden Diagramm dar.

a.
Der durchschnittliche Wasserverbrauch pro Person und Tag in Deutschland beträgt 132 Liter:
- 42 Liter Toilettenspülung
- 39 Liter Baden, Duschen
- 18 Liter Wäschewaschen
- 8 Liter Körperpflege
- 8 Liter Geschirrspülen
- 7 Liter Blumen / Garten
- 4 Liter Putzen
- 4 Liter Kochen / Trinken
- 2 Liter Autowäsche

(Quelle: www.bund-bawue.de)

b.
Zur Erzeugung von einem Kilo Brot werden etwa 1 000 Liter, von einem Kilo Reis rund 2 500 Liter, von einem Kilo Rindfleisch (durch Getreidefütterung) 15 000 Liter und von einer Tasse Kaffee etwa 140 Liter Wasser verbraucht.

(Quelle: www.welthungerhilfe.de)

c.
Eine Hilfsorganisation konnte 2005 drei Brunnenbauprojekte in verschiedenen afrikanischen Ländern realisieren. 2006 waren es fünf Projekte, 2007 zwölf, 2008 sieben, 2009 zehn und 2010 elf.

BASISWISSEN

Diagramme

Diagramme informieren in grafischer Form über Sachverhalte. Größenverhältnisse, Entwicklungen von Werten oder prozentuale Angaben lassen sich so besonders anschaulich darstellen. Die Daten, über die sie informieren, stammen oft aus Befragungen oder statistischen Erhebungen.

Welches Diagramm wofür?
- **Säulen- oder Balkendiagramme** eignen sich für die Darstellung von leicht vergleichbaren Daten.
- **Kreisdiagramme** stellen Anteile an einer Gesamtheit dar.
- **Flächen- oder Liniendiagramme** zeigen eine zeitliche Entwicklung.
- **Organigramme** bilden die Struktur/ Hierarchie (Rangordnung, Führungsebenen …) einer Organisation ab.

Diagramme erstellen
Wenn ich selbst ein Diagramm erstelle, beachte ich insbesondere folgende Punkte:
- Ich nenne im Titel den Inhalt des Diagramms und die Datenquelle.
- Ich wähle eine passende Form für das Diagramm.
- Komplexere Grafiken versehe ich mit einer Legende.

Diagramme erklären und erschließen

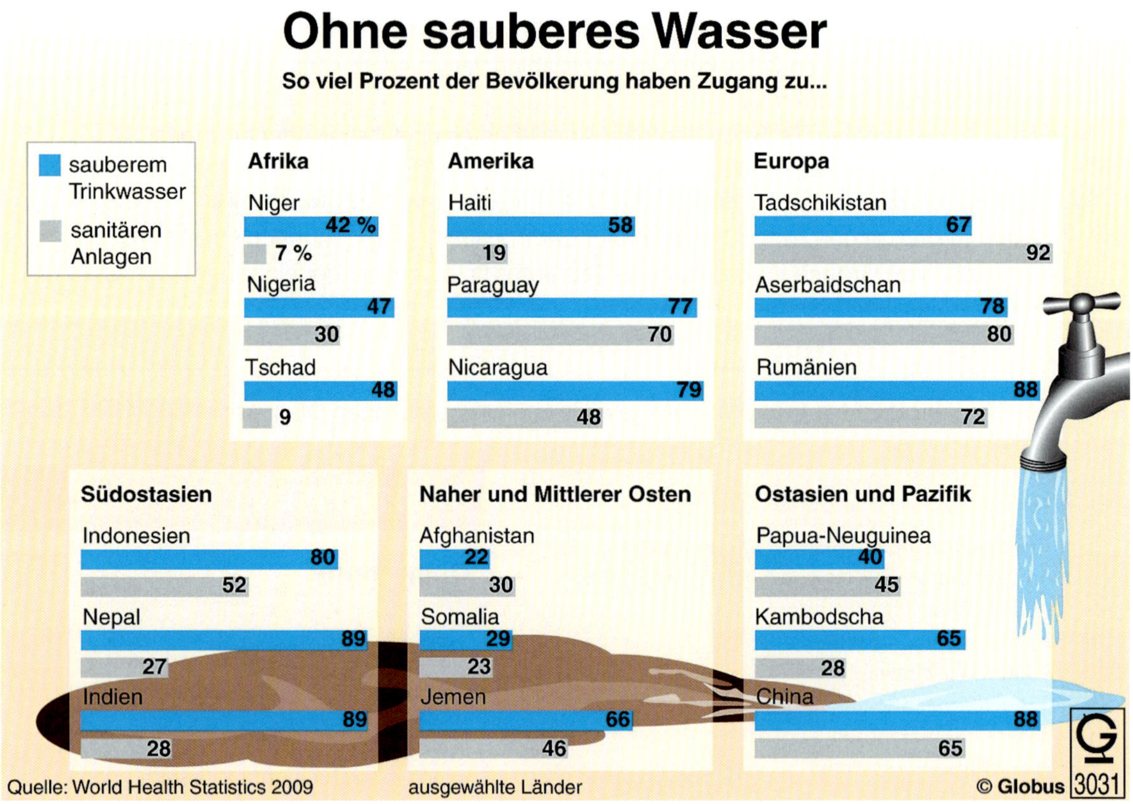

4. Beantworten Sie folgende Fragen:
- ➢ Um welche Art von Diagrammen handelt es sich?
- ➢ Welche Informationen enthält der Titel?
- ➢ Welche Informationen enthalten die Legende und der Untertitel?

5. Beantworten Sie folgende Fragen:
- ➢ In welchem der aufgeführten Länder oder Regionen ist der prozentuale Anteil der Menschen mit Zugang zu sauberem Trinkwasser am niedrigsten?
- ➢ Wo ist der prozentuale Anteil der Menschen mit Zugang zu sanitären Anlagen am niedrigsten?
- ➢ Welche Angaben fehlen möglicherweise?
- ➢ Welche zusätzlichen Informationen könnten eindeutigere Schlüsse erlauben?

6. Erlauben die Diagramme oben einen umfassenden Überblick über die weltweite Situation? Begründen Sie.

Entwicklung des globalen Verbrauchs von Primärenergie* und ein mögliches Szenario der künftigen Entwicklung

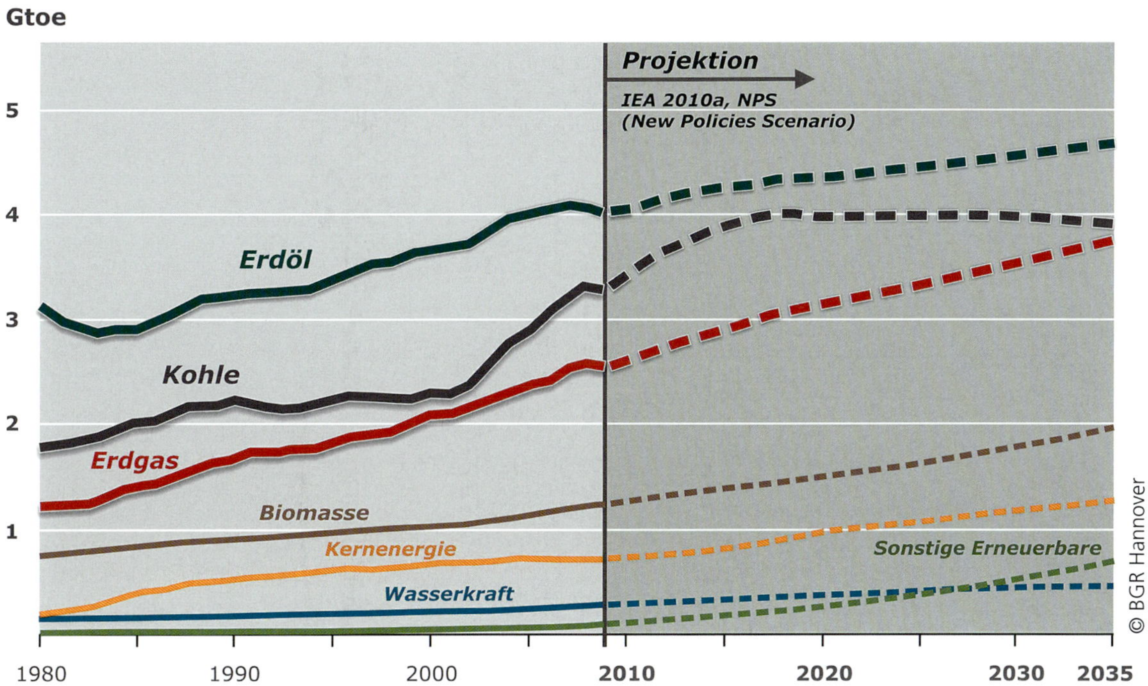

*Primärenergie:	bezeichnet die in der Natur vorkommenden Energiequellen (z. B. Braunkohle, Steinkohle, Erdgas, Erdöl)
Gtoe:	Maßeinheit für den Energieverbrauch: toe = Tonne Öleinheit, 1 Gtoe entspricht einer Milliarde toe
Öleinheit:	Maßeinheit für den Energieverbrauch

7. Beantworten Sie folgende Fragen:
   - Um was für eine Art von Diagramm handelt es sich?
   - Welche Informationen enthält der Titel?
   - Was wird auf der x-Achse abgebildet?
   - Was wird auf der y-Achse abgebildet?

8. Beantworten Sie folgende Fragen:
   - Welche Werte sind besonders hoch oder besonders niedrig?
   - Wann ist der Verbrauch an Kohle rasant angestiegen?
   - Bei welchen Energieträgern blieb der Verbrauch zwischen 1980 und 2010 weitgehend konstant?
   - Welche Entwicklung wird für Kohle und Erdgas prognostiziert?
   - Welche allgemeine Entwicklung können Sie für den globalen Energieverbrauch zwischen 1980 und 2010 erkennen?

9. Vergleichen Sie dieses Diagramm mit dem Diagramm zur Entwicklung des globalen Primärenergieverbrauchs von Seite 49. Beschreiben Sie, wie sich die Wirkung der Erdgaslinie verändert hat, weil auf der y-Achse andere Werte gewählt wurden.

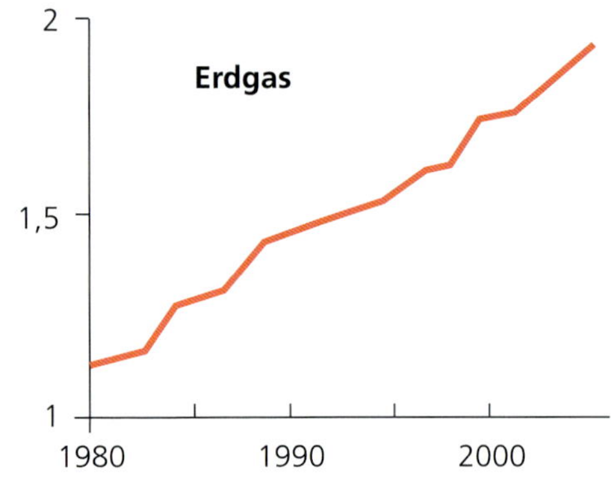

Tipp

Achten Sie darauf, welche Maßeinheiten und Bezugsgrößen ein Diagramm verwendet. So schützen Sie sich davor, durch eine verzerrte Darstellung manipuliert zu werden.

10. Fassen Sie die Aussagen des Diagramms zum globalen Primärenergieverbrauch in einem Text zusammen.

- Nennen Sie in der Einleitung die Überschrift und die Form des Diagramms.
- Erklären Sie dann, worüber das Diagramm informiert, was verglichen wird, welche Entwicklung zu erkennen ist und was Ihnen auffällt.
- Erklären Sie, was die Ursache für den gestiegenen Energieverbrauch sein könnte und welche Folgerungen sich daraus ergeben.
- Beenden Sie den Text mit einer Beurteilung: Wie wirkt das Diagramm auf den Betrachter/die Betrachterin? Wie ist sein Informationsgehalt einzuschätzen?
- Beachten Sie die Formulierungshilfen auf Seite 51.

BASISWISSEN

Diagramme analysieren und interpretieren

Ich unterscheide zwischen sachlichen Feststellungen (meiner Analyse), Folgerungen und meiner Interpretation.

1. Schritt: Analyse (Was?)
- Ich informiere mich in Titel und Legende, worum es in der Grafik genau geht.
- Dabei beachte ich insbesondere die Bezugsgrößen und Maßeinheiten (Zeit? Prozentangaben? Geldwerte?).
- Ich erkläre, was verglichen wird und welche wichtigen Aussagen sich dem Diagramm entnehmen lassen.
- Ich formuliere meine Aussagen präzise und nenne die Quelle.

2. Schritt: Interpretation (Warum?)
- Ich nenne Gründe und Erklärungen für den dargestellten Sachverhalt.
- Ich beziehe Stellung zu Vorannahmen: Was bestätigt eigene oder allgemeine Erwartungen, was erstaunt?
- Ich erkläre, welche neuen Fragen sich daraus eventuell ergeben.
- Ich ziehe Schlussfolgerungen.

FORMULIERUNGSHILFEN

Allgemeine Informationen

- Das Diagramm informiert über/stellt dar/zeigt enthält Angaben über
- In diesem Diagramm erfahren wir

Detailinformationen

- im Vergleich zu, im Gegensatz dazu
- im Unterschied dazu
- betragen
- liegen bei
- belaufen sich auf
- im Jahr 20XX doppelt so hoch wie im Jahr 20YY
- das Dreifache von
- während 20XX
- im Jahr 20XX nur halb so viele ... wie 20XX
- der Anteil an ... beträgt
- an erster Stelle steht
- den höchsten Anteil besitzt ..., gefolgt von
- Mittelwerte
- Ausgangsgrößen
- Endgrößen
- Höhepunkt
- Tiefpunkt
- sinken
- steigern
- (an)steigen
- sich verringern
- zurückgehen
- zunehmen
- abnehmen
- sich erhöhen
- reduzieren
- klettern auf
- sich auf gleicher Höhe bewegen (wie ...)
- fallen auf
- stagnieren
- gleich bleiben
- verzeichnet einen leichten Anstieg
- verzeichnet einen geringfügigen Zuwachs
- bleibt auf hohem/tiefem Niveau
- bewegt sich nach unten/oben/auf gleichem Niveau
- musste Verluste hinnehmen
- konnte ein Plus verbuchen

Auffälliges und Erstaunliches; Schlussfolgerungen

- aus dem Diagramm lässt sich ablesen, dass
- dem Diagramm lässt sich entnehmen, dass
- es ist klar ersichtlich, dass
- aus dem Diagramm geht hervor/lässt sich schließen/folgern, dass
- das Diagramm zeigt deutlich
- ein anderer wichtiger Punkt ist
- man muss beachten, dass
- man kann daraus ableiten/schließen, dass
- es fällt auf, dass
- ist vermutlich darauf zurückzuführen, dass
- der Grund dafür könnte sein
- wahrscheinlich
- die Ursachen könnten in ... liegen
- dabei spielt vor allem ... eine Rolle
- einerseits ... andererseits
- wichtige Einflüsse sind/haben

Persönliche Fortschritte dokumentieren

Sie haben sich etwas vorgenommen, was Sie erreichen möchten. Jeden Tag joggen gehen, eine Strecke in einer kürzeren Zeit laufen, nicht mehr so viel Zeit im Internet verbringen, mit dem Rauchen aufhören, eine Fremdsprache lernen ... Am besten gelingt dies, wenn Sie sich messbare Ziele setzen: Ich lese jeden Tag mindestens zehn Seiten, laufe mindestens drei Mal die Woche dreißig Minuten ... Ihre Fortschritte und Erfolge können Sie z. B. in einem Liniendiagramm festhalten – auf diese Weise können Sie sich motivieren.

Die Steigerung des Adjektivs

WAS ICH AM ENDE KANN

Ich kann Adjektive steigern.

Ich kann in Vergleichen die Konjunktionen »wie« und »als« richtig verwenden.

1. Lesen Sie den unten stehenden Text und schreiben Sie alle Adjektive heraus.

Als erneuerbare oder regenerative Energien (z. B. Wasserkraft, Windenergie) werden Energieträger bezeichnet, die immer zur Verfügung stehen oder sich in kurzer Zeit erneuern. Sie werden immer wichtiger, um in der nahen Zukunft den Energiebedarf zu decken. Der Gesamtenergiebedarf wird in den nächsten Jahren um 60 Prozent steigen. Wasserkraft ist mit einem Anteil von 15 Prozent an der gesamten Stromerzeugung weltweit die bedeutendste Form der Energiegewinnung aus erneuerbaren Quellen. Die meisten bisherigen Prognosen zum weiteren Ausbau der erneuerbaren Energien gehen jedoch davon aus, dass die effektiven Zuwachsraten bei Wind- und Solarenergie deutlich größer sein werden. Diese neuen Technologien haben außerdem den großen Vorteil, dass sie im Betrieb kaum Wasser verbrauchen, während in allen herkömmlichen Stromkraftwerken die Wasserkühlung unersetzlich ist.

2. Entscheiden Sie, ob die Adjektive, die Sie aus dem oben stehenden Text herausgeschrieben haben, im Positiv, Komparativ oder Superlativ stehen.

REGELN

Adjektive steigern

Grundregel
Adjektive steigert man, indem man die Endungen »-er« für den Komparativ oder »-st« für den Superlativ anfügt.

Beispiel:
schnell (Positiv) – schnell**er** (Komparativ) – am schnell**st**en (Superlativ)

Den Superlativ mit »am« schreibt man klein.

Spezialfälle
Viele einsilbige Adjektive erhalten bei der Steigerung einen Umlaut.
Beispiel: jung – j**ü**nger – am j**ü**ngsten

Aber es gibt auch Adjektive ohne Umlaut in der Steigerung.
Beispiel: rasch – r**a**scher – am r**a**schesten

Die Steigerungsformen einiger Adjektive sind unregelmäßig.
Beispiele: nahe – näher – am nächsten
gut – besser – am besten

Manche Adjektive lassen sich nicht steigern, weil ihre Bedeutung dies nicht zulässt.
Beispiele: maximal, einzig, erstklassig, quadratisch, tot, hessisch

3. Steigern Sie folgende Adjektive.
Erklären Sie, welche Adjektive sich nicht steigern lassen.

KAUFKRÄFTIG GLOBAL
DURCHSCHNITTLICH ERNEUERBAR HALB GANZ
BEDEUTEND HANDELSÜBLICH AUSSAGEKRÄFTIG ERHÄLTLICH TIEF
HOCH JUNG ALLTÄGLICH GROSS LANG TEUER GUT

4. Mit oder ohne Umlaut?
Bilden Sie den Komparativ der folgenden Adjektive.

ARM STOLZ HOHL
MAGER WARM KRANK SCHLAU
FLACH BRAV DUNKEL KLUG GENAU ALT DUMM
FAUL ZAHM KALT SAUBER ZART FROH

REGELN

Die Bedeutung des Komparativs

Wenn der Komparativ ohne einen Bezugspunkt (z. B. »jünger als«) verwendet wird, drückt er oft einen geringeren Grad als der Positiv aus.

Beispiel: Eine größere Summe ist kleiner als eine große Summe.

5. Welche Antwort ist richtig?

➢ **Wer ist älter?**
a) ein alter Herr
b) ein älterer Herr

➢ **Wem geht es besser?**
a) Anna geht es jetzt besser.
b) Lea geht es gut.

➢ **Was kostete mehr?**
a) größere Anschaffungen
b) große Anschaffungen

6. Finden Sie für die Adjektive in Klammern die richtige Steigerungsform.
Welches Wort gehört in die Lücken? Als oder wie?

Wir leben auf viel zu großem Fuß

Der »Living Planet Report« der Umweltstiftung WWF zeichnet ein düsteres Bild vom Zustand unseres Planeten. Der globale Raubbau an der Erde wird immer (dramatisch). Ressourcen werden deutlich (schnell) verbraucht ■ noch vor wenigen Jahren. Die Menschheit lebt im Gegensatz zu vergangenen Zeiten drastisch über ihre Verhältnisse: Wir konsumieren immer (hemmungslos), werfen (viel) weg ■ (früh) und wollen immer (mobil) sein.

Der WWF fordert deshalb, dass weltweit (nachhaltig) mit den natürlichen Ressourcen umgegangen wird ■ bisher. Sonst benötigen wir, laut der Umweltorganisation, bis zum Jahr 2035 theoretisch die Ressourcen von zwei Erden. Die ökologische Krise werde uns um ein Vielfaches (hart) treffen ■ die aktuelle Finanzkrise. Sie werde (früh) oder (spät) das Wohlergehen und die Entwicklung aller Nationen gefährden.

Das Szenario des WWF stützt sich auf den sogenannten »ökologischen Fußabdruck«. Damit lässt sich der Ressourcenverbrauch der Bevölkerung eines Landes bemessen. Er umfasst die gesamte biologisch produktive Fläche, die benötigt wird, um alle Lebensmittel herzustellen, die Energieversorgung zu gewährleisten und die nötige Infrastruktur zu errichten. Je (groß) der Abdruck, desto (stark) ist die Umwelt belastet.

Den (beträchtlich) ökologischen Fußabdruck weisen die Vereinigten Arabischen Emirate auf, dicht gefolgt von den USA auf Platz zwei. Beinahe zehn Hektar Fläche benötigt ein Bewohner der Emirate und der USA für seine Existenz. Das ist fünf Mal (viel), als im globalen Schnitt pro Erdbewohner verfügbar ist. Den (groß) Fußabdruck pro Kopf haben die USA und China.

Naturgedichte vergleichen

WAS ICH AM ENDE KANN

Ich kann die Wirkung eines Gedichts beschreiben.

Ich kann Gedichte aus verschiedenen Epochen miteinander vergleichen.

FRÜHLINGSGLAUBE

Die linden Lüfte sind erwacht,
Sie säuseln und weben Tag und Nacht,
Sie schaffen an allen Enden.
O frischer Duft, o neuer Klang!
Nun, armes Herze, sei nicht bang!
Nun muß sich alles, alles wenden.

Die Welt wird schöner mit jedem Tag,
Man weiß nicht, was noch werden mag,
Das Blühen will nicht enden.
Es blüht das fernste, tiefste Tal:
Nun, armes Herz, vergiß der Qual!
Nun muß sich alles, alles wenden.

Ludwig Uhland: Werke, Band 1: Sämtliche Gedichte. Hg. von Hartmut Fröschle und Walter Scheffler, München 1980, S. 31.

Ludwig Uhland (1787–1862)
war Dichter, Literaturwissenschaftler, Jurist und Politiker. Er gilt als bedeutender Vertreter der Romantik.

MAIFEST

Wie herrlich leuchtet
Mir die Natur!
Wie glänzt die Sonne!
Wie lacht die Flur!

Es dringen Blüten
Aus jedem Zweig
Und tausend Stimmen
Aus dem Gesträuch

Und Freud und Wonne
Aus jeder Brust.
O Erd', o Sonne,
O Glück, o Lust,

O Lieb', o Liebe,
So golden schön
Wie Morgenwolken
Auf jenen Höhn,

Du segnest herrlich
Das frische Feld,
Im Blütendampfe
Die volle Welt:

O Mädchen, Mädchen,
Wie lieb' ich dich!
Wie blinkt dein Auge,
Wie liebst du mich!

So liebt die Lerche
Gesang und Luft,
Und Morgenblumen
Den Himmelsduft,

Johann Wolfgang von Goethe (1749–1832)
weltweit berühmtester deutscher Dichter, Autor eines reichen und vielseitigen Werks, darunter Dramen (»Faust«), Romane (»Die Leiden des jungen Werthers«), Novellen und Gedichte.

29 Wie ich dich liebe
30 Mit warmem Blut,
31 Die du mir Jugend
32 Und Freud' und Mut

33 Zu neuen Liedern
34 Und Tänzen gibst.
35 Sei ewig glücklich,
36 Wie du mich liebst.

Johann Wolfgang von Goethe: Goethes Werke. Hamburger Ausgabe in 14 Bänden, Band 1: Gedichte und Epen. Hg. von Erich Trunz, 11. Aufl., München 1978, S. 30.

DURCHGEARBEITETE LANDSCHAFT

1 Hier sind wir durchgegangen
2 Mit unseren Werkzeugen

3 Hier stellten wir etwas Hartes an
4 Mit der ruhig rauchenden Heide

5 Hier lagen die Bäume verendet, mit nackten
6 Wurzeln, der Sand durchlöchert
7 Bis in die Adern, umzingelt der blühende
Staub

8 Mit Stahlgestängen, aufgerissen die Orte
9 Überfahren mit rohen Kisten, abgeteuft[1] die
teuflischen Schächte mitleidlos

10 Ausgelöffelt die weichen Lager, zerhackt,
verschüttet, zersiebt, das Unterste gekehrt
nach oben und durchgewalkt[2] und ent-
seelt und zerklüftet

11 Hier sind wir durchgegangen.

12 Und bepflanzt mit einem durchdringenden
Grün
13 Der Schluff[3], und kleinen Eichen ohne Furcht

14 Und in ein plötzliches zartes Gebirge
15 Die Bahn, gegossen aus blankem Bitum[4]

16 Das Restloch mit blauem Wasser
17 Verfüllt und Booten: der Erde
18 Aufgeschlagenes Auge

19 Und der weiße neugeborene Strand
20 Den wir betreten

21 Zwischen uns.

Volker Braun: Gegen die symmetrische Welt. Halle/Leipzig 1985, S.33.

Volker Braun (*1939 in Leipzig) ist ein vielfach ausgezeichneter deutscher Schriftsteller. Er studierte in Leipzig Philosophie, arbeitete als Dramaturg und hatte mit seinen Gedichten schon früh erste Erfolge. Nach der Wende beschäftigte er sich oft mit den Gründen, die für das Scheitern der DDR verantwortlich sind.

[1] einen Schacht in die Tiefe bauen
[2] durcharbeiten
[3] eine Bodenart
[4] ein natürliches vorkommendes oder aus Erdöl gewonnenes Gemisch, das etwa im Straßenbau als Bindemittel eingesetzt wird

1. Beschreiben Sie, wie die Gedichte auf Sie wirken.
Welche Bilder und Gedanken sind Ihnen beim Lesen durch den Kopf gegangen?

2. Vergleichen Sie die Gedichte, indem Sie sie auf den unten gegebenen Skalen positionieren. Begründen Sie Ihre Entscheidungen.

optimistisch	2 1 0 1 2	**pessimistisch**	**sorglos**	2 1 0 1 2	**nachdenklich**
unbekümmert	2 1 0 1 2	**alarmierend**	**hoffnungsvoll**	2 1 0 1 2	**hoffnungslos**
fröhlich	2 1 0 1 2	**traurig**	**beschaulich**	2 1 0 1 2	**kritisch**
versöhnlich	2 1 0 1 2	**unversöhnlich**			

3. Beschreiben Sie das Bild der Natur, das in den Gedichten entworfen wird.
Erklären Sie, welche Unterschiede und Gemeinsamkeiten Sie entdecken.
Formulieren Sie fünf bis sieben Vergleichssätze.

4. Entwerfen Sie zu einem der Gedichte eine Zeichnung oder Collage.

5. Die Natur spielt auch in der Werbung eine große Rolle. Suchen Sie nach Beispielen (z. B. Zeitungsanzeigen, Werbung im Internet usw.). Beschreiben Sie, welches Bild von der Natur in den Beispielen, die Sie gefunden haben, vermittelt wird.

6. Betrachten Sie die Werbeanzeige und bearbeiten Sie folgende Aufgaben:

   a. Wen soll die Anzeige ansprechen? Äußern Sie eine Vermutung.
   b. Beschreiben Sie, welche Vorstellungen und Gefühle die Anzeige bei Ihnen hervorruft.
   c. Beschreiben Sie, wie die Natur in dieser Anzeige dargestellt wird und wie das Produkt mit der Natur in Verbindung gebracht wird.
   d. Welche Bedürfnisse soll die Anzeige ansprechen? Äußern Sie eine Vermutung.
   e. Empfinden Sie die Werbeanzeige als glaubwürdig? Nehmen Sie zu der Frage Stellung.
   f. Warum arbeitet die Werbung oft mit Naturbildern? Äußern Sie eine Vermutung.

Eine Mindmap erstellen

WAS ICH AM ENDE KANN

Ich weiß, was eine Mindmap ist.

Ich weiß, wann ich Mindmaps einsetzen kann.

Ich weiß, worauf ich beim Erstellen einer Mindmap achten muss.

Mit einer Mindmap (»Gehirnlandkarte«) kann man Informationen und Gedanken strukturieren und übersichtlich darstellen. Die Arbeitstechnik des Mindmapping verbindet auf einfache Weise sprachliches mit bildlichem Denken. Das heißt: Eine Mindmap nutzt alle Fähigkeiten des Gehirns optimal und hilft, Ideen zu sammeln und zu ordnen.

Mindmapping eignet sich besonders gut, um …

- Gedanken zu einem bestimmten Thema zusammenzutragen (Brainstorming),
- ein großes Stoffgebiet zu ordnen,
- Lösungsvorschläge und Ideen zu einem bestimmten Problem festzuhalten,
- Vorträge, Präsentationen oder Aufsätze zu entwerfen und vorzubereiten,
- Texte und Notizen zusammenzufassen.

Wie baue ich eine Mindmap auf?

- Ich verwende ein weißes, unliniertes A4- oder A3-Blatt im Querformat.
- Das Thema (Kernwort) schreibe ich in Großbuchstaben in die Mitte und kreise es ein.
- Vom Thema aus ziehe ich mit den Hauptgedanken verschiedene Hauptäste nach außen.
- Die weiteren Gedanken ordne ich als Zweige und Nebenzweige den Hauptästen zu.
- Je nach Thema und Anwendungsbereich verwende ich verschiedene Farben, Symbole oder Zeichnungen.
- Mit Pfeilen kann ich Querverbindungen zwischen den einzelnen Begriffen darstellen.
- Ideen, die ich nicht sofort zuordnen kann, halte ich am Blattrand fest oder notiere sie am Zweig »Sonstiges«.

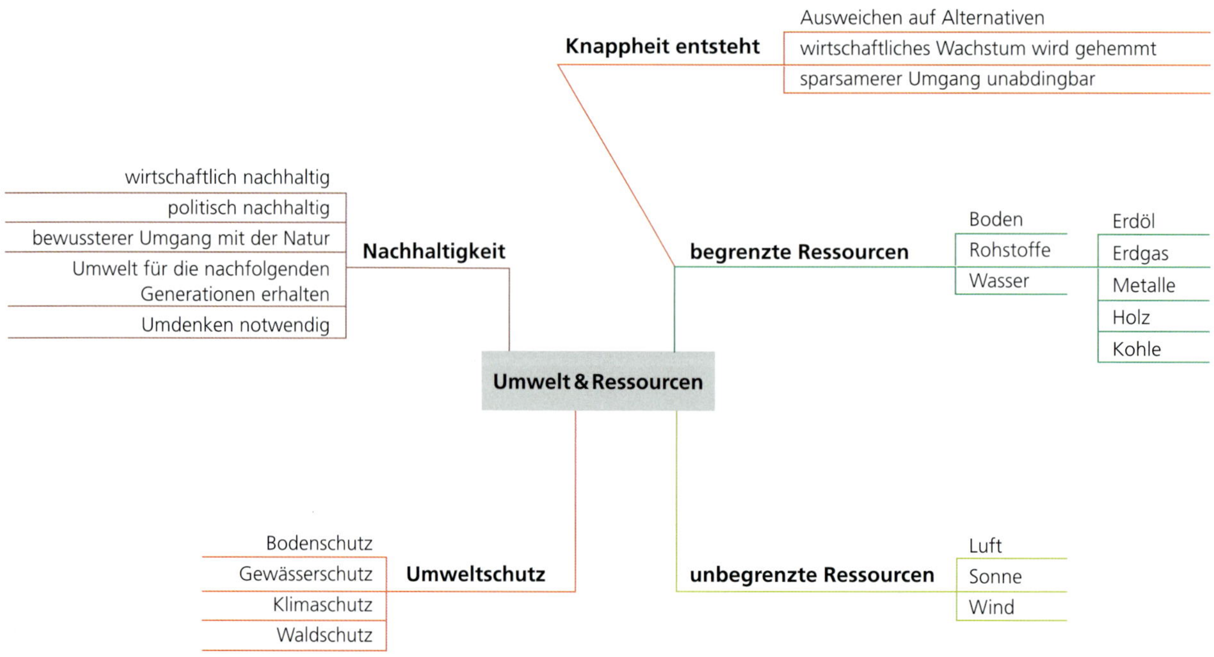

GESUNDHEIT

1. Berichten Sie: In welchen Situationen haben Sie schon einmal selbst einen Vortrag gehalten oder etwas präsentiert?

2. Worauf muss man achten, wenn man Präsentation vorbereitet? Sammeln Sie Ideen.

»Meine Damen und Herren,

das Thema meines Vortrags lautet ›Gesunde Ernährung leicht gemacht‹. Doch bevor ich beginne, möchte ich Ihnen in aller Kürze einen Überblick über die menschliche Ernährung im Verlauf der Geschichte geben ...«

3. Beschreiben Sie, welche Erwartungen der Titel des Vortrags weckt.

4. Lesen Sie die satirischen »Ratschläge für einen schlechten Redner« auf der folgenden Seite. Welche Fehler erkennen Sie wieder?

Präsentieren

WAS ICH AM ENDE KANN

Ich kann Informationen zu einem Thema recherchieren, zusammenfassen und wiedergeben.

Ich kann eine Präsentation vorbereiten und vortragen.

Ich kann dabei geeignete visuelle Hilfsmittel einsetzen.

Kurt Tucholsky (1890–1935)
war ein deutscher Journalist, Schriftsteller und Satiriker.
Er gilt als einer der wichtigsten Autoren der Weimarer Republik.

1. Lesen Sie den folgenden Text aufmerksam durch.

Ratschläge für einen schlechten Redner

- Fang nie mit dem Anfang an, sondern immer drei Meilen vor dem Anfang! Etwa so: »Meine Damen und Herren! Bevor ich zum Thema meines Vortrags komme, lassen Sie mich Ihnen kurz ...« Hier hast du schon ziemlich alles, was einen schönen Anfang ausmacht: eine steife Anrede, einen Anfang vor dem Anfang und das Wörtchen »kurz«. So gewinnst du im Nu die Herzen und Ohren der Zuhörerschaft.
- Fang immer bei den alten Römern an und gib stets, wovon du auch sprichst, die geschichtlichen Hintergründe der Sache. Ich habe einmal an der Universität in Paris einen chinesischen Studenten sprechen hören, der sprach glatt und gut französisch, aber er begann zur allgemeinen Freude so: »Lassen Sie mich in aller Kürze die Entwicklungsgeschichte meiner chinesischen Heimat seit dem Jahre 2000 vor Christi Geburt ...« Er blickte ganz erstaunt auf, weil die Leute so lachten. So musst du das auch machen.
- Sprich nicht frei – das macht einen so unruhigen Eindruck. Am besten ist es, wenn du deine Rede abliest.
- Sprich, wie du schreibst, mit langen, langen Sätzen, die du so sehr benötigst und die du an deinem Schreibtisch in stundenlanger Arbeit so wunderbar vorbereitet hast, die Nebensätze schön ineinander geschachtelt, sodass der Hörer, ungeduldig auf seinem Sitz hin und her träumend, sich in einer endlosen Predigt wähnend, in der er früher so gern geschlummert hat, auf das Ende wartet ... nun, ich habe dir eben ein Beispiel gegeben.
- Du musst alles in Nebensätze legen. Sag nie: »Die Steuern sind zu hoch.« Das ist zu einfach. Sag: »Ich möchte zu dem, was ich soeben gesagt habe, noch kurz bemerken, dass mir die Steuern bei Weitem ...«
- Wenn du einen Witz machst, lach vorher, damit man auch weiß, wo die Pointe ist.
- Zu dem, was ich soeben über die Technik der Rede gesagt habe, möchte ich noch kurz bemerken, dass viel Statistik eine Rede immer sehr hebt. Das beruhigt ungemein, und da jeder imstande ist, zehn verschiedene Zahlen mühelos zu behalten, so macht das viel Spaß.
- Kündige den Schluss deiner Rede lange vorher an, damit die Hörer vor Freude nicht einen Schlaganfall bekommen. Kündige den Schluss an, und dann beginne deine Rede von vorn und rede noch eine halbe Stunde. Dies kannst du mehrere Male wiederholen.
- Sprich nie unter anderthalb Stunden, sonst lohnt es sich gar nicht erst anzufangen.
- Eine Rede ist, wie könnte es anders sein, ein Monolog. Wenn einer spricht, müssen die andern zuhören – das ist deine Gelegenheit! Missbrauche sie.

(Kurt Tucholsky: Gesammelte Werke in 10 Bänden, Band 10: 1932. Hg. von Mary Gerold Tucholsky und Fritz J. Raddatz, Hamburg 1960, S. 600 f.)

2. Formulieren Sie nun Ratschläge für gute Redner.
Berücksichtigen Sie folgende Punkte:

- Anfang, Einleitung
- Freies Sprechen
- Satzlänge
- Nebensätze
- Dauer der Rede
- Überraschende Elemente, Pointen
- Zahlen
- Schluss

BASISWISSEN

Inhalte für eine Präsentation auswählen

Ich richte meine Rede an ein Publikum. Deshalb sind nicht allein meine Interessen entscheidend. Zunächst kläre ich folgende Fragen:

1. Welches Ziel verfolgt meine Präsentation?
- Informieren?
- Überzeugen?
- Werben?

2. Was weiß ich über das Publikum?
- Interessen?
- Vorkenntnisse?
- Wünsche?

3. Die folgenden drei Präsentationen führen nicht zum gewünschten Erfolg. Bestimmen Sie die Gründe für das Scheitern. Versetzen Sie sich dafür in die Situation der Zielgruppe bzw. der Zuhörerinnen und Zuhörer.

a. Sie möchten eine neue Krankenversicherung abschließen und haben einen Termin mit einem Versicherungsmakler, der Ihnen sein Angebot präsentiert. Sie suchen nach einer Versicherung, die zusätzliche Leistungen wie zum Beispiel Gesundheitskurse anbietet. Außerdem möchten Sie sich darauf verlassen können, dass der Beitrag stabil bleibt. Der Versicherungsmakler präsentiert Ihnen zahlreiche Statistiken: zur Beitragsentwicklung verschiedener Krankenversicherungen, zur Zahl der Versicherten, zu den Verwaltungskosten und den Einnahmen und Ausgaben der letzten 15 Jahre. Er macht auf Sie einen kompetenten Eindruck. Am Ende beschließen Sie dennoch, vorerst keinen neuen Vertrag abzuschließen.

b. Jürgen hat einen Biobauernhof mit Hofladen. Er hat eine neue Geschäftsidee: einen Lieferdienst für Obst und Gemüse. Interessenten dürften sich in der angrenzenden Großstadt viele finden. Schließlich ist gesunde Ernährung für viele Leute ein wichtiges Thema. Jürgen braucht einen Kredit, um seine Idee in die Tat umsetzen zu können. Denn er muss sich ein Lieferfahrzeug anschaffen, eine Website und Werbemittel erstellen lassen und einen Fahrer oder eine Fahrerin einstellen. Er vereinbart einen Termin mit seiner Bank. Um die Sachbearbeiterin zu überzeugen, bringt er einen Korb voll Gemüse und Fotos von seinem Bauernhof mit. Die Sachbearbeiterin ist skeptisch.

c. »Gesunde Ernährung für Kinder«: Zu diesem Thema soll die Ernährungswissenschaftlerin Professorin Winterberg einen Vortrag in der Volkshochschule halten. Sie stellt einige neue ernährungswissenschaftliche Studien vor. Als die Zuhörerinnen und Zuhörer ihr nach dem Vortrag Fragen stellen können, herrscht zunächst Schweigen. Dann meldet sich ein Mann, der nach einem Ernährungsplan für Kleinkinder fragt. Professorin Winterberg ist irritiert und versucht zu improvisieren.

4. Erklären Sie nun, wie Sie in den drei Situationen vorgehen würden, wenn Sie die Vorträge halten müssten.

Notieren Sie,
... wer die Zielgruppe ist,
... welches Ziel die Präsentation verfolgt,
... welche Informationen Sie präsentieren.

BASISWISSEN

Aufbau einer Präsentation

Einleitung
- Begrüßung
- Vorstellung
- Einstieg in das Thema: einen gelungenen »Aufhänger« finden
- Übersicht über den Ablauf des Vortrags

Hauptteil
- einen »roten Faden« herstellen
- logischer Aufbau, klare Gliederung
- visuelle Hilfsmittel einsetzen

Schluss
- wichtige Punkte kurz und prägnant zusammenfassen
- eventuell einen Ausblick oder eine offene Frage formulieren
- Dank an das Publikum

Sprache
- einfache, kurze Sätze
- Fachbegriffe erklären

Auftreten
- das Publikum direkt ansprechen
- Blickkontakt zum Publikum halten
- frei, fließend und deutlich sprechen
- auf ein angemessenes Sprechtempo achten und bewusst Pausen setzen
- frei und sicher im Raum stehen
- die Hände nicht in die Hosentaschen stecken

5. Lesen Sie folgenden Kurzvortrag aufmerksam durch.

Ist ein Verbot von Zigarettenwerbung sinnvoll?

In Deutschland sterben pro Jahr rund 110 000 Personen frühzeitig, weil sie rauchen. Hinzu kommen ca. 3 300 Todesfälle, bei denen Passivrauchen eine zentrale Rolle spielt. Neben dem Leid für Betroffene und deren Angehörige verursachen die Erkrankungen und Todesfälle auch hohe Kosten: Direkte und indirekte Krankheitskosten sowie volkswirtschaftliche Schäden durch Erwerbsunfähigkeit, Arbeitsunfälle und vorzeitige Todesfälle werden auf ca. 21 Milliarden Euro jährlich geschätzt.

Als Gegenmaßnahme wurden in den letzten Jahren umfassende Werbeverbote verhängt. So ist beispielsweise Werbung für Tabakwaren im Fernsehen und in Zeitschriften untersagt. Auch im Internet darf keine direkte Werbung mehr geschaltet werden. Aber nützen Werbeverbote überhaupt etwas? Die Meinungen dazu sind sehr verschieden. Die Weltgesundheitsorganisation (WHO) ist überzeugt, dass nur ein vollständiges Verbot von Werbung die erwünschte Wirkung erzielt. Demnach müssten auch Plakatwerbung und andere Formen der Werbung verboten werden. Medienexpertinnen und -experten halten dagegen, dass es bei der Werbung für Tabakwaren nur darum gehe, diejenigen Personen, die bereits rauchen, für die jeweilige Marke zu begeistern. Außerdem würden sowieso nur 20 % der Kaufentscheidungen durch Werbung ausgelöst.

Die WHO erklärt, dass der Tabakkonsum in Ländern, in denen entsprechende Maßnahmen konsequent durchgesetzt wurden, spürbar abgenommen habe. Und tatsächlich scheint sich ein Bewusstseinswandel abzuzeichnen und einige Werbeversprechen laufen ins Leere: Wer im Winter Leute beobachtet, die in der Kälte zitternd schnell vor der Kneipe eine rauchen, verbindet das nicht mit Coolness, Freiheit und Abenteuer. Zudem spielt Fitness eine immer größere Rolle, vor allem auch bei jungen Leuten. Da verliert das Rauchen seinen Reiz. Doch inwiefern Werbeverbote dafür verantwortlich sind, lässt sich kaum ausmachen. Immerhin spielen das Rauchverbot in öffentlichen Räumen und die ständigen Steuererhöhungen bei Tabakwaren auch eine wesentliche Rolle.

Bestimmt haben Werbeverbote eine gewisse Wirkung. Doch muss man sich fragen, was für Konsequenzen ihre Durchsetzung haben kann. Denn dann müsste man ja eigentlich auch Werbung für andere Produkte verbieten, die schädlich sein können, wie zum Beispiel Autos und Süßigkeiten.

6. Bestimmen Sie in dem Vortrag die drei Teile Einleitung, Hauptteil und Schluss. Erläutern Sie, ob folgende Merkmale zutreffen (ja, nein, teilweise):

- Das Publikum wird direkt angesprochen.
- Der Einstieg ist gelungen und fesselt.
- Der Ablauf wird zu Beginn bekannt gegeben.
- Wichtige Punkte werden am Schluss zusammengefasst.
- Ein roter Faden ist deutlich erkennbar.
- Die Sätze sind kurz und gut verständlich.

Visuelle Hilfsmittel

7. Warum kann es nützlich sein, bei einer Präsentation visuelle Gestaltungsmittel einzusetzen? Suchen Sie gemeinsam Gründe.

8. Beschreiben Sie, was Sie beachten sollten, damit nichts »schiefgeht«:
   - bei der Benutzung technischer Hilfsmittel
   - bei der Gestaltung von Folien
   - bei der Auswahl von Bildern usw.

9. Besprechen Sie gemeinsam, welche visuellen Hilfsmittel Sie bei dem Kurzvortrag »Ist ein Verbot von Zigarettenwerbung sinnvoll?« einsetzen würden. Gestalten Sie Folien für eine Präsentation.

BASISWISSEN

Visuelle Hilfsmittel einsetzen

Folien, Bilder, Skizzen, Diagramme, Zeichnungen, Symbole – diese Mittel helfen, meinen gesprochenen Text zu veranschaulichen:

- Weniger ist mehr: Ich setze Hilfsmittel gezielt ein.
- Ich gestalte die Folien übersichtlich: große, leicht lesbare Schrift, (wenige) Farben als Akzente, Aufzählungszeichen.
- Ich überlade die Folien nicht: Stichworte, Teilsätze, kurze Sätze; aussagekräftige Bilder.
- Der Folientext ist fehlerfrei.

Eine Präsentation bewerten

10. Erstellen Sie in einer Gruppe einen Bewertungsbogen für Präsentationen. Berücksichtigen Sie alle Merkmale, die eine gute Präsentation aufweisen soll (Inhalt, Sprache, Auftreten, visuelle Hilfsmittel). Diskutieren Sie die Resultate in der Klasse und wählen Sie gemeinsam den besten Bewertungsbogen aus.

Tipp: Moderationskarten einsetzen
Lesen Sie Ihren Text nicht ab, sondern verwenden Sie Kärtchen mit wichtigen Stichworten:

- Karten im Format DIN A6 anfertigen, nur einseitig beschriften
- Stichworte mit großer Schrift notieren, Karten durchnummerieren
- Regiehilfen mit Farbe vermerken (z. B. Folie 1; Pause; Diagramm 2)

11. Bereiten Sie eine Präsentation von etwa sieben Minuten vor. Tragen Sie sie der Klasse vor. Die Klasse nutzt den in Aufgabe 10 erstellten Bewertungsbogen, um die Präsentation zu beurteilen.

Themen:

- Fit durch den Tag – Essen und Trinken am Arbeitsplatz
- Der perfekte Start: ein gesundes Frühstück
- Keine Zeit für Sport? Bewegung in den Alltag integrieren
- Warum Stress krank macht
- Richtig entspannen und Stress abbauen
- Rauchen? Besser gar nicht damit anfangen

Mit Präsentationen überzeugen
In vielen Berufen ist das Präsentieren Standard. Doch die Präsentationstechniken, die Sie kennengelernt haben, können Sie auch im Alltag nutzen: immer dann, wenn Sie jemanden von einer Idee oder einem Projekt überzeugen wollen. Zum Beispiel, wenn Sie sich für einen guten Zweck engagieren und in Ihrem Freundeskreis davon erzählen möchten. Oder wenn Sie gemeinsam mit Ihrem Partner/Ihrer Partnerin ein neues Auto kaufen möchten und ein bestimmtes Modell ins Auge gefasst haben. Fallen Ihnen weitere Situationen ein?

Kommasetzung

WAS ICH AM ENDE KANN

Ich kann Kommas korrekt setzen, sodass keine Missverständnisse entstehen.

Ich kenne die wichtigsten Grundregeln zur Kommasetzung.

1. Lesen Sie die Beispiele. Erklären Sie, wozu eine fehlerhafte Kommasetzung führen kann.

a.

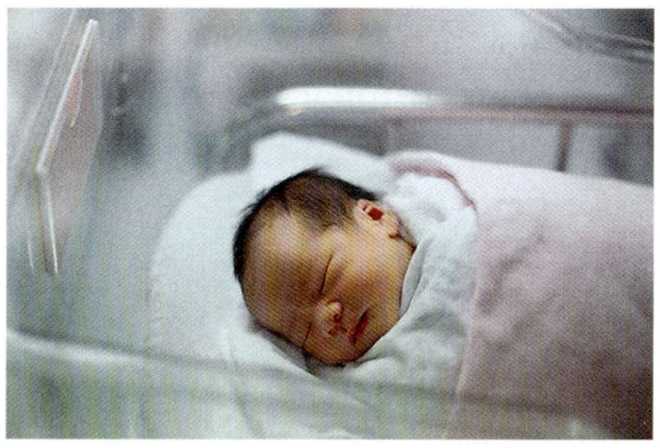

»Wir freuen uns über die Geburt von Charlotte Luise Viktoria.«

»Wir freuen uns über die Geburt von Charlotte, Luise, Viktoria.«

b. »Komm, wir essen, Opa.«
»Komm, wir essen Opa.«

c. »Begnadige nicht, köpfen!«
»Begnadige, nicht köpfen!«

REGELN

Die wichtigsten Kommaregeln

Kommas muss man setzen:

➢ **bei Aufzählungen**

Beispiele: Während des Gesprächs wirkte sie gelassen, ruhig und kompetent.
Herr Hofmann prüfte alle Anträge sorgfältig, fleißig und ausdauernd.

➢ **um Haupt- und Nebensatz zu trennen**

Beispiele: Sobald die Angebote der verschiedenen Krankenkassen da sind, werde ich mich entscheiden.
Es ist wichtig, dass man nach einem Unfall die Unfallversicherung informiert.
Er fragte sich, ob es sich für ihn lohnt, die Kasse zu wechseln.

➢ **um vorangestellte Kurzsätze, eingeschobene Teilsätze oder Satzteile und Nachträge vom Hauptsatz abzutrennen**

Beispiele: Wir heißen Sie, Frau Eichenberger, herzlich bei uns willkommen!
Sie verfügen über eine große Fachkenntnis, nicht wahr?
Bitte rufen Sie die zuständige Sachbearbeiterin an, und zwar möglichst bald.

➢ **um wörtliche Rede vom Begleitsatz zu trennen**

Beispiele: »Sie bekommen ein neues Rezept«, sagte die Ärztin zu dem Patienten.
Sie sagte: »Ich rufe ihn an«, und begann zu wählen.

2. Lesen Sie den Text und erklären Sie, welche Regeln für die Kommasetzung bei den eingefügten Nummern gelten.

Wer soll das bezahlen?

Wer sich über steigende Krankenkassenbeiträge ärgert, **(1)** muss wissen, **(2)** dass sich das in den nächsten Jahren nicht ändern wird. Deutschland gehört zu jenen Ländern, **(3)** deren Bevölkerung immer älter wird. Es sind keine Tendenzen sichtbar, **(4)** dass die Versicherten irgendwann weniger Leistungen des Gesundheitssystems nachfragen würden. Wir leben, **(5)** was schön ist, **(6)** immer länger. Wie stark sich die Steigerung der Lebenserwartung auf die Gesundheitskosten auswirkt, **(7)** hängt stark davon ab, **(8)** ob man die gewonnene Lebenszeit gesund, **(9)** kränklich oder schwer krank verbringt.

Ein wichtiger Faktor ist der medizinische Fortschritt. »Früher unheilbare Krankheiten können heute geheilt werden«, **(10)** erklärt Professor Gerhard Wagner. Unser System verleitet dazu, **(11)** die Menge der Gesundheitsleistungen auszudehnen, **(12)** und zwar sowohl auf Anbieter- wie auch auf Konsumentenseite. Früher oder später müssen wir uns überlegen, **(13)** wie wir ein solch kostspieliges Gesundheitswesen weiter finanzieren können.

3. Wo fehlen in den folgenden Texten Kommas?

So senken Sie Ihre Beiträge

Wer in der privaten Krankenversicherung Beiträge sparen möchte denkt wohl zuerst an den Wechsel zu einem günstigeren Anbieter. Dass dieser Tipp hier fehlt hat verschiedene Gründe: Die Höhe der Beiträge ist nur eines von vielen Kriterien bei der Wahl einer neuen Krankenversicherung. Mindestens ebenso wichtig sind die Qualität der Dienstleistungen der Leistungsumfang und die Kundenzufriedenheit. Billige Versicherungen sind – unter anderem – deshalb billig weil sie bei umstrittenen oder zweifelhaften Leistungen in der Regel zu ihren eigenen Gunsten entscheiden das heißt die Leistung verweigern oder einschränken.

Ein Wechsel bringt sowohl Ihnen als auch der Versicherung administrativen Aufwand. Dennoch sollten Sie auf die Beitragshöhe achten damit Sie nicht mehr zahlen als unbedingt nötig ist. Deshalb empfiehlt es sich wenn Sie mit Ihrer Krankenversicherung zufrieden sind in einem ersten Schritt die Möglichkeit eines Tarifwechsels zu prüfen.

Fragen Sie bei Ihrer Versicherung an ob Sie in einen günstigeren Tarif wechseln können. Wenn Sie bei Ihrer Versicherung bleiben und lediglich den Tarif wechseln, ist eine erneute Gesundheitsprüfung nicht erforderlich. Nur wenn dies nicht möglich ist sollten Sie einen Wechsel zu einer anderen Versicherung in Betracht ziehen.

Jeden Fünften packt der Herbst-Blues

Morgens ist es dunkel nass und kalt und am Nachmittag beleuchten schon die Straßenlaternen die Dämmerung. Herbst und Winter trüben die Stimmung. Laut einer Umfrage bekommt jeder Fünfte den Blues Frauen sogar noch häufiger.

Mehr als jeder Fünfte ist im Herbst und im Winter in schlechterer Stimmung als im übrigen Jahr wie eine Forsa-Umfrage ergeben hat. Regen Wind und Kälte schlagen vielen Menschen aufs Gemüt wenn auch nicht allen gleich stark. 17 Prozent der 1 001 Befragten gaben an dass sich das Wetter nur dann negativ auf die Gemütslage auswirkt wenn sie ohnehin gestresst sind. Und jeder Zweite ist der Meinung dass seine Stimmung nicht vom Wetter abhängig ist.

Frauen sind der Umfrage zufolge wetterfühliger als Männer. Mehr als jede Vierte fühlt sich an den kürzeren Tagen weniger wohl. Bei den Männern sind es dagegen nur 18 Prozent.

»Saisonal abhängige Depression« nennen Experten das Phänomen. Typische Symptome sind ein ausgeprägtes Schlafbedürfnis als wollten wir Winterschlaf halten Heißhunger auf Süßes Lustlosigkeit Stimmungsschwankungen und Konzentrationsschwierigkeiten.

Maßnahmen gegen das Jahreszeitentief sind relativ simpel. In Kurzform lauten sie: Licht Luft und leuchtende Farben.

Drama: Den Zeitgeist herausfiltern

WAS ICH AM ENDE KANN

Ich kann eine Dramenszene analysieren.

Ich kann zeittypische Elemente in Texten vergangener Epochen erkennen und mich kritisch mit ihnen auseinandersetzen.

Ich kann Vergleiche mit der Gegenwart anstellen.

Der eingebildete Kranke

Molière (Auszug)

Der wohlhabende Familienvater Argan ist ein Hypochonder, das heißt: Er bildet sich ein, krank zu sein. Seine Ärzte profitieren von ihm, denn er lässt sich so überteuerte wie nutzlose Behandlungen verschreiben. Argan beschließt, seine Tochter Angelika mit Thomas Diafoirus, einem jungen Arzt, zu verheiraten. Denn er wünscht sich einen Arzt in der Familie. Argans Bruder Béralde versucht, ihn von diesem Plan abzubringen. Denn Angelika ist in Cléante verliebt. Béralde und Argan streiten über den Nutzen der Medizin …

Molière (1622–1672), eigentlich Jean-Baptiste Poquelin, ist bis heute einer der meistgespielten Komödiendichter der Weltliteratur. Der eingebildete Kranke *(Original: Le malade imaginaire, uraufgeführt am 10. Februar 1673)* ist eines seiner berühmtesten Werke.

DRITTE SZENE (Auszug)

BÉRALDE Das Wichtigste Bruder, reg dich jetzt nicht auf.

ARGAN Einverstanden.

BÉRALDE Und gib nicht gleich bissige Antworten auf alles.

ARGAN Ja.

BÉRALDE Wir wollen jetzt alles in Ruhe miteinander besprechen.

ARGAN Mein Gott! Ja. Jetzt fang schon an.

BÉRALDE Wie kommt das, Bruder, dass ein so wohlhabender Mann wie du, der nur eine Tochter hat – denn die Kleine[1] zähl ich noch nicht mit –, woher kommt das, frag ich, dass du sie ins Kloster[2] stecken willst?

ARGAN Wie kommt das, Bruder, dass ich Herr in meiner eigenen Familie bin und tue, was ich für richtig halte?

BÉRALDE Deine Frau ist sicher sehr dafür, die Mädchen auf diese Weise loszuwerden, und aus rein christlicher Nächstenliebe[3] freut sie sich darauf, die beiden als nette Nonnen zu sehen.

ARGAN Bitte, da haben wir's. Gleich geht's auf die arme Frau los. Sie ist schuld an allem, und jeder hackt auf sie ein.

BÉRALDE Nein, Bruder, nichts gegen sie. Niemand kann es besser mit deiner Familie meinen als sie, nichts ist ihr so fremd wie Eigennutz, und ihre Zärtlichkeit zu dir ist wunderbar, und ihre Liebe und Güte zu deinen Kindern übersteigt jeden Begriff, aber ja! So, und jetzt zur Tochter. Warum gibst du sie einem Mediziner?

ARGAN Um mir den Schwiegersohn zu geben, den ich brauche, darum, Bruder.

BÉRALDE Das hat doch mit deiner Tochter nichts zu tun, Bruder. Es gäb doch eine viel bessere Partie für sie.

ARGAN Aber nicht für mich, Bruder.

BÉRALDE Für wen soll den der Mann sein, den sie nimmt, für sie oder für dich?

ARGAN Sowohl als auch. Und ich will Leute in die Familie, die ich brauchen kann.

BÉRALDE Dann gibst du die Kleine, wenn es soweit ist, am besten einem Apotheker?

ARGAN Warum nicht?

BÉRALDE Das heißt, du willst für immer Ärzte und Apotheker um dich scharen und krank sein, der ganzen Welt zum Trotz.

ARGAN Wie meinst das, Bruder?

BÉRALDE Ich meine, Bruder, dass ich keinen kenne, der so wenig krank ist wie du und dass ich deine Konstitution[4] haben möchte. Ein sicheres Zeichen dafür, dass es dir gut geht und da du rundum gesund bist, sehe ich schon darin, dass du es, trotz aller Mühe, die du dir gibst, noch nicht geschafft hast, deine gute Konstitution zu ruinieren, und dass du noch nicht eingegangen bist, trotz aller Medikamente, mit denen sie dich vollstopfen.

ARGAN Aber genau die halten mich am Leben, Bruder! Wenn er sich drei Tage nicht um mich kümmern würde, sagt Dr. Purgon, wäre es aus mit mir.

BÉRALDE Wenn du nicht aufpasst, kümmert er sich noch so sehr um dich, dass er dich ins Jenseits befördert.

ARGAN Ganz ruhig, jetzt, Bruder, du glaubst also kein bißchen an die Medizin?

BÉRALDE Nein, Bruder, und ich glaube auch nicht, dass das zu meinem Heil nötig ist.

ARGAN Also etwas von allen Anerkanntes, von allen Jahrhunderten Bestätigtes, das bestreitest du einfach, ja?

BÉRALDE Ich bestreite es nicht nur, ich halte das, unter uns gesagt, für den größten Blödsinn, den es gibt. Und, philosophisch gesprochen, gibt es nichts, was so komisch und lächerlich ist wie ein Mensch, der auftritt, einen anderen zu heilen.

ARGAN Warum soll ein Mensch eine anderen nicht heilen können, Bruder?

BÉRALDE Einfach weil wir über die Antriebskräfte der Natur immer noch nichts wissen, weil die Natur uns einen Schleier vor die Augen gehängt hat, durch den wir nichts erkennen können.

ARGAN Du behauptest also, die Ärzte wissen rein nichts.

BÉRALDE Sie sind fast immer sehr gebildet, ihr Latein ist wunderbar, sie können dir jede Krankheit bestimmen, klassifizieren und griechisch benennen, bloß wenn's ans Heilen geht – aus.

ARGAN Aber dass sie von dieser Materie[5] mehr verstehen als andere, muss man ihnen lassen.

BÉRALDE Was sie verstehen, hab ich dir gesagt, zum Heilen reicht's nicht, das ganze Wunder ihrer Kunst ist nichts als ein bombastischer Kauderwelsch, eine professionelle Suada[6], statt Einsichten Phrasen, statt Heilung schöne Reden.

ARGAN Und trotzdem, lieber Bruder, Leute so klug und weise wie du, und wohin rennen sie, sobald sie was spüren, zu den Ärzten.

BÉRALDE Das ist ein Beweis für die Schwäche des Menschen, nicht für die Stärke der Medizin.

[...]

Molière: Der eingebildete Kranke. Aus dem Französischen von Johanna Walser und Martin Walser, Berlin 2011, S. 52–54

Anmerkungen:

1 Argans zweite Tochter
2 kurz zuvor hatte Argan aus Wut gedroht, Angelika ins Kloster zu stecken
3 ironisch; Argans Frau, mit der er in zweiter Ehe verheiratet ist, steht seinen beiden Töchtern missgünstig gegenüber und würde sich freuen, sie nicht mehr sehen zu müssen.
4 hier: körperliche Verfassung
5 Gegenstand, Thema
6 Redeschwall

1. Beschreiben Sie das Verhältnis von Argan und Béralde.

2. Nehmen Sie Stellung zu Argans Verhalten.

3. Erklären Sie, wie folgender Satz gemeint ist: »Wenn du nicht aufpasst, kümmert er sich noch so sehr um dich, dass er dich ins Jenseits befördert.«

4. Erläutern Sie Béraldes Einstellung zur Medizin.

5. Molière war oft krank und hat schlechte Erfahrungen mit Ärzten gemacht. Wenn Béralde Medizinkritik äußert, vertritt er Molières eigene Meinung. Lesen Sie das Zitat aus einem Buch über Molière in dem Kasten.

»Härte und Bitterkeit der Molièreschen Ärztesatire haben ihren Ursprung zweifellos in persönlichen Erfahrungen des Dichters. [...] Man muß wissen, daß kaum ein Berufsstand durch gelehrtes Getue, lächerliche Aufmachung, Anmaßung und borniertes* Festhalten an alten Lehrmeinungen soviel Ärgernis erregte wie die Ärzte der Zeit. Blindlings folgte man den antiken Autoritäten Hippokrates, Aristoteles und Galenus. Jede Krankheit wurde auf unreine Säfte im Körper zurückgeführt, und das heißt, daß man – um sie abzuführen – vor allem zwei Hilfsmittel anwandte: Aderlaß und Klistier. Den Patienten wurde soviel Blut abgezapft, daß sie von selber ruhig wurden. [...] Man muß sehr gesund sein, um ihre Therapie zu überstehen.«

(Erich Köhler: Klassik II. Hg. von Henning Krauß, 2. Aufl., Freiburg im Breisgau 2006, S. 118)

*borniert: beschränkt, engstirnig

a. Wer waren Hippokrates, Aristoteles und Galenus? Schauen Sie, wenn nötig, in einem Lexikon oder im Internet nach.
b. Was muss man sich wohl unter Aderlass und Klistier vorstellen? Recherchieren Sie.
c. Nehmen Sie Stellung zum Stand der Medizin zu Molières Zeit. Diskutieren Sie gemeinsam darüber, ob Molières Kritik zur damaligen Zeit berechtigt war.
d. Recherchieren Sie, welche Kritik zur Medizin heute geäußert wird, und nehmen Sie dazu Stellung.

6. Spielen Sie zu zweit die Szene. Denken Sie vorher gemeinsam über die Mimik und Gestik von Argan und Béralde nach.

Ein Strukturbild erstellen

WAS ICH AM ENDE KANN

Ich kann ein Strukturbild zu einem Text erstellen, um den Text besser zu verstehen.

Ich weiß, worauf ich beim Zeichnen eines Strukturbildes achten muss.

Mit einem Strukturbild stellt man den Aufbau und wichtige Informationen aus einem Text visuell dar. Strukturbilder zeigen, wie der Inhalt gegliedert ist.
Ein Strukturbild hilft, einen Text besser zu verstehen. Oft kann man am Ende nur wenig über den Inhalt sagen, wenn man einen Text einfach nur durchliest. Wenn er mithilfe eines Strukturbildes visualisiert wird, kann der Gedankengang leichter nachvollzogen werden und es wird einfacher, Aussagen über den Text zu machen.

Vorgehensweise

- Zuerst lese ich den Text sorgfältig durch und teile ihn in Sinnabschnitte ein.
- Ich untersuche, aus welchen Bausteinen der Text besteht, z. B.: Einleitung, Schluss, erster Teil, zweiter Teil, These, Beispiel, Beleg, Appell ...
- Ich schreibe einzelne Begriffe und Aussagen auf ein Blatt Papier und versuche, sie miteinander in Zusammenhang zu bringen. Ich stelle die Beziehungen zwischen ihnen dar, z. B.:
  Behauptung → Begründung → Folgerung → Appell
  Beobachtung → Folgerung
  Problem → Lösungsvorschlag 1, Lösungsvorschlag 2 → Vorteil Lösungsvorschlag 1 usw.
  Ich kann auch Pfeile nutzen, die mit Ausdrücken beschriftet sind wie: »daraus folgt«, »ist unterteilt in«, »ist ein Beispiel für«, »gehört zu«, »unterscheidet sich von«.
- Ich sichte noch einmal die Begriffe und Aussagen, die ich herausgeschrieben habe. Was sind die Kerngedanken? Welche Aussagen sind am wichtigsten, welche überflüssig? Was kann ich weglassen? Strukturbilder sollen nicht überladen sein, sondern die Hauptinformationen veranschaulichen.
- Dann überlege ich mir, welche Gliederungsmöglichkeit für mein Strukturbild am besten geeignet wäre. Es gibt viele Möglichkeiten, zum Beispiel: wichtige Aussagen um einen zentralen Begriff herum anordnen, ein Organigramm erstellen, eine Pyramide ...
- Ich erstelle das Strukturbild. Wichtig ist, dass sich die wichtigsten Informationen schnell erkennen und leicht erfassen lassen.
- Manchmal wird das Strukturbild zu komplex. Dann kann ich für verschiedene Textabschnitte einzelne Strukturbilder zeichnen oder ein neues Strukturbild erstellen, das sich auf die wichtigsten Aussagen konzentriert.

Beispiel: (Strukturbild siehe nächste Seite)

Magersucht lässt sich besser behandeln

Derzeit können allein Psychotherapien Magersüchtigen helfen. Wie effektiv sind sie? Zwei neue Methoden könnten vielversprechender sein als die Regelversorgung.

Noch eine Kleidergröße kleiner, noch ein Gramm weniger – auch wenn sie schon bis auf die Knochen abgemagert sind, haben Magersüchtige keinen Appetit. Häufig sind Frauen betroffen, doch auch Männer können an einer Anorexia nervosa leiden. Die Erkrankung ist zwar selten, doch zählt sie als tödlichste psychische Störung weltweit. Mehr als jeder zehnte Betroffene stirbt an den Folgen. Für Jugendliche, die erkranken, gibt es bereits Erfahrungen, wie Therapeuten am besten helfen können. »Bisher gab es aber wenige Studien zu der Behandlung von Erwachsenen mit Anorexie. Das wollten wir mit unserer Studie ändern«, sagt Stephan Zipfel. Der Direktor der Abteilung Psychosomatik an der Universitätsklinik Tübingen ist einer der Leiter der aktuellen Untersuchung. Sie ist im Magazin *Lancet* erschienen.

242 Frauen aus zehn deutschen Städten nahmen die Wissenschaftler in ihre Studie auf. Alle litten an Magersucht. Die Teilnehmerinnen verteilten die Forscher auf drei verschiedene Gruppen mit unterschiedlichen Behandlungsmethoden. Untersucht wurde die gängige Therapie, die allerdings intensiver als derzeit üblich strukturiert war, und zwei neuere Ansätze. Anschließend wurden die Fortschritte nach zehn Monaten und jeweils 40 Einzelsitzungen für jede Patientin ausgewertet und die Erkrankten weiter beobachtet.

80 Magersüchtige behandelten Therapeuten mit der psychodynamischen Psychotherapie. Sie konzentriert sich vor allem auf Beziehungen und Konflikte der Erkrankten zu anderen Menschen in ihrem Umfeld. Weitere 80 Personen unterzogen sich einer kognitiven Verhaltenstherapie. Hier ging es vor allem darum, den Patientinnen mit Essensplänen und Motivationstraining ihre Erkrankung bewusst zu machen. Die dritte Gruppe mit 82 Menschen schließlich wurde mithilfe der schon existierenden Richtlinien behandelt, ohne dass die Therapie speziell auf eine Magersucht angepasst wurde.

Beziehungskonflikte könnten größere Rolle spielen

Die Ergebnisse machen Mut. Zu Anfang hatte in allen drei Gruppen noch jeweils eine Mehrheit einen Body Mass Index (BMI) von weniger als 17,5. Eine durchschnittliche Frau in Deutschland käme dabei auf ein Gewicht von unter 47 Kilogramm bei einer Körpergröße von 1,65 Meter. 22 Monate später ging es den meisten Patientinnen besser, im Schnitt lag der BMI-Wert in allen Gruppen über 17,5.

Einen Therapieerfolg stützten die Studienautoren aber nicht allein auf eine Gewichtszunahme. Auch die psychische Verfassung der Behandelten werteten die Forscher aus. Wenngleich sich die Unterschiede der drei geprüften Therapien vor allem im Detail zeigten, schnitten die zwei neueren Methoden besser ab als die derzeit gängige Behandlung. Aus Letzterer stiegen im Verlauf der Studie 41 Prozent der Patienten aus. Die kognitive Verhaltenstherapie mit Essensplänen und Motivationstraining brachen hingegen nur 34 Prozent ab. Lediglich 23 Prozent beendeten vorzeitig die auf zwischenmenschliche Beziehungen spezialisierte psychodynamische Psychotherapie. Auch bei der Zahl der zusätzlichen Krankenhausaufenthalte aufgrund von akuten Notfällen erzielten die behandelnden Therapeuten mit den neuen Methoden bessere Erfolge.

[...] Die Ergebnisse der Studie belegen, dass die bisherige Regeltherapie durchaus erfolgreich gegen Magersucht ist, wenn sie intensiver als derzeit üblich angewandt wird. Sie zeigen aber auch, dass sich Jugendliche und Erwachsene nicht so sehr in ihren Therapiebedürfnissen unterscheiden. Bisher war man davon ausgegangen, dass für jugendliche Patienten die Beziehungsverhältnisse viel wichtiger für die Linderung ihrer Krankheit sind. Schließlich wohnen sie meist noch zu Hause und haben eine enge, wenn auch durch die Pubertät meist angespannte Beziehung zu den Eltern.

Die vergleichsweise hohe Erfolgsquote einer psychodynamischen Psychotherapie zeigt jedoch, dass auch für Erwachsene Beziehungskonflikte eine weit größere Rolle spielen könnten. Ihre Behandlung scheint vielen Magersüchtigen effektiver zu helfen, die Ursachen ihrer Krankheit zu bekämpfen. Allerdings schlagen Therapien nicht bei allen Betroffenen an. Trotz der positiven Entwicklung während der Studie beobachteten die Leiter der Untersuchung, dass ein Jahr nach Ende der Therapie ein Viertel der Patientinnen noch immer an einer voll ausgeprägten Magersucht litt.

(Quelle: www.zeit.de, gekürzt)

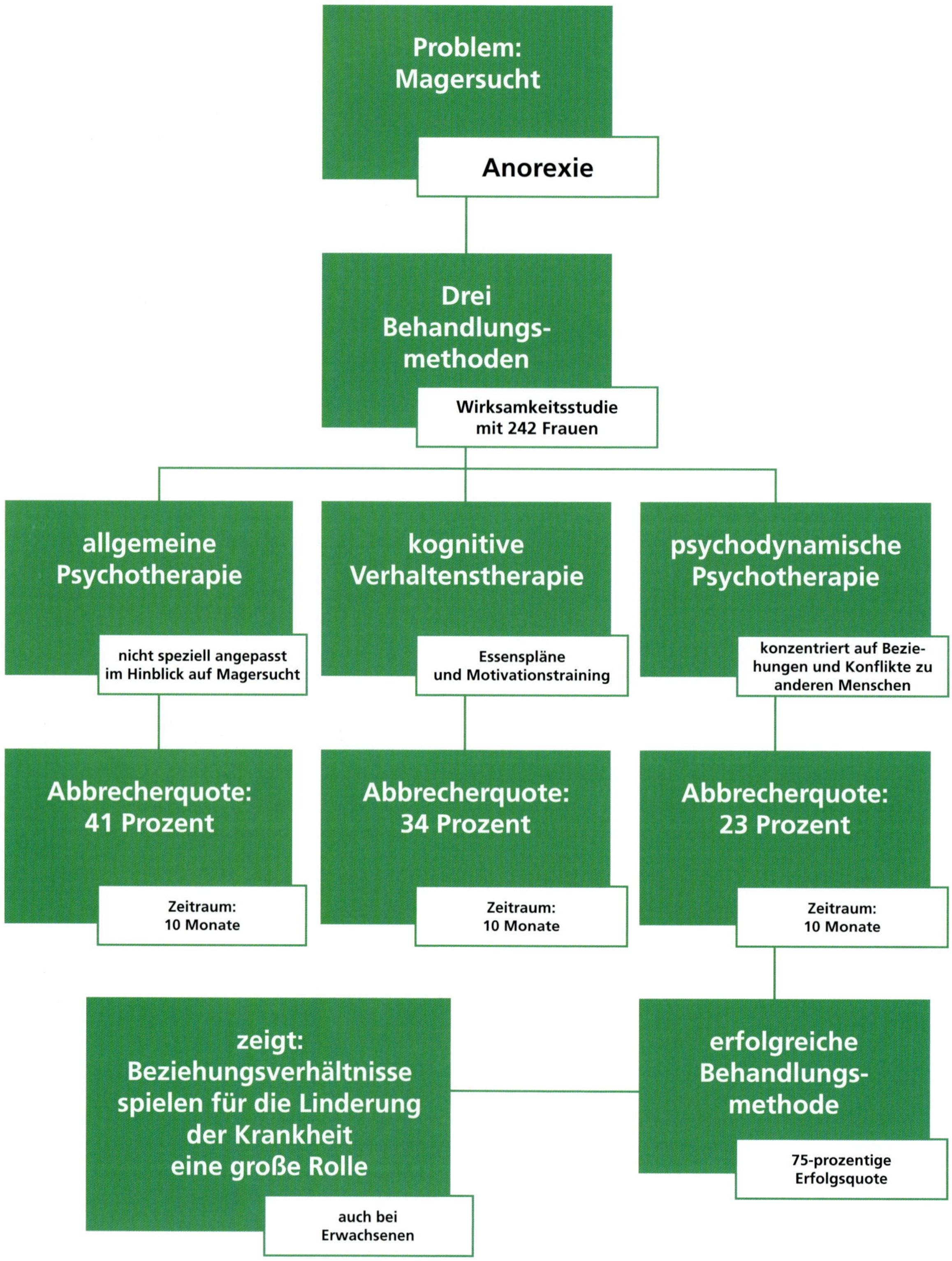
Problem:
Magersucht
Anorexie
Drei Behandlungs-methoden
Wirksamkeitsstudie mit 242 Frauen
allgemeine Psychotherapie
nicht speziell angepasst im Hinblick auf Magersucht
kognitive Verhaltenstherapie
Essenspläne und Motivationstraining
psychodynamische Psychotherapie
konzentriert auf Beziehungen und Konflikte zu anderen Menschen
Abbrecherquote: 41 Prozent
Zeitraum: 10 Monate
Abbrecherquote: 34 Prozent
Zeitraum: 10 Monate
Abbrecherquote: 23 Prozent
Zeitraum: 10 Monate
zeigt: Beziehungsverhältnisse spielen für die Linderung der Krankheit eine große Rolle
auch bei Erwachsenen
erfolgreiche Behandlungs-methode
75-prozentige Erfolgsquote

GELD UND KONSUM

»Christian Krachts Roman *Faserland*, erschienen 1995, erzählt von einer Reise. Ein junger Mann aus reichem Elternhaus fährt quer durch Deutschland und weiter in die Schweiz, von Sylt bis an den Bodensee. Die Handlung spielt in den neunziger Jahren des letzten Jahrhunderts. In acht Kapiteln wird beschrieben, wie der namenlose Ich-Erzähler verschiedene Städte besucht, unter anderem Hamburg, Frankfurt am Main, München und Zürich. Er trifft sich mit Bekannten, besucht Cafés, konsumiert Alkohol und Drogen und lässt sich von einer Party zur nächsten treiben. Die Gespräche, die er mit seinen Freunden und Bekannten führt, sind oberflächlich. Er lebt in einer Welt, in der man sich über Konsum, Luxus und Äußerlichkeiten definiert. Das Ende bleibt offen: Nachdem der Ich-Erzähler erfahren hat, dass sich einer seiner Freunde nach einer luxuriösen Party das Leben genommen hatte, fährt er an den Zürichsee, um dort das Grab von Thomas Mann zu suchen. Er findet es nicht und bittet einen Fremden, ihn in seinem Boot über den Zürichsee zu rudern.«

»In dem Buch geht es um einen ziemlich arroganten, reichen Typen. Er reist herum, wohnt in teuren Hotels und denkt nur ans Feiern. Er interessiert sich vor allem für Markensachen. Im Grunde weiß er nichts Richtiges mit seinem Leben anzufangen. Er zeigt keine Gefühle und am Ende lässt er einen Freund im Stich. Dass der sich später umbringt, interessiert ihn gar nicht. Den Typen fand ich unsympathisch, aber das Buch war in Ordnung, teilweise deprimierend, aber manchmal auch lustig.«

1. Beide Textabschnitte geben den Inhalt desselben Buchs wieder. Nennen Sie die Unterschiede, die Ihnen auffallen.

2. Überlegen Sie, in welchen Situationen die Texte entstanden sein könnten.

3. Erklären Sie, welche Wirkung die Texte erzielen.

Inhalte wiedergeben

WAS ICH AM ENDE KANN

Ich kann eine Inhaltsangabe eines Artikels schreiben.

Ich kann Informationen aus verschiedenen Medien schriftlich zusammenfassen.

Ich kann den Inhalt eines Films, einer Fernsehsendung oder eines Buchs in knapper, korrekter Form wiedergeben.

1. Lesen Sie den folgenden Text und achten Sie dabei auf die Zwischentitel.

Jugendliche in der Schuldenfalle

25 Prozent der 16- bis 25-Jährigen geben mehr Geld aus, als es ihr Budget erlaubt. Den Umgang mit Geld erlernen sie nicht mehr durch Beobachtung im Familienalltag, wenn die Eltern dauernd mit Kreditkarten hantieren.

Kaufsucht im Anstieg

Der Gruppendruck ist keine neue Erscheinung. Der Wunsch, dazuzugehören, ist in jedem Klassenzimmer, in jeder Gruppe stark. Was die Zugehörigkeit ausmacht, unterliegt jedoch einem laufenden Wandel. Die jeweils modischen Accessoires sind Pflicht, und wer kein Handy der neusten Generation besitzt, ist von gestern. Konsumverzicht hat einen schweren Stand. Die Neigung zu unkontrolliertem Kaufverhalten ist bei 18- bis 25-Jährigen besonders verbreitet.

Verantwortung im Umgang mit Geld

Der Übergang ins Erwachsenenalter und die damit verbundene Verantwortung im Umgang mit Geld ist für viele Jugendliche ein Stolperstein. Berufslernende, die ihre erste Arbeitsstelle antreten, unterschätzen oft Posten wie Steuern sowie Krankenkassen- und Versicherungsbeiträge. Dass solche festen Ausgaben in ein persönliches Budget gehören, müssen junge Menschen, denen die Eltern bisher unter die Arme gegriffen haben, erst lernen. Kreditkarten und Kleinkredite können Jugendliche leicht in eine Schuldenfalle locken.

a. Notieren Sie die Schlüsselwörter, die Sie in den einzelnen Abschnitten finden.
b. Formulieren Sie die wichtigsten Aussagen des Textes in eigenen Worten.

2. Der Text ist rund 160 Wörter lang. Geben Sie seinen Inhalt in einem zusammenhängenden Text wieder. Ihr Text sollte etwa halb so lang sein (rund 80 Wörter). Gehen Sie von Ihren Notizen aus. Übernehmen Sie keine Sätze aus dem Originaltext, sondern formulieren Sie neu.

BASISWISSEN

Den Inhalt von Sachtexten wiedergeben

Eine Inhaltsangabe informiert knapp und präzise über einen Text. Sie konzentriert sich auf die wichtigsten Punkte und verzichtet auf Details.

Aufbau

- In der Einleitung nenne ich den Verfasser oder die Verfasserin (sofern bekannt), den Titel und das Thema des Textes sowie die Textsorte.
- Ich gebe die wichtigsten Aussagen wieder.

Sprache

- Ich formuliere leicht verständliche Sätze in eigenen Worten.
- Ich mache keine Ausschmückungen und fälle keine persönlichen Urteile.
- Ich wähle die Zeitform der Gegenwart.
- Ich formuliere die direkte Rede in indirekte Rede um.
- Ich verwende passende Verknüpfungsmittel.

3. Lesen Sie den folgenden Text. Schreiben Sie die Schlüsselwörter und die wichtigsten Aussagen heraus.

Am Anfang steht das teure Handy

Die neueste Jeans, eine teure Tasche, ein schickes Auto, ein Smartphone mit Handyvertrag, Zigaretten – das sind Dinge, auf die viele Jugendliche nicht verzichten mögen. Und es sind Dinge, die Geld kosten – viel Geld für einen Jugendlichen, der beispielsweise im ersten Ausbildungsjahr am Ende des Monats manchmal nur rund 300 Euro auf die Hand bekommt. Die Zentrale Schuldnerberatung (ZSB) stellte fest, dass statistisch betrachtet 7 700 Kinder und Jugendliche in Stuttgart in überschuldeten Haushalten leben. Fast sechs Prozent der überschuldeten Personen, die derzeit von der ZSB beraten werden, sind höchstens 21 Jahre alt, etwa 24 Prozent sind zwischen 22 und 30 Jahre alt.

Finanzpaten im Einsatz

»Wir erleben, dass viele Schüler im Alter von 16 oder 17 teilweise noch nicht einmal den Unterschied zwischen einem Spar- und einem Girokonto kennen«, sagt Martin Tertelmann, Präventionsberater bei der ZSB. Ein neues und bundesweit einzigartiges Projekt soll in Stuttgart jetzt Abhilfe schaffen: Finanzpaten der ZSB wollen an den städtischen Schulen in Unterrichtsvorträgen ein Bewusstsein für das Geldausgeben und die Bankkonten schaffen.

Andreas Hutter, 67-jähriger Rentner, hat damit bereits Erfahrung. Er ist der erste Finanzpate und seit einem halben Jahr an der gewerblichen Schule im Hoppenlau im Einsatz. Andreas Hutter ist kein ausgewiesener Finanzexperte. Doch er berät in Esslingen manchmal auch verschuldete Erwachsene und daher weiß er, dass es nicht darum geht, komplexe finanzielle Zusammenhänge zu erklären, sondern darum, eine simple Budgetplanung zu erstellen. »Mit den Schülern übe ich, wie es funktionieren kann, ein Haushaltsbuch zu führen und so zu sehen, wie viel Geld sie ausgeben und wofür«, erzählt Hutter.

»Borgen bringt Sorgen«

Manchmal lockt er die Jugendlichen mit ein paar Tricks aus der Reserve und setzt Sprichworte in seinem Unterricht ein. »Bürgen sollst du würgen« heißt es dann oder »Borgen bringt Sorgen«. »Die Schüler müssen lachen, sind überrascht und lernen so aber auch, ein Bewusstsein dafür zu entwickeln, was es heißen kann, sich Geld zu leihen, und dass ein Schuldenberg meist mit der Zeit eher immer größer als kleiner wird«, erzählt Andreas Hutter. Der Rentner wird im Februar und März nun insgesamt fünf Doppelstunden Finanzberatung abhalten.

Die Idee des Projekts ist es, künftig in Stuttgart einen Pool von zehn bis 15 ehrenamtlichen Finanzpaten aufbauen zu können, die regelmäßig im Klassenzimmer und mit einzelnen Schülern über das Geldausgeben und Verschuldung sprechen. Jugendlichen solle so eine »zunehmende finanzielle Verantwortung« zugetraut und vermittelt werden, sagt Martin Tertelmann.

Ehrenamtliche Helfer gesucht

Finanzpaten werden jetzt händeringend gesucht. Viele Schulen stünden schon in den Startlöchern, die ZSB hat Anfragen von Haupt-, Real- und Sonderschulen sowie beruflichen Schulen, die eine Beratung wünschen. Besonders in den Klassenstufen neun und zehn und bei den zweiten und dritten Ausbildungsjahrgängen der gewerblichen Schulen sei die Frage nach dem Geldausgeben akut, erklärt Martin Tertelmann. »Wenn wir so was schon in den fünften Klassen machen würden, dann wäre das wie normaler Unterricht für die Schüler, das wäre noch zu realitätsfern. Bei den Jugendlichen hingegen geht es konkret darum: Wofür gebe ich mein erstes Lehrlingsgehalt oder mein Taschengeld aus? Wie kann ich vermeiden, gleich Schulden zu machen?«, sagt Tertelmann.

Wer sich für das ehrenamtliche Engagement interessiert, kann sich bei der ZSB per E-Mail unter finanzpaten@stuttgart.de melden.

(Quelle: www.stuttgarter-zeitung.de, stark gekürzt)

4. Schreiben Sie eine Inhaltsangabe zum Text »Am Anfang steht das teure Handy« von S. 75. Vermeiden Sie Wortwiederholungen und achten Sie darauf, die Sätze gut miteinander zu verknüpfen. Umfang: 10 bis 12 Sätze.

Tipp
Lösen Sie zuerst die Aufgaben auf den Seiten 77 ff. (Texte verknüpfen).

BASISWISSEN

Eine Inhaltsangabe ausarbeiten

1. Text lesen
2. Den Text in Sinnabschnitte unterteilen
3. Schlüsselwörter unterstreichen oder herausschreiben
4. Kernaussagen notieren
5. Inhaltsangabe schreiben

5. Gruppenarbeit: Die 17-jährige Lea möchte das neue Handy YZLoP erwerben. Dieses ist für 150 Euro zu haben, wenn gleichzeitig ein Vertrag mit einer Laufzeit von zwei Jahren abgeschlossen wird. Die monatlichen Gesamtkosten liegen bei 30 Euro (inklusive 50 Gesprächsminuten und 50 SMS). Da Lea gerade knapp bei Kasse ist, erhofft sie sich einen Vorschuss von 180 Euro von ihren Eltern. Sie sucht Argumente, um ihre Eltern zu überzeugen.
Spielen Sie das Gespräch (Lea, Mutter und Vater, eventuell ein Bruder oder eine Schwester).
Die Zuschauerinnen und Zuschauer geben anschließend das Gespräch wieder.

6. Wählen Sie eine der beiden Schreibaufgaben. Umfang: circa 150 Wörter.

a. Verfolgen Sie eine Nachrichtensendung im Fernsehen und schreiben Sie dann eine Inhaltsangabe.
b. Verfolgen Sie eine Diskussion (im Fernsehen, in der Schule) und verfassen Sie anschließend eine Inhaltsangabe.

BASISWISSEN

Gespräche wiedergeben

Aufbau
- In der Einleitung nenne ich Thema, Ort und Gesprächsteilnehmende.
- Ich gebe die Aussagen der Gesprächsteilnehmenden in geordneter Form wieder.

Sprache
- Ich wähle die Zeitform des Präsens.
- Ich schreibe in einem sachlichen Stil und verwende Verknüpfungsmittel.
- Ich forme die direkte Rede in indirekte Rede um.
- Ich verwende Redeeinleitungen oder indirekte Rede, um Meinungsäußerungen der Gesprächsteilnehmenden zu kennzeichnen.

Beispiel:
Lea sagt, dass jeder Jugendliche heutzutage ein Handy **brauche**. Ohne Handy **könne** man sich nicht spontan verabreden.

Einen Film empfehlen
Haben Sie einen Lieblingsfilm? Worum geht es darin?
Erzählen Sie einem Partner/einer Partnerin von seinem Inhalt.

Texte verknüpfen

WAS ICH AM ENDE KANN

Ich kann Hauptsätze von Nebensätzen unterscheiden.

Ich kann Nebensätze richtig aufbauen.

Ich kann Sätze zu einem zusammenhängenden Text verbinden, der sich gut lesen lässt.

Ich kann Verknüpfungsmittel verwenden.

Ich kann Formulierungen und Satzformen variieren, um Wiederholungen zu vermeiden.

1. Verbinden Sie die Sätze. Verwenden Sie dazu die Konjunktionen in den Wolken. Manchmal sind mehrere Lösungen möglich. Beachten Sie, dass beim Zusammenfügen der Sätze ein Wort wegfallen kann.

Beispiel:
Der Verkauf ist eingebrochen. Ich habe es gelesen.
Ich habe gelesen, **dass** der Verkauf eingebrochen ist.

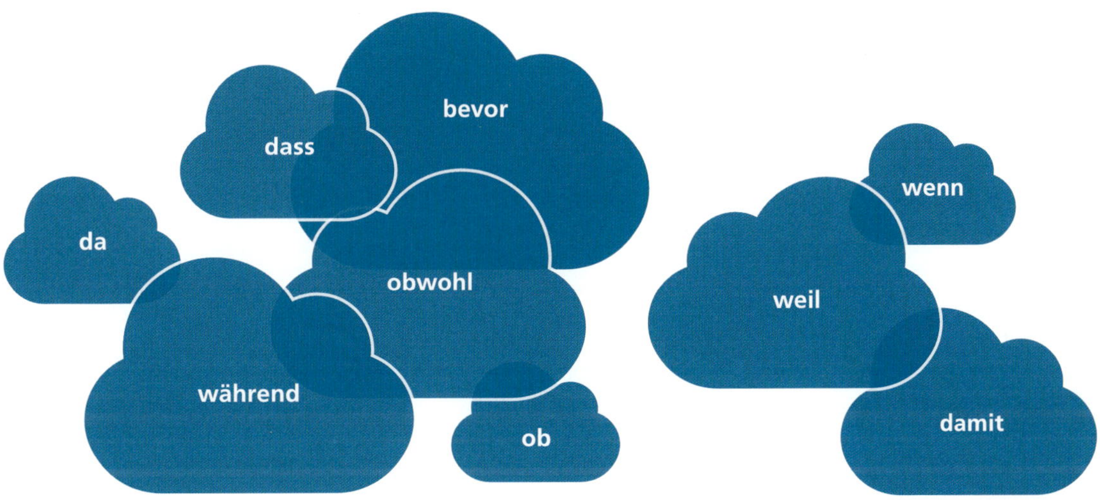

a. Viele Jugendliche sind überschuldet. In diesem Zeitungsartikel steht das.
b. Der Handyvertrag ist insgesamt sehr teuer. Die Kosten für SMS sind niedrig.
c. Viele Jugendliche haben Schulden. Sie geben zu viel Geld für Markenartikel aus.
d. Viele ältere Menschen nehmen ungern Kredite auf. Junge Erwachsene sind eher dazu bereit.
e. Lukas muss seine Ausgaben stark einschränken. So kann er seinen Kredit zurückzahlen.
f. Hast du den Vertrag unterschrieben? Ich würde das gerne wissen.
g. Du willst dir ein neues Notebook kaufen? Dafür musst du sparen.
h. Ich kaufe mir einen neuen Fernseher. Vorher muss ich sparen.

Tipp
In Nebensätzen steht das Verb am Schluss.

2. Der folgende Text ist noch nicht gut zu lesen. Suchen Sie alle Hauptsätze. Erklären Sie, an welchen Regeln Sie sich dabei orientieren.

Spartipps: Den Lohn richtig einteilen

»Wie teile ich meinen Lohn richtig ein?« Diese Frage stellt man sich lieber zu früh als zu spät. Man möchte schließlich am Monatsende keine unangenehme Überraschung erleben. Am besten erstellt man ein Monatsbudget. Das Monatsbudget sollte alle vorhersehbaren Ausgaben enthalten. Zu den vorhersehbaren Ausgaben gehören zum Beispiel die Ausgaben für Verpflegung, Miete, Kleidung oder Handy. Nicht vergessen darf man die Ausgaben für Fahrkarten, Krankenkassenbeiträge und gegebenenfalls den Beitrag an die Haushaltskasse. Auch Hobbys und Freizeitvergnügen kosten einen Betrag, der sich abschätzen lässt. Und schließlich sollte man daran denken, dass ein Betrag für unvorhergesehene Auslagen reserviert werden muss. Der Lohn reicht allerdings nur, wenn man sich an das erstellte Budget hält.

3. Ordnen Sie zu, welche Merkmale für Hauptsätze und welche für Nebensätze gelten.

Merkmale:

- Der Satz kann für sich allein stehen.
- Das konjugierte Verb steht am Schluss.
- Das konjugierte Verb steht an zweiter Stelle (Ausnahmen: Fragen ohne einleitendes Fragewort und Sätze in der Befehlsform/im Imperativ).
- Der Satz kann meistens alleine stehen.
- Oft steht eine Konjunktion (z. B. dass, weil …) oder ein Pronomen (z. B. der …) am Anfang.
- Der Satz hängt von einem übergeordneten Satz ab und darf deshalb nicht alleine stehen.

4. Untersuchen Sie, an welcher Stelle im Text »Spartipps: Den Lohn richtig einteilen« oben die Hauptsätze und die Sätze mit Nebensätzen stehen. Was fällt Ihnen auf? Beschreiben Sie Ihre Beobachtung.

Tipp

⊕ Hauptsätze und Sätze mit Nebensätzen abwechselnd benutzen

⊖ nur Hauptsätze aneinanderreihen

5. In dem Text »Spartipps: Den Lohn richtig einteilen« von Seite 78 finden sich viele Wiederholungen von Wörtern.

a. Suchen Sie Synonyme (gleichbedeutende Wörter) für den Begriff »Ausgaben«.
b. Wodurch können Sie das Pronomen »man« ersetzen?
c. Schreiben Sie weitere Wörter heraus, die wiederholt werden. Überlegen Sie, wie Sie sie ersetzen können.

REGELN

Sätze verbinden und Wiederholungen vermeiden

Verknüpfungsmittel
Verknüpfungsmittel helfen, Wiederholungen zu vermeiden. Außerdem erleichtern sie das Textverständnis, denn sie stellen inhaltliche Bezüge zwischen den einzelnen Aussagen her.

Sie **verbinden** Sätze und Teilsätze oder **verweisen** auf andere Textstellen.

Beispiele für **verbindende** Wörter:
und, dass, weil, dadurch, deswegen, jedoch, immerhin ...

Beispiele für **verweisende** Wörter:
diese, er, mein, dort, davon, damals ...

6. Schreiben Sie den Text neu.
- Verwenden Sie Synonyme und vermeiden Sie so Wiederholungen.
- Verbinden Sie die einzelnen Aussagen besser. Verwenden Sie Verknüpfungsmittel und verwandeln Sie einige der Hauptsätze in Nebensätze.
- Sie dürfen die Reihenfolge der Aussagen ändern und Wörter streichen. Seien Sie kreativ!

»Wie teile ich meinen Lohn richtig ein?«
Diese Frage stellt man sich lieber zu früh als zu spät, wenn ...

7. Lesen Sie nun den folgenden Text, der sich ebenfalls verbessern lässt. Notieren Sie dabei die Wörter, die sich zu oft wiederholen – zwei sind schon gelb markiert.

Jeder Zehnte ist überschuldet

Viele Personen leben über ihre Verhältnisse. Jede zehnte Person in Deutschland gilt als überschuldet. Nach Adam Riese waren gut 6,6 Millionen Personen überschuldet. Mehr Personen als je zuvor sind überschuldet. Eine überzogene oder gesperrte Kreditkarte steht oft am Anfang der Schulden. Die Kreditkarte verführt viele Personen zu unüberlegtem Konsum. Personen zwischen 21 und 30 Jahren sind überschuldet. Arbeitslose und Geringverdiener haben oft Schulden. Oft haben sich diese Personen an einen bestimmten Lebensstandard gewöhnt. Den Lebensstandard können sie eines Tages nicht mehr finanzieren.

Besorgt stellen die Schuldnerberatungsstellen fest: Viele Jugendliche sind bereits überschuldet. Besonders beunruhigend ist es, dass das Handy so viel Geld kostet. Viele Jugendliche kaufen auf Pump: Davon gehen die Schuldnerberatungsstellen aus. Dies ist besonders beunruhigend.

8. Suchen Sie gemeinsam andere Formulierungen.

Person: …
überschuldet: …

9. Formulieren Sie den Text neu.

> Jede zehnte in Deutschland lebende Privatperson war am Ende des letzten Jahres verschuldet, weil viele Menschen über ihre Verhältnisse leben. Nach Adam Riese sind das knapp 6,6 Millionen Bürger. …

10. Einleitung und Schluss des folgenden Artikels sind schon formuliert. Schreiben Sie den Hauptteil und verwenden Sie die folgenden Stichworte:

- wollten ehrlich sein
- meldeten Fund bei Polizei
- Geld stammt aus Banküberfall
- Bankräuber: flüchtete unerkannt, trug Maske
- erbeutete insgesamt 240 000 Euro
- warf Teil der Beute in Container
- unklar, warum
- ehrliche Finder: erhalten Finderlohn
- freuen sich sehr

100 000 Euro im Abfall gefunden

Zwei Angestellte der Müllabfuhr in Metzingen staunten nicht schlecht, als sie in einem Altglas-Container eine Geldkassette gefunden und diese mit einem Hammer geöffnet hatten: Vor ihnen lagen 102 000 Euro.

…

Sie sagen: »Das wäre sowieso irgendwann herausgekommen, und so können wir mit ruhigem Gewissen schlafen.«

Den Inhalt eines literarischen Textes wiedergeben

WAS ICH AM ENDE KANN

Ich kann eine Inhaltsangabe eines literarischen Textes schreiben.

Ich kenne den Unterschied zwischen Inhaltsangaben von Sachtexten und Inhaltsangaben literarischer Texte.

Ich weiß, wie man Texte wiedergibt, die in der Ich-Perspektive geschrieben sind.

1. Lesen Sie den Auszug von Christian Krachts Roman »Faserland«. Schauen Sie sich anschließend die Karte auf Seite 84 f. an und ordnen Sie den Text in den Verlauf der Handlung ein.

Christian Kracht (*1966)
ist Schriftsteller und Journalist. Er ist in der Schweiz geboren und wuchs unter anderem in den USA, Kanada und Südfrankreich auf. 1995 veröffentlichte er seinen vielbeachteten Debütroman »Faserland«. Seitdem sind mehrere Romane und Sammlungen von Reiseberichten erschienen.

FASERLAND (Textauszug)

Die Party ist jetzt in vollem Gange. Überall stehen Menschen auf dem Rasen. Der Schein der Fackeln fällt auf ihre Gesichter, und es sieht tatsächlich mal so aus, als ob viele ganz gut angezogen sind. Die Model-Kellner huschen herum mit ihren Tabletts, auf denen Champagnergläser leuchten.

Der Rasen und der See sind fast schwarz, und die hellen Smokingjacken und das alles, das macht mich für einen Moment sehr zufrieden, das wird natürlich auch am Alkohol liegen, an diesem Abstumpfen, aber die Farben und das über der Party liegende Gefühl sind richtig, und deswegen ist es ja auch egal, was jetzt genau dieses feine Gefühl auslöst.

Überall riecht es nach Blumen und komischerweise auch nach Sonne auf warmer Haut, und während ich das rieche, kommt mir in den Sinn, dass Rollo eigentlich gar nicht so viele Freunde haben kann. Ich meine, Rollo läuft jetzt von einem Grüppchen zum anderen, und überall wo er auftaucht, lachen die Menschen und sind fröhlich.

Aber das sind nicht seine Freunde. Seine Freunde würden ihm doch sagen, dass er aussieht wie ein Alkoholiker und tablettensüchtig ist. Sie würden ihm sagen, komm Rollo, du mußt jetzt ins Bett, und dann würden sie ihn ins Schlafzimmer bringen und bei ihm sitzen, bis er einschläft. Und wenn er schlecht träumen würde, dann würden sie ihn beruhigen. Freunde würden die ganze Nacht da sitzenbleiben, und danach noch zwei Wochen bei ihm bleiben und jeden Drink, den er sich macht, und jede Valium, jede Lexotanil ihm aus den Händen nehmen, so lange, bis er wieder klar denken könnte.

Aber diese Menschen hier auf der Party, diese gutangezogenen, schönen Menschen, das sind ganz und gar nicht seine Freunde. Ich denke, dass er das noch nicht einmal merkt, wenn sie über seine blöden Witze lachen, oder wenn ihm die Mädchen aus Lindau oder aus Friedrichshafen zulächeln und ihre Brüste etwas weiter vordrücken, nur weil seine Familie eine große Villa am Bodensee hat, und ein Haus in Cap Ferrat und noch eins in East Hampton. Da läuft er hin und her, der arme Rollo, und er sieht es nicht, dass alle ihn gar nicht kennen wollen.

Dort hinten, neben einer Fackel, stehen Sergio und Karin, und ich sehe sie erst jetzt. Sergio, das ist der Kolumbianer, den ich am Strand von Sylt kennengelernt habe, vor ein paar Tagen. Die beiden halten sich an der Hand, aber eher so verspielt, nicht besonders innig. Ich überlege kurz, ob ich da hingehen und hallo sagen sollte, und während ich noch zögere, beginnt irgendwo Musik zu spielen. Es klingt so, als ob da eine Band spielen würde, aber in Wirklichkeit kommt es aus Lautsprechern, die hinter den Büschen versteckt sind. Die Musik ist ganz schön, ich kenne sogar die Stücke. Das erste ist Your feet's too big von den Ink Spots, das ist so eine schwarze Band aus den vierziger Jahren. Das ist wirklich gut. Rollo macht schon eine gute Party, soviel ist sicher.

Ich bekomme gute Laune von dem Stück, zünde mir eine Zigarette an, streiche mir die Haare aus der Stirn und gehe hinüber zu Karin und Sergio. Karin freut sich, mich zu sehen. Sogar Sergio, den ich ganz und gar nicht in guter Erinnerung habe, scheint sich zu freuen.

Ich fühle mich zwar etwas schlechter angezogen als alle anderen, aber eigentlich macht es ja doch nichts. Mein Kragen ist immer noch offen und meine Krawatte hängt ziemlich dumm herunter. Das sage ich nur, weil die beiden so verdammt gut aussehen. Karin ist noch etwas braungebrannter als auf Sylt, und ihre halblangen blonden Haare sind noch ein bißchen heller. Sergio trägt einen schwarzen Abendanzug, seine Haare sind ganz streng nach hinten gekämmt, und er ist auch sehr braun im Gesicht. Während wir plaudern und Höflichkeiten austauschen, zieht er immer an seinen Manschetten. Karin redet wieder viel. Im Grunde ist sie genauso wie auf Sylt vor ein paar Tagen: umwerfend.

Reden ist bei Karin eigentlich schon zuviel gesagt. Sie plappert von irgendeinem Spanier, den die beiden auf Sylt kennengelernt haben und der sie dann, Sergio und Karin, zu einem ganz kurzen London-Besuch überredet habe. Dort, erzählt sie weiter, wären sie zuerst im Quaglino's gewesen, dort hätten sie schon angefangen zu trinken, danach wären sie zu Annabelle's gegangen und danach hätten sie sich im Tramp so schlecht benommen, dass dem Spanier die beiden vor seinen Freunden richtig peinlich gewesen seien. Sie hätten sich jedenfalls blendend amüsiert.

Ach ja, gewohnt hätten sie im Halcyon, das aber eine Enttäuschung war, weil da nur so fette abgehalfterte Schwachköpfe wie Phil Collins abhängen würden. Aber Sergio, erzählt Karin, ohne irgendeine Pause zu machen, der sei wirklich so ein charmanter Kerl, und als sie das sagt, lächelt Sergio, und ich sehe, dass er nicht wirklich das Arschloch ist, für den ich ihn auf Sylt gehalten habe. Sein Lächeln, soviel ist sicher, ist wirklich äußerst charmant.

Karin redet und redet. Das ist wirklich das Gute an ihr, dass man hinhören kann oder nicht, und beides ist genau gleich viel wert, im Endeffekt. Weil kein Kellner zu sehen ist, fragt Sergio, ob ich noch etwas trinken möchte, und ich sage ja, ich hätte gerne noch einen Brandy Alexander. Karin möchte noch einen Champagner, und Sergio geht die Getränke holen von der Bar, und Karin redet auf mich ein, und ich sehe ihr dabei in die Augen. Sie ist wirklich schön. Ihr Mund bewegt sich wie von selbst, so, als ob der Mund ein von ihr losgelöstes Wesen wäre, gar nicht ein Teil von ihr. Einfach nur so ein Ding, das sich bewegt, ohne Gesicht drum herum, und erst recht ohne Körper. [...]

In diesem Moment beuge ich mich nach vorne, weil ich Karins Mund küssen will. Ich will diesen wunderschönen, dummen Mund küssen, aus dem nur sinnloses Geplapper herauskommt, leeres, wirres Zeug.

Ich beuge mich weiter vor und bilde mir ein, Karins Mund kommt auch näher, und in dem Moment kommt Sergio zurück mit den Getränken. Ich nehme Sergio den Brandy Alexander aus der Hand, murmele irgendeine Platitüde und muß dann ganz furchtbar husten. Sergio klopft mir auf den Rücken und grinst. Er ist jetzt nur so jovial, weil er genau weiß, dass ich auf ihn eifersüchtig bin. Da kann er es sich natürlich leisten, freundlich zu sein.

Ich aber lehne sowas ab. Ich verabschiede mich schnell, vielleicht eine Spur zu schroff, wie ich im selben Augenblick merke. Ich hasse mich selbst dafür, für dieses allzu durchschaubar feindselige Verhalten, aber eigentlich ist es mir auch furchtbar egal. Während ich über den Rasen marschiere, kippe ich den Brandy Alexander hinunter. Ich bin auf gar keinen Fall wütend, nur auf mich selbst, weil ich mich von diesem eingebildeten Südamerikaner habe vorführen lassen. Ich glaube, er hat das absichtlich gemacht, kurz zu verschwinden und den Drink zu holen, und dann genau in dem Moment zurückzukommen, in dem ich Karin küssen will.

Drüben, auf der anderen Seite des Rasens, am See, steht Rollo. Er schwankt hin und her. Sein Blick ist auf etwas draußen auf dem See gerichtet. Ich gehe zu ihm hin. Er sieht furchtbar aus. Seine Augenlider flattern noch stärker als vorhin, und er ist sehr betrunken.

Ich fasse ihn am Arm, und zusammen gehen wir auf den kleinen Bootssteg, der vom Rasen in das dunkle Wasser ragt. Vorne, am Ende des Stegs bleiben wir stehen. Weit draußen, auf dem See, blinkt ein grünes Licht auf. Ich sehe eine Weile hin, und dann merke ich, dass Rollo neben mir weint.

Ich meine, ich habe das natürlich geahnt, dass Rollo todtraurig ist die ganze Zeit. Er kennt einfach zuviele Menschen, und diese Menschen haben es viel zu leicht mit ihm. Freunde sind das ja nicht, obwohl sie ihn alle doch zu mögen scheinen. Es liegt in Rollos Familie, dass sie diese innere Leere haben, die daher kommt, dass alle das Beste wollen und sich dann irgendwo festfahren. Rollo will ja nur, dass sich die Gäste auf seiner Party amüsieren. Da kommt keiner mehr heraus, aus diesem Zwang. Rollos Vater nicht und Rollo selbst auch nicht.

Ich nehme wieder seinen Arm. Der Stoff am Ärmel seines Abendanzugs fühlt sich seltsam an, trocken und warm. Als er den Druck meiner Hand spürt, fängt er an, unkontrolliert zu zittern, und dann heult er richtig. Es schüttelt ihn, so schlimm ist es. Ich denke, dass ich das nicht lange ertragen kann, dieses Schluchzen und das Weinen. Es ist einfach zuviel.

Er murmelt irgend etwas. Ich verstehe nicht, was er sagt. Ich denke, er sagt irgend etwas von Schlaftabletten, damit das Zittern aufhört, damit er nachts wieder schlafen kann. Ich weiß nicht, ob ich ihn richtig verstanden habe, aber ich sage ihm, dass durch die Tabletten das Zittern doch noch schlimmer werden würde, das könne er mir glauben, wirklich.

Mehr sage ich ihm nicht, obwohl ich es vielleicht gekonnt hätte. Ich drücke seinen Arm noch einmal und sage ihm, ich will mir ein Getränk holen, und dann lasse ich ihn da stehen, auf dem Bootssteg.

Ich weiß genau, dass ich mir kein Getränk holen werde und noch viel genauer weiß ich, dass ich Rollo nicht wiedersehen werde. Einmal drehe ich mich noch um. Er steht immer noch da, die Hände in den Taschen seines Anzugs. Seine Schultern zucken ganz leicht, so, als ob ihm kalt wäre. Er sieht auf den See, auf das blinkende grüne Licht da draußen, aber ich glaube nicht, dass er es wirklich sieht.

In meinem Zimmer packe ich den Koffer. Dann gehe ich in Rollos Zimmer und suche in seinen Sachen nach dem Autoschlüssel. Er liegt in seinem grünen Jackett, in der Innentasche. Ich stecke ihn ein, nehme meinen Koffer und gehe hinaus, auf den Hof, wo die vielen Autos der Gäste stehen.

Ich schließe Rollos Porsche auf, setze mich hinein und starte den Motor. Langsam, im Rückwärtsgang, fahre ich über den knirschenden Kies. Ich kurbele beide Fenster herunter, lege den ersten Gang ein und fahre los, durch das große Tor, auf die Hauptstraße, durch Meersburg hindurch, durch die Nacht, am See entlang. Irgendwo an einer Tankstelle fülle ich für vierzig Mark Benzin nach, und um halb zwei Uhr nachts überquere ich in der Nähe von Singen die Schweizer Grenze. Langsam werde ich wieder nüchtern. Nach meinem Paß fragt mich niemand.

Christian Kracht: Faserland. Köln 1995, S. 138–146

Reiseroute des Ich-Erzählers

Der Erzähler läuft durch die Gänge des Frankfurter Flughafens. Es ist ihm unangenehm, dass in seiner Barbourjacke Joghurt ausgelaufen ist. Deshalb zündet er sie mit Streichhölzern an und lässt sie auf dem Fußboden liegen. Er erinnert sich an seinen Freund Alexander, den er aus den Augen verloren hat. Er mietet ein Hotelzimmer im Frankfurter Hof. Abends fährt er ins »Eckstein«, trifft dort überraschend Alexander und stiehlt ihm die Barbourjacke.
4
5
Da es ihm in Frankfurt nicht gefällt, beschließt er, nach Karlsruhe zu fahren. Im Zug überlegt er es sich anders und steigt in Heidelberg aus. Er mietet ein Hotelzimmer, diesmal ausnahmsweise nicht in einem Luxushotel. Abends lernt er in der Max Bar, bereits angetrunken, einige Studenten kennen, die ihn zu einer Party mitnehmen. Er trinkt so viel, dass er sich am nächsten Morgen nicht mehr an alles erinnern kann.
6
Der Erzähler findet sich auf einer Wiese in München wieder, dort findet ein Rave statt. Sein Freund Rollo sitzt neben ihm. Er weiß nicht, wie er dorthin gekommen ist, und vermutet, Rollo sei auch auf der Party in Heidelberg gewesen und habe ihn mit dem Auto nach München gebracht. Er geht mit Rollo in eine Bar und übernachtet in dessen Wohnung.
7
Der Erzähler und Rollo fahren mit dem Auto nach Meersburg am Bodensee, weil Rollo dort in seinem Elternhaus seinen Geburtstag feiern möchte. Der Erzähler denkt über Rollo nach, dessen Eltern sehr reich sind. Rollo ist tablettensüchtig und nimmt mehrmals täglich Valium. Auf der Party beobachtet der Erzähler ihn und findet ihn zugleich komisch und bemitleidenswert. Später trifft er Rollo allein am Seeufer. Rollo, stark betrunken und betäubt von Tabletten, zittert und fängt an zu weinen. Der Erzähler lässt ihn dort stehen. Er packt seinen Koffer, nimmt sich Rollos Autoschlüssel und fährt mit dessen Porsche nach Zürich.
8
Der Erzähler spaziert durch die Straßen, schaut Schaufenster an und sitzt in Cafés. In der Zeitung liest er, dass Rollo in der Partynacht ertrunken sei. Er beschließt, auf dem Friedhof von Kilchberg, nahe am Zürichsee, nach dem Grab Thomas Manns zu suchen, doch er findet es nicht. Er bittet einen Mann, ihn im Ruderboot auf die andere Seite des Sees zu fahren. Er steigt in das Boot und denkt daran, dass er in sehr kurzer Zeit in der Mitte des Sees sein wird.

2. Notieren Sie auf einem Blatt Informationen zu folgenden Punkten:
   - Handlung:
   - beteiligte Personen:
   - Ereignisse:

3. Beschreiben Sie die Beziehung zwischen dem Erzähler und Rollo.

4. Wie beurteilen Sie das Verhalten des Erzählers?
   Diskutieren Sie darüber in der Klasse.

5. Schreiben Sie für den Textauszug eine Inhaltsangabe.
   Benutzen Sie dazu Ihre Notizen.

BASISWISSEN

Den Inhalt von literarischen Texten wiedergeben

Aufbau
- In der Einleitung nenne ich den Titel, den Verfasser, die Textsorte (z. B. Erzählung, Roman), Erscheinungsort und -jahr und das Thema.
- Im Hauptteil informiere ich über die Handlung, wichtige Personen, Ereignisse und Zusammenhänge.
- Am Schluss der Inhaltsangabe kann ich ein persönliches Urteil formulieren.

Sprache
- Ich gebe den Inhalt in eigenen Worten wieder.
- Ich verwende einen sachlichen Stil und keine wertenden Adjektive (außer wenn ich am Ende ein persönliches Urteil formuliere).
- Zeitform: Präsens
- Direkte Rede forme ich in indirekte Rede um.

Tipp
Passen Sie auf, wenn Sie eine Handlung wiedergeben, die in der Ich-Perspektive geschrieben ist.

Beispiel:
»In meinem Zimmer packe ich den Koffer.«

Inhaltsangabe:
»Der Erzähler packt in seinem Zimmer den Koffer.«

Achtung:
Unterscheiden Sie immer zwischen dem Erzähler und dem Autor. Der Autor hat den Text geschrieben; der Erzähler ist eine Figur, die der Autor erschaffen hat und die die Geschichte erzählt.

Fachtexte verstehen

WAS ICH AM ENDE KANN

Ich kann einen schwierigen Text genau erfassen.

Ich weiß, wie ich vorgehen muss, wenn ich ein einzelnes Wort oder einen ganzen Satz nicht verstehe.

Ich beherrsche Lesetechniken, die mir bei langen und schwierigen Texten helfen.

Ich verfüge über Strategien, um das Gelesene besser zu behalten.

In Beruf und Ausbildung muss ich viele verschiedene Texte lesen. Manchmal sind sie kurz und einfach, oft aber auch lang und kompliziert. Um in kurzer Zeit die Inhalte eines komplexen Textes zu verstehen, gehe ich am besten strategisch vor. Folgende vier Arbeitsschritte können mir helfen.

1. Ich orientiere mich

- Bevor ich mit dem Lesen eines größeren Textes beginne, verschaffe ich mir einen Überblick: Wie lang ist der Text? Wie ist er aufgebaut? Worum geht es?
- Ich lese Titel, Untertitel und das Inhaltsverzeichnis; außerdem betrachte ich die Abbildungen und lese die Bildlegenden.

2. Ich verstehe den Text im Großen und Ganzen

- Ich überfliege den Text. Das heißt, ich lese den Text relativ schnell durch, ohne auf Details zu achten.
- Lange Abschnitte lese ich nur an. Das heißt, ich lese die ersten Sätze und den Schluss.
- Ich konzentriere mich auf das, was ich verstehe. Wörter oder ganze Sätze, die ich nicht verstehe, überspringe ich.
- Ich suche nach Schlüsselwörtern (Wörter, die nahe beim Thema liegen) im Text.
- Bei dieser Art von Lesen erfasse ich bewusst nur bestimmte Informationen. Es ist (noch) nicht wichtig, alles zu verstehen.
- Nach diesem Schritt halte ich kurz inne und überlege: Was habe ich von dem Text bereits verstanden?

3. Ich verstehe den Text genau

- Ich lese den ganzen Text abschnittweise genau durch.
- Ich denke beim Lesen mit und überlege, ob ich wirklich verstehe, was ich lese.
- Ich markiere Textstellen, die besonders wichtig sind.
- Nach jedem fertig gelesenen Abschnitt mache ich mir Notizen und Randbemerkungen.
- Ich notiere mir die Wörter, die ich nicht verstehe, und schlage sie im Wörterbuch nach.

4. Ich fasse das Wichtigste zusammen

- Ich schaue den Text noch einmal als Ganzes an: Sind meine Markierungen und Randnotizen sinnvoll und verständlich?
- Was habe ich aus dem Text gelernt? Sind alle meine Fragen geklärt?
- Wenn ich den Text für eine größere Arbeit oder eine Prüfungsvorbereitung brauche, schreibe ich eine kurze Zusammenfassung oder erstelle eine Mindmap.

Beispiel:

Freude am Shoppen verführt zum Schuldenmachen

Das begehrte Smartphone heute schon mitnehmen, in den nächsten zehn Monaten abzahlen – und das für null Prozent Zinsen. Nicht nur Elektronikmärkte werben inzwischen mit günstigen Finanzierungen. Das Leben auf Pump ist in Deutschland immer weniger geächtet.

Die Hiobsbotschaften aus der Wirtschaftswelt haben die hiesigen Verbraucher bislang scheinbar unberührt an sich abperlen lassen. Ob Schuldenkrise, die Beinahe-Insolvenz Griechenlands oder die Berg- und Talfahrt an den Börsen – die Deutschen kaufen und kaufen. Doch die Bereitschaft zum Geldausgeben hat auch ihre Schattenseiten: Billige Kredite verführen dazu, über die eigenen Verhältnisse zu leben.

Mehr als jeder dritte Haushalt nutzt nach Angaben des Bankenfachverbands aktuell einen Kredit, um sich Konsumgüter wie Autos, Möbel oder den angesagten Tablet-PC leisten zu können. Die allermeisten stottern den Betrag hinterher in Raten wieder ab, andere nutzen Kreditkarten, ihren Dispo oder einen klassischen Bankkredit.

Früher verschuldeten sich die Menschen in erster Linie für ihr Auto, vielleicht noch für eine neue Küche. Das Geld dafür bekamen sie von ihrer Hausbank. Heute bieten viele Einzelhändler direkt an der Ladenkasse eine Finanzierung an – inzwischen auch für niedrigere Einkaufssummen und teils zu extrem günstigen Zinssätzen.

Eva Raabe von der Verbraucherzentrale Hessen warnt: »Gerade die Null-Prozent-Finanzierungen verführen zum Kauf. Wobei das nicht wirklich immer kostenfrei ist.« Häufig seien die günstigen Zinsen für das Darlehen bereits eingepreist. Außerdem könnten etwa Bearbeitungsgebühren oder eine – offiziell freiwillige - Restschuldversicherung hinzukommen, die das Ausfallrisiko bei Todesfall oder Arbeitsunfähigkeit absichert. In den Klauseln gäbe es oft Fallstricke, erklärt Raabe – wenn zum Beispiel die Ausfallversicherung bei einem auf sieben Jahre angelegten Kredit auf das erste Jahr beschränkt ist.

Doch am meisten beunruhigt die Verbraucherschützerin, dass immer mehr Kreditnehmer den Überblick über ihre Finanzen verlieren. »Wenn die Geldbörse leer ist, dann sehe ich das. Doch wenn immer häufiger Ratenzahlung vereinbart oder mit Kreditkarte gezahlt wird, wird es unübersichtlich. Und am Monatsende reicht das Geld dann nicht aus.«

(Quelle: www.focus.de, leicht gekürzt)

Freude am Shoppen

Leben auf Pump
trotz Wirtschaftskrise

Billige Kredite
→ über Verhältnisse leben

Jeder 3. Haushalt nutzt Kredit (Raten, Kreditkarte, Dispo, Bankkredit)

Einstellungswandel
→ Leben auf Pump heute normal

Finanzierung im Laden
→ doppelt so viel gekauft

Null-Prozent-Finanzierung nicht immer kostenfrei, Zinsen eingepreist oder Bearbeitungsgebühr

Fallstricke

Kreditnehmer verlieren Überblick

MEINUNGSFREIHEIT UND GESELLSCHAFTSSYSTEME

Betrachten Sie das Bild und diskutieren Sie zu zweit über folgende Fragen:

- Was passiert hier?
- Welche Gefühle löst das Bild beim Betrachter/bei der Betrachterin aus?
- Wo könnte dieses Bild aufgenommen worden sein?
- In welchem politischen System könnte sich eine solche Szene abspielen?
- Was sagt das Bild über den Umgang mit den Menschen aus?

Eine Kurzgeschichte analysieren

WAS ICH AM ENDE KANN

Ich kann den Inhalt einer Kurzgeschichte erfassen.

Ich kenne die wichtigsten Merkmale einer Kurzgeschichte.

Ich weiß, dass es wichtig ist, auch zwischen den Zeilen zu lesen.

Siegfried Lenz
geboren 1926, ist einer der bekanntesten Erzähler der Gegenwartsliteratur. Seit 1951 lebt er als freier Schriftsteller in Hamburg. »Deutschstunde« (1968), sein bekanntester Roman, wurde zu einem Bestseller. Viele seiner Werke kreisen um die Themen der Schuld und der Vergangenheitsbewältigung.

EIN FREUND DER REGIERUNG

Zu einem Wochenende luden sie Journalisten ein, um ihnen an Ort und Stelle zu zeigen, wie viele Freunde die Regierung hatte. Sie wollten uns beweisen, dass alles, was über das unruhige Gebiet geschrieben wurde, nicht zutraf: die Folterungen nicht, die Armut und vor allem nicht das wütende Verlangen nach Unabhängigkeit. So luden sie uns sehr höflich ein, und ein sehr höflicher, tadellos gekleideter Beamter empfing uns hinter der Oper und führte uns zum Regierungsbus. Es war ein neuer Bus; ein Geruch von Lack und Leder umfing uns, leise Radiomusik, und als der Bus anfuhr, nahm der Beamte ein Mikrofon aus der Halterung, kratzte mit dem Fingernagel über den silbernen Verkleidungsdraht und hieß uns noch einmal mit sanfter Stimme willkommen. Bescheiden nannte er seinen Namen – »Ich heiße Garek«, sagte er –; dann wies er uns auf die Schönheiten der Hauptstadt hin, nannte Namen und Anzahl der Parks, erklärte uns die Bauweise der Mustersiedlung, die auf einem kalkigen Hügel lag, blendend unter dem frühen Licht.

Hinter der Hauptstadt gabelte sich die Straße; wir verloren die Nähe des Meers und fuhren ins Land hinein, vorbei an steinübersäten Feldern, an braunen Hängen; wir fuhren zu einer Schlucht und auf dem Grunde der Schlucht bis zur Brücke, die über ein ausgetrocknetes Flussbett führte. Auf der Brücke stand ein junger Soldat, der mit einer Art lässiger Zärtlichkeit eine handliche Maschinenpistole trug und uns fröhlich zuwinkte, als wir an ihm vorbei über die Brücke fuhren. Auch im ausgetrockneten Flussbett, zwischen den weißgewaschenen Kieseln, standen zwei junge Soldaten, und Garek sagte, dass wir durch ein sehr beliebtes Übungsgebiet führen.

Serpentinen[1] hinauf, über eine heiße Ebene, und durch die geöffneten Seitenfenster drang feiner Kalkstaub ein, brannte in den Augen; Kalkgeschmack lag auf den Lippen. Wir zogen die Jacketts aus. Nur Garek behielt sein Jackett an; er hielt immer noch das Mikrofon in der Hand und erläuterte mit sanfter Stimme die Kultivierungspläne[2], die sie in der Regierung für dieses tote Land ausgearbeitet hatten. Ich sah, dass mein Nebenmann die Augen geschlossen, den Kopf zurückgelehnt hatte; seine Lippen waren trocken und kalkblass, die Adern der Hände, die auf dem vernickelten Metallgriff lagen, traten bläulich hervor. Ich wollte ihn in die Seite stoßen, denn mitunter traf uns ein Blick aus dem Rückspiegel, Gareks melancholischer[3] Blick, doch während ich es noch überlegte, stand Garek auf, kam lächelnd über den schmalen Gang nach hinten und verteilte Strohhalme und eiskalte Getränke in gewachsten Papptüten.

Gegen Mittag fuhren wir durch ein Dorf; die Fenster waren mit Kistenholz vernagelt, die schäbigen Zäune aus trockenem Astwerk löcherig, vom Wind der Ebene auseinandergedrückt. Auf den flachen Dächern hing keine Wäsche zum Trocknen. Der Brunnen war abgedeckt; kein Hundegebell verfolgte uns, und nirgendwo erschien ein Gesicht. Der Bus fuhr mit unverminderter Geschwindigkeit vorbei, eine graue Fahne von Kalkstaub hinter sich herziehend, grau wie eine Fahne der Resignation[4].

Wieder kam Garek über den schmalen Gang nach hinten, verteilte Sandwiches, ermunterte uns höflich und versprach, dass es nicht mehr allzu lange dauern würde, bis wir unser Ziel erreicht hätten. Das Land wurde hügelig, rostrot; es war jetzt von großen Steinen bedeckt, zwischen denen kleine farblose Büsche wuchsen. Die Straße senkte sich, wir fuhren durch einen tunnelartigen Einschnitt. Die Halbrundungen der Sprenglöcher warfen schräge Schatten auf die zerrissenen Felswände. Eine harte Glut schlug in das Innere des Busses. Und dann öffnete sich die Straße, und wir sahen das von einem Fluss zerschnittene Tal und das Dorf neben dem Fluss.

Garek gab uns ein Zeichen, Ankündigung und Aufforderung; wir zogen die Jacketts an, und der Bus fuhr langsamer und hielt auf einem lehmig verkrusteten Platz, vor einer sauber gekalkten Hütte. Der Kalk blendete so stark, dass beim Aussteigen die Augen schmerzten. Wir traten in den Schatten des Busses, wir schnippten die Zigaretten fort. Wir blickten aus zusammengekniffenen Augen auf die Hütte und warteten auf Garek, der in ihr verschwunden war.

Es dauerte einige Minuten, bis er zurückkam, aber er kam zurück, und er brachte einen Mann mit, den keiner von uns je zuvor gesehen hatte.

»Das ist Bela Bonzo«, sagte Garek und wies auf den Mann; »Herr Bonzo war gerade bei einer Hausarbeit, doch er ist bereit, Ihnen auf alle Fragen zu antworten.«

Wir blickten freimütig auf Bonzo, der unsere Blicke ertrug, indem er sein Gesicht leicht senkte. Er hatte ein altes Gesicht, staubgrau; scharfe, schwärzliche Falten liefen über seinen Nacken; seine Oberlippe war geschwollen. Bonzo, der gerade bei einer Hausarbeit überrascht worden war, war sauber gekämmt, und die verkrusteten Blutspuren an seinem alten, mageren Hals zeugten von einer heftigen und sorgfältigen Rasur. Er trug ein frisches Baumwollhemd, Baumwollhosen, die zu kurz waren und kaum bis zu den Knöcheln reichten; seine Füße steckten in neuen, gelblichen Rohlederstiefeln, wie Rekruten sie bei der Ausbildung tragen.

Wir begrüßten Bela Bonzo, jeder von uns gab ihm die Hand, dann nickte er und führte uns in sein Haus. Er lud uns ein, voranzugehen, wir traten in eine kühle Diele, in der uns eine alte Frau erwartete; ihr Gesicht war nicht zu erkennen, nur ihr Kopftuch leuchtete in dem dämmrigen Licht. Der Alte bot uns faustgroße, fremde Früchte an, die Früchte hatten ein saftiges Fleisch, das rötlich schimmerte, so dass ich am Anfang das Gefühl hatte, in eine frische Wunde zu beißen.

Wir gingen wieder auf den lehmigen Platz hinaus. Neben dem Bus standen jetzt barfüßige Kinder; sie beobachteten Bonzo mit unerträglicher Aufmerksamkeit, und dabei rührten sie sich nicht und sprachen nicht miteinander. Nie trafen ihre Blicke einen von uns. Bonzo schmunzelte in rätselhafter Zufriedenheit.

»Haben Sie keine Kinder?« fragte Pottgießer.

Es war die erste Frage, und Bonzo sagte schmunzelnd:

»Doch, doch, ich hatte einen Sohn. Wir versuchen gerade, ihn zu vergessen. Er hat sich gegen die Regierung aufgelehnt. Er war faul, hat nie etwas getaugt, und um etwas zu werden, ging er zu den Saboteuren[5], die überall für Unruhe sorgen. Sie kämpfen gegen die Regierung, weil sie glauben, es besser machen zu können.« Bonzo sagte es entschieden, mit leiser Eindringlichkeit; während er sprach, sah ich, dass ihm die Schneidezähne fehlten.

»Vielleicht würden sie es besser machen«, sagte Pottgießer. Garek lächelte vergnügt, als er diese Frage hörte, und Bonzo sagte:

»Alle Regierungen gleichen sich darin, dass man sie ertragen muss, die einen leichter, die andern schwerer. Diese Regierung kennen wir, von der anderen kennen wir nur die Versprechungen.«

Die Kinder tauschten einen langen Blick.

»Immerhin ist das größte Versprechen die Unabhängigkeit«, sagte Bleiguth.

»Die Unabhängigkeit kann man nicht essen«, sagte Bonzo schmunzelnd. »Was nützt uns die Unabhängigkeit, wenn das Land verarmt. Diese Regierung aber hat unseren Export gesichert. Sie hat dafür gesorgt, dass Straßen, Krankenhäuser und Schulen gebaut wurden. Sie hat das Land kultiviert und wird es noch mehr kultivieren. Außerdem hat sie uns das Wahlrecht gegeben.«

Eine Bewegung ging durch die Kinder, sie fassten sich bei den Händen und traten unwillkürlich einen Schritt vor. Bonzo senkte das Gesicht, schmunzelte in seiner rätselhaften Zufriedenheit, und als er das Gesicht wieder hob, suchte er mit seinem Blick Garek, der bescheiden hinter uns stand.

»Schließlich«, sagte Bonzo, ohne gefragt worden zu sein, »gehört zur Unabhängigkeit auch eine gewisse Reife. Wahrscheinlich könnten wir gar nichts anfangen mit der Unabhängigkeit. Auch für Völker gibt es ein Alter, in dem sie mündig werden: Wir haben dieses Alter noch nicht erreicht. Und ich bin ein Freund dieser Regierung, weil sie uns in unserer Unmündigkeit nicht im Stich lässt. Ich bin ihr dankbar dafür, wenn Sie es genau wissen wollen.«

Garek entfernte sich zum Bus, Bonzo beobachtete ihn aufmerksam, wartete, bis die schwere Bustür zufiel und wir allein dastanden auf dem trockenen, lehmigen Platz. Wir waren unter uns, und Finke vom Rundfunk wandte sich mit einer schnellen Frage an Bonzo: »Wie ist es wirklich? Rasch, wir sind allein.« Bonzo schluckte, sah Finke mit einem Ausdruck von Verwunderung und Befremden an und sagte langsam: »Ich habe Ihre Frage nicht verstanden.«

»Jetzt können wir offen sprechen«, sagte Finke hastig.

»Offen sprechen«, wiederholte Bonzo bedächtig und schmunzelte breit, so dass seine Zahnlücken sichtbar wurden.

»Was ich gesagt habe, ist offen genug: Wir sind Freunde dieser Regierung, meine Frau und ich; denn alles, was wir sind und erreicht haben, haben wir mit ihrer Hilfe erreicht. Dafür sind wir ihr dankbar. Sie wissen, wie selten es vorkommt, dass man einer Regierung für irgendwas dankbar sein kann – wir sind dankbar. Und auch mein Nachbar ist dankbar, ebenso wie die Kinder dort und jedes Wesen im Dorf. Klopfen Sie an jede Tür, Sie werden überall erfahren, wie dankbar wir der Regierung sind.«

Plötzlich trat Gum, ein junger, blasser Journalist, auf Bonzo zu und flüsterte: »Ich habe zuverlässige Nachricht, dass Ihr Sohn gefangen und in einem Gefängnis der Hauptstadt gefoltert wurde. Was sagen Sie dazu?«

Bonzo schloss die Augen, Kalkstaub lag auf seinen Lidern; schmunzelnd antwortete er: »Ich habe keinen Sohn, und darum kann er nicht gefoltert worden sein. Wir sind Freunde der Regierung, hören Sie? Ich bin ein Freund der Regierung.«

Er zündete sich eine selbstgedrehte, krumme Zigarette an, inhalierte heftig und sah zur Bustür hinüber, die jetzt geöffnet wurde. Garek kam zurück und erkundigte sich nach dem Stand des Gesprächs, Bonzo wippte, indem er die Füße von den Hacken über die Zehenballen abrollen ließ. Er sah aufrichtig erleichtert aus, als Garek wieder zu uns trat, und er beantwortete unsere weiteren Fragen scherzhaft und ausführlich, wobei er die Luft mitunter zischend durch die vorderen Zahnlücken entweichen ließ.

Als ein Mann mit einer Sense vorüberging, rief Bonzo ihn an; der Mann kam mit schleppendem Schritt heran, nahm die Sense von der Schulter und hörte aus Bonzos Mund die Fragen, die wir zunächst ihm gestellt hatten. Der Mann schüttelte unwillig den Kopf: Er war ein leidenschaftlicher Freund der Regierung, und jedes seiner Bekenntnisse quittierte Bonzo mit stillem Triumph. Schließlich reichten sich die Männer in unserer Gegenwart die Hand, wie um ihre gemeinsame Verbundenheit mit der Regierung zu besiegeln.

Auch wir verabschiedeten uns, jeder von uns gab Bonzo die Hand – ich zuletzt; doch als ich seine rauhe, aufgesprungene Hand nahm, spürte ich eine Papierkugel zwischen unseren Handflächen. Ich zog sie langsam, mit gekrümmten Fingern ab, ging zurück und schob die Papierkugel in die Tasche. Bela Bonzo stand da und rauchte in schnellen, kurzen Stößen; er rief seine Frau heraus, und sie, Bonzo und der Mann mit der Sense beobachteten den abfahrenden Bus, während die Kinder einen mit Steinen und jenen farblosen kleinen Büschen bedeckten Hügel hinaufstiegen.

Wir fuhren nicht denselben Weg zurück, sondern überquerten die heiße Ebene, bis wir auf einen Eisenbahndamm stießen, neben dem ein Weg aus Sand und Schotter lief. Während dieser Fahrt hielt ich eine Hand in der Tasche, und in der Hand die kleine Papierkugel, die einen so harten Kern hatte, dass die Fingernägel nicht hineinschneiden konnten, so sehr ich auch drückte. Ich wagte nicht, die Papierkugel herauszunehmen, denn von Zeit zu Zeit erreichte uns Gareks melancholischer Blick aus dem Rückspiegel. Ein schreckhafter Schatten flitzte über uns hinweg und über das tote Land; dann erst hörten wir das Propellergeräusch und sahen das Flugzeug, das niedrig über den Eisenbahndamm flog in Richtung zur Hauptstadt, kehrtmachte am Horizont, wieder über uns hinwegbrauste und uns nicht mehr allein ließ.

Ich dachte an Bela Bonzo, hielt die Papierkugel mit dem harten Kern in der Hand, und ich fühlte, wie die Innenfläche meiner Hand feucht wurde. Ein Gegenstand erschien am Ende des Bahndamms und kam näher, und jetzt erkannten wir, dass es ein Schienenauto war, auf dem junge Soldaten saßen. Sie winkten freundlich mit ihren Maschinenpistolen zu uns herüber. Vorsichtig zog ich die Papierkugel heraus, sah sie jedoch nicht an, sondern schob sie schnell in die kleine Uhrtasche, die einzige Tasche, die ich zuknöpfen konnte. Und wieder dachte ich an Bela Bonzo, den Freund der Regierung: Noch einmal sah ich seine gelblichen Rohlederstiefel, die träumerische Zufriedenheit seines Gesichts und die schwarzen Zahnlücken, wenn er zu sprechen begann. Niemand von uns zweifelte daran, dass wir in ihm einen aufrichtigen Freund der Regierung getroffen hatten.

Am Meer entlang fuhren wir in die Hauptstadt zurück; der Wind brachte das ziehende Kussgeräusch des Wassers herüber, das gegen die unterspülten Felsen schlug. An der Oper stiegen wir aus, höflich verabschiedet von Garek. Allein ging ich ins Hotel zurück, fuhr mit dem Lift in mein Zimmer hinauf, und auf der Toilette öffnete ich die Papierkugel, die der Freund der Regierung mir heimlich anvertraut hatte: Sie war unbeschrieben, kein Zeichen, kein Wort, doch eingewickelt lag im Papier ein von bräunlichen Nikotinspuren bezogener Schneidezahn. Es war ein menschlicher, angesplitterter Zahn, und ich wusste, wem er gehört hatte.

Siegfried Lenz: Ein Freund der Regierung. Aus »Das Feuerschiff«, Hamburg 1959

1 in Schlangenlinien ansteigender Weg
2 Entwicklung von Landwirtschaft und Wohngebieten
3 schwermütig, trübsinnig
4 Schicksalsergebenheit, Hoffnungslosigkeit
5 jemand, der absichtlich etwas zerstört

1. Wie ist Ihr erster Eindruck von der Geschichte?
   Notieren Sie Ihre Gedanken in Stichworten.

2. Welche drei Hauptpersonen kommen in der Geschichte vor?
   Schreiben Sie deren Namen und Funktionen auf.

3. Schreiben Sie auf, weshalb die Journalisten den Ort besuchen.

4. Welche Staatsform herrscht in dem Land, in dem die Geschichte spielt?
   Äußern Sie eine Vermutung.

5. Erklären Sie, aus wessen Perspektive und in welcher Person die Geschichte erzählt wird.
   Begründen Sie, warum der Autor diese Form wählt.

6. Gliedern Sie die Kurzgeschichte in drei Abschnitte und geben Sie ihnen passende Überschriften.

7. Schreiben Sie eine kurze Inhaltsangabe zu der Geschichte (50 bis 80 Wörter, ganze Sätze).

8. Der Regierungsbeamte Garek will den Journalisten eine heile Welt zeigen. Doch die Journalisten versuchen, hinter die Fassade zu blicken. Notieren Sie in Partnerarbeit, welchen Eindruck Garek erwecken will und wie die Wirklichkeit aussieht.

Fassade, vorgetäuschte Realität	Wirklichkeit
Land: **Schöne Hauptstadt, viele Parks, blendende Mustersiedlungen, Kultivierungspläne**	**Land:** **Totes Land, mit Kistenholz vernagelte Fenster; löchrige, schäbige Zäune; scheinbar ausgestorbene Dörfer: man sieht niemanden, keine Wäsche hängt, kein Hundegebell; graue Fahne von Kalkstaub – »Fahne der Resignation«, steinübersäte Felder**
Garek: **Beamter, sehr höflich und korrekt, tadellos gekleidet, sanfte Stimme**	**Garek:** …
Soldat(en): …	**Soldaten:** …
Bonzo: …	**Bonzo:** …

9. Erklären Sie, weshalb das Bild von Seite 89 zu dieser Kurzgeschichte passt.

BASISWISSEN

Die sechs Merkmale der Kurzgeschichte

1. Unmittelbarer Beginn:
Eine Kurzgeschichte beginnt ohne lange Einleitung, oft mit einem überraschenden Einstieg.

2. Wenige Hauptpersonen:
Im Mittelpunkt der Geschichte stehen eine bis zwei Hauptpersonen, die oft nur grob charakterisiert werden.

3. Ein entscheidender Einschnitt im Leben:
Die Handlung umfasst nur einen kurzen Zeitraum (meist nur wenige Minuten oder Stunden) und präsentiert oft einen entscheidenden Einschnitt im Leben der handelnden Person. Nicht selten ergreift die Kurzgeschichte Partei für Außenseiter. Oft nimmt sie eine überraschende Wendung.

4. Offener Schluss:
Manchmal ist der Schluss völlig offen oder es gibt nur angedeutete Hinweise auf einen wahrscheinlichen Ausgang – ohne dass dieser erzählt wird.

5. Aussparungen:
Kurzgeschichten arbeiten mit Aussparungen. Das heißt: Vieles wird nicht ausgesprochen, sondern nur angedeutet. Der Leser muss zwischen den Zeilen lesen und aktiv mitdenken.

6. Knapper Sprachstil:
Die Sprache der Kurzgeschichte ist meist lakonisch, prägnant und kühl. Adjektive, Vergleiche und Sprachbilder werden gezielt eingesetzt und haben eine besondere Bedeutung.

10. Beantworten Sie folgende Fragen.

- **a.** Erklären Sie, welche Merkmale auf die Kurzgeschichte »Ein Freund der Regierung« zutreffen.
- **b.** Ist Bela Bonzo tatsächlich ein Freund der Regierung? Erläutern Sie den Titel.
- **c.** Weshalb beteuert Bela Bonzo immer wieder, dass er ein Freund der Regierung sei? Äußern Sie eine Vermutung,
- **d.** Vieles ist in der Kurzgeschichte nur angedeutet. Ihr Spürsinn ist gefragt! Lesen Sie die beiden unten stehenden Textstellen und notieren Sie, was Ihnen auffällt.

Textstelle 1

»Bonzo, der gerade bei der Hausarbeit überrascht worden war, war sauber gekämmt, und die verkrusteten Blutspuren an seinem alten, mageren Hals zeugten von einer heftigen und sorgfältigen Rasur. Er trug ein frisches Baumwollhemd, Baumwollhosen, die zu kurz waren und kaum bis zu den Knöcheln reichten; seine Füße steckten in neuen, gelblichen Rohlederstiefeln, wie Rekruten sie bei der Ausbildung tragen.« (Zeilen 58 bis 63)

Textstelle 2

»Neben dem Bus standen jetzt barfüßige Kinder; sie beobachteten Bonzo mit unerträglicher Aufmerksamkeit, und dabei rührten sie sich nicht und sprachen nicht miteinander. Nie trafen ihre Blicke einen von uns. Bonzo schmunzelte in rätselhafter Zufriedenheit.« (Zeilen 70 bis 73)

- **e.** Der Journalist ahnt, dass etwas nicht stimmt. Was liefert ihm schließlich den entscheidenden Beweis für seinen Verdacht?
- **f.** Erklären Sie, weshalb Bela Bonzo dem Journalisten einen abgebrochenen Zahn mitgibt.

11. Siegfried Lenz bedient sich in seiner Kurzgeschichte einer klaren, einfachen Sprache. Adjektive, Sprachbilder und bestimmte Verben setzt er bewusst ein, um eine Wirkung zu erzielen. Lesen Sie die drei folgenden Beispiele und erklären Sie, was der Autor mit seiner Wortwahl beabsichtigt haben könnte.

- **a.** »Der Alte bot uns faustgroße, fremde Früchte an, die Früchte hatten saftiges Fleisch, das rötlich schimmerte, sodass ich am Anfang das Gefühl hatte, in eine frische Wunde zu beißen.« (Zeilen 67–69)
- **b.** »Der Bus fuhr mit unverminderter Geschwindigkeit vorbei, eine graue Fahne von Kalkstaub hinter sich herziehend, grau wie eine Fahne der Resignation.« (Zeilen 35–37)
- **c.** Bela Bonzo schmunzelt ständig, das erste Mal in Zeile 73: »Bonzo schmunzelte in rätselhafter Zufriedenheit.« Suchen Sie weitere Stellen, wo Bonzo schmunzelt, und erklären Sie, welche Wirkung der Autor mit diesen Wiederholungen wahrscheinlich erzielen wollte.

Informationen recherchieren und ein Poster erstellen

12. Suchen Sie im Internet Informationen zu folgenden Punkten:

a. Welche Merkmale weist eine Diktatur auf?
b. Erklären Sie die Begriffe »Zensur«, »Propaganda« und »Medienmanipulation«.
c. In welchen Ländern herrschen heute noch eine Diktatur oder zumindest diktaturähnliche Zustände?
d. Suchen Sie in der UN-Menschenrechtscharta die Artikel heraus, die die Themen Folter und Meinungsfreiheit behandeln.
e. In welchen Ländern ist die Pressefreiheit heute stark eingeschränkt? Suchen Sie aktuelle Beispiele.

13. Im 1. Irakkrieg (2003) war erstmals von sogenannten »Embedded Journalists« die Rede.

a. Recherchieren Sie, was man darunter versteht und wozu diese Form von Journalismus eingeführt wurde.
b. Halten Sie die wichtigsten Erkenntnisse Ihrer Recherche als Poster oder auf einer Folie fest und stellen Sie Ihre Resultate der Klasse vor.

Kreativ schreiben

14. Der Journalist in Siegfried Lenz' Geschichte hat zwei Möglichkeiten:
- Er veröffentlicht sein Wissen nicht, weil er Angst hat oder keinen Sinn darin sieht.
- Er veröffentlicht einen Artikel und prangert die Missstände an.

a. Diskutieren Sie zu zweit, welche Folgen eine Veröffentlichung haben könnte, und notieren Sie Ihre Überlegungen in Stichworten.
b. Versetzen Sie sich in den Journalisten und überlegen Sie sich, was in Ihrem Bericht zu lesen wäre. Erstellen Sie dazu eine strukturierte Mindmap.
c. Verfassen Sie einen fiktiven Zeitungsartikel von 250 Wörtern Umfang, in dem Sie in eigenen Worten über Ihre Pressereise in Bela Bonzos Land berichten.

Recherchieren

WAS ICH AM ENDE KANN

Ich kann bei Recherchen gezielt vorgehen und weiß, wo ich am besten recherchiere.

Ich finde mich im Internet zurecht.

Ich kann die recherchierten Informationen auf Zuverlässigkeit überprüfen.

Im Beruf, in der Schule und auch im Alltag ist es wichtig, dass man sich schnell und gezielt Informationen beschaffen kann. Damit das Recherchieren nicht zu einer endlosen, frustrierenden Suche wird, sollte man strategisch vorgehen.

Ablauf einer Recherche

1. Wonach suche ich?

- Zunächst genau eingrenzen, was recherchiert werden soll: Thema, Unterthema, Teilgebiet.
- Prioritäten setzen: Welches sind die wichtigsten Informationen, die benötigt werden?

2. Wo suche ich am besten?

Es gibt viele Möglichkeiten:

- andere Personen fragen (Arbeitskollegen und -kolleginnen, Freunde, Fachleute)
- Bibliothek
- Beratungsstellen
- Internet
- andere Möglichkeiten?

3. Wie schätze ich die Informationen ein?

- Ist die Quelle zuverlässig (z. B. Auskunft von Fachleuten) oder nicht (z. B. eine zweifelhafte Webseite)?
- wenn nicht, woanders weitersuchen.

4. Wie verarbeite ich die Informationen?

- Die Quellen notieren, denen die Informationen entnommen werden (z. B. für das Quellenverzeichnis einer schriftlichen Arbeit).
- Falls neue Fragen auftauchen, die nach weiteren Recherchen verlangen, mit einer neuen Suche beginnen.

Internetrecherche

Bei der Internetrecherche sollte man gezielt vorgehen. Denn das Internet bietet eine unüberschaubare Fülle an Informationen. In den meisten Fällen beginnt man mit einer Suche auf www.google.de oder mit einer anderen Suchmaschine. Wichtig ist dabei:

1. Die richtigen Suchbegriffe verwenden:

- Nomen
- Zwei bis vier Begriffe nahe am Suchthema
- Synonyme oder verwandte Begriffe eingeben
- Nach einer genauen Wortfolge – in Anführungszeichen gesetzt – suchen, z. B. »Unterdrückung der Meinungsfreiheit«

2. Informationen einschätzen und kritisch beurteilen:

- Stehen hinter der Webseite vertrauenswürdige Quellen oder bekannte Fachpersonen?
- Ist die Seite professionell und übersichtlich aufgebaut?
- Wann wurde die Seite zuletzt aktualisiert?
- Lassen sich die Informationen anderweitig belegen?

Informationen im persönlichen Gespräch gewinnen

1. Vorbereiten

- erste Recherchen anstellen
- telefonisch Kontakt mit den Verantwortlichen aufnehmen und einen Termin vereinbaren
- eine Liste mit Fragen erstellen
- alle nötigen technischen Hilfsmittel (Audio, Video, Fotoapparat, Handy) organisieren
- einen Zeitplan für die Durchführung erstellen (Anfahrtszeit berücksichtigen)

2. Durchführen

- einen ersten Überblick über die Örtlichkeiten gewinnen
- Informationen festhalten, wenn möglich Unterlagen (Prospekte, Gratismuster, Bildmaterial usw.) mitnehmen
- eine E-Mail-Adresse für eine spätere Kontaktaufnahme erfragen

3. Verarbeiten

- die gesammelten Informationen möglichst bald ordnen und strukturieren
- dem Gesprächspartner oder der Gesprächspartnerin einen Dankesbrief oder eine E-Mail schreiben

MOBBING

SCHON WIEDER! Mobbing-Exzess in Eliteinternat

Kampf gegen hasserfüllte Posts – Schülerinnen und Schüler wehren sich gegen Mobbing

Albtraum Mobbing

Jeder dritte Schüler im Netz gemobbt!

Mobbing 2.0 –
Immer mehr Schüler und Schülerinnen Opfer von Cybergewalt

Mehr Respekt auf dem Schulhof – Projekt gegen Mobbing

1. Lesen Sie die Schlagzeilen verschiedener Artikel. Erklären Sie, wie die Schlagzeilen auf Sie wirken (z. B. informativ, reißerisch …). Welchen Artikel würden Sie besonders gerne lesen? Begründen Sie Ihre Entscheidung.

2. Lesen Sie regelmäßig Zeitung? Oder nutzen Sie lieber andere Informationsmedien (Internet, Fernsehen ...)? Berichten Sie von Ihren Erfahrungen.

Nachricht, Bericht und Reportage

WAS ICH AM ENDE KANN

Ich kann verschiedene informierende journalistische Textsorten unterscheiden.

Ich kann journalistische Texte analysieren.

Ich kann eine Reportage schreiben.

1. Lesen Sie den folgenden Text sowie das Basiswissen und beantworten Sie die Fragen auf der rechten Seite.

Gegen Mobbing: Projekt soll betroffenen Schülern helfen

Mobbing passiert im Unterricht, in der Pause und im Internet: Schüler in Bayern sollen nun besser davor geschützt werden. Das Kultusministerium stellte am Dienstag in München ein Projekt vor, um Schulen im Kampf gegen die Ausgrenzung von Kindern und Jugendlichen zu unterstützen. »Gewalt oder Mobbing darf es an unseren Schulen nicht geben«, sagte Kultusstaatssekretär Thomas Kreuzer. Einer Befragung unter Eltern zufolge fühlen sich 15 Prozent aller Schüler in Bayern stark durch Mobbing unter Druck gesetzt. Für das Projekt »Mobbingfreie Schule – Gemeinsam Klasse sein« stellen das Kultusministerium und die Techniker Krankenkasse Lehrern der Jahrgangsstufen fünf bis acht einen »Anti-Mobbing-Koffer« zur Verfügung. Darin enthalten sind zahlreiche Unterrichtsmaterialien, DVDs und Infos für Eltern.

(Quelle: www.welt.de)

BASISWISSEN

Informierende Darstellungsformen

Information und Meinung sind im Journalismus grundsätzlich getrennt: Nachrichten, Meldungen, Berichte, Features und Reportagen gehören zu den informierenden Darstellungsformen, Kommentare und Leserbriefe dagegen zu den meinungsbetonten Darstellungsformen.
Im heutigen Journalismus wird beides oft vermischt. Es ist daher wichtig, beim Lesen genau darauf zu achten, was Information ist und was Meinung. Sonst besteht für Leserinnen und Leser die Gefahr, manipuliert zu werden.

Nachricht
- nicht länger als 20 Zeilen
- informiert über aktuelle Ereignisse
- Reihenfolge: das Wichtigste zuerst, dann Einzelheiten und Zusatzinformationen
- beantwortet die für das Thema wichtigen W-Fragen
- Sprache: sachlich, keine Wertungen oder Vermutungen

Kurzmeldung
- Länge bis zu 10 Zeilen
- Informationen auf das Minimum beschränkt

Bericht
- ausführlicher als eine Nachricht
- Titel ist informativ und weckt Interesse
- das Wichtigste zuerst
- beantwortet die W-Fragen
- enthält Hintergrundinformationen, Stellungnahmen von Expertinnen und Experten, zeigt Ursachen oder Folgen
- Sprache: sachlich, anschaulich, keine Wertungen oder Vermutungen, Fachausdrücke werden erklärt
- Aussagen von beteiligten Personen: in direkter oder indirekter Rede
- nennt Quellen

a. Nachrichten und Berichte enthalten Informationen zu den »W-Fragen«. Welche Fragen beantwortet der Text? Notieren Sie die Antworten.
b. Nicht immer werden alle W-Fragen in einem Text beantwortet. Suchen Sie dafür Gründe.
c. Ordnen Sie den Text einer Darstellungsform (Kurzmeldung, Nachricht, Bericht) zu.

BASISWISSEN

Die 7 W-Fragen

1. Was ist passiert?
2. Wer war beteiligt?
3. Wo ist es passiert?
4. Wann ist es passiert?
5. Wie ist es passiert? (nähere Umstände)
6. Warum ist es passiert? (Ursache, Motiv)
7. Woher weiß man das/welche Quelle?

2. Über die folgenden Informationen sollen Zeitungsartikel verfasst werden. Ordnen Sie zu, welche Form (Kurzmeldung, Nachricht, Reportage) am besten passt:

a. Es soll angekündigt werden, dass am nächsten Dienstag im Rathaus ein öffentlicher Vortrag über die Ursachen von Mobbing stattfindet.
b. Ein Journalist geht zu dem Vortrag, weil er darüber einen Artikel schreiben möchte. Er spricht danach mit dem Referenten, weil er einige Hintergrundinformationen und Zitate benötigt.
c. Die Ergebnisse einer Umfrage zu Cybermobbing werden kurz vorgestellt.
d. Ein Projekt, das Hilfe für Mobbingopfer bietet, feiert sein zehnjähriges Bestehen. Eine Journalistin geht zu der Veranstaltung. Sie beschreibt in ihrem Artikel genau, warum das Projekt damals ins Leben gerufen wurde.
e. In einem städtischen Schulhaus ist ein massiver Mobbingfall ans Licht gekommen. Eltern, Lehrkräfte, Schülerinnen und Schüler sowie Öffentlichkeit sind entsetzt und ratlos. Ein Journalist soll die Hintergründe des Falles ausleuchten.

3. Sammeln Sie Zeitungsartikel aus verschiedenen Zeitungen.

a. Ordnen Sie die Artikel den verschiedenen journalistischen Textsorten (Bericht, Reportage, Kommentar usw.) zu.
b. Vergleichen Sie die Texte und überprüfen Sie, ob die Texte der Checkliste für neutrale Berichterstattung standhalten.

BASISWISSEN

Checkliste für neutrale Berichterstattung

- Passt der Bericht zum Ereignis (Titel/Schlagzeile, Aufmachung, Bilder usw.)?
- Werden (objektive) Tatsachen und (subjektive) Meinungen deutlich unterschieden?
- Wird über alle beteiligten Personen oder Gruppierungen gleich fair berichtet?
- Kommen bei umstrittenen Szenen oder Themen beide bzw. unterschiedliche Seiten zu Wort?
- Versucht man die Leserinnen und Leser zu beeinflussen (mit suggestiven Bildern oder Schlagzeilen, durch pauschale Verurteilungen, durch unbelegte Behauptungen usw.)?

4. Lesen Sie den folgenden Artikel. Wie ist er aufgebaut? Erklären Sie.

»Zum Abschuss freigegeben«

Fachtagung mit 200 Pädagogen zum Thema Schulmobbing im LVR-Klinikum.

Rund 200 pädagogische Fachkräfte haben sich gestern im LVR-Klinikum der Landeshauptstadt zum Thema »Mobbing bei Kindern und Schulkindern« informiert und über die neuesten Kenntnisse ausgetauscht. Unter dem Motto »Ene, mene, muh und raus bist du!« diskutierten Lehrer, Kinderärzte und Jugendpsychotherapeuten über die Ursachen und Folgen vom Mobbing unter Kindern. Zwölf Prozent aller Schüler an Grund- und weiterführenden Schulen werden in Düsseldorf gemobbt – das entspricht exakt dem bundesweiten Wert.

»Wir dürfen nicht warten, bis das Kind sprichwörtlich in den Brunnen gefallen ist. Wenn die Kinder zu uns in die Klinik kommen, ist es schon zu spät«, sagt Gudrun Ott, Abteilungsärztin für Kinder- und Jugendpsychiatrie am LVR-Klinikum. Immer öfter können die behandelnden Ärzte beim Nachwuchs Symptome wie Bauch- oder Kopfschmerzen auf Mobbing zurückführen – oft sind die so genannten »Sonntagsabendsbeschwerden« erste Anzeichen für Mobbing unter Kindern und die daraus resultierende Schulangst.

Eine interne Untersuchung am LVR-Klinikum ergab, dass von den 133 Jugendlichen, die in den vergangenen 20 Monaten dort eingewiesen wurden, gut 45 Prozent nicht regelmäßig zur Schule gehen, rund 50 Prozent der Mädchen gaben »Mobbing« als Grund für den Schulausstieg an. Die Gemobbten »verzichten« nicht nur auf ihre schulische Ausbildung: Fast 60 Prozent werden später selber zu Tätern, die – wen wundert's – ihre Probleme mit Gewalt zu lösen versuchen. Es geht somit nicht nur um das Martyrium an der Schule, schlechte Note und Fehlzeiten. »Das Thema hat auch eine ökonomische Komponente. Die Spätfolgen können weitere Krankheiten zur Folge haben und auch das spätere Berufsleben negativ beeinflussen«, erzählt Ute Stratmann von der Düsseldorfer Fachstelle für Gewaltprävention.

Zu dem Schulmobbing zählt im Internetzeitalter auch das Cybermobbing: »Eine Vergrößerung unseres Problems, weil nun auch noch die häusliche Schutzzone fehlt«, ergänzt Stratmann. Eine 13-jährige Düsseldorferin wurde so beispielsweise »zum Abschuss frei gegeben. Mit einem Handy wurde ihr unter den Rock fotografiert«, berichtet Gudrun Ott. Wenn derlei Bilder dann noch bei einer Internet-Community hochgeladen werden oder von Handy zu Handy verschickt werden, ist der Super-Gau für die betreffende Schülerin perfekt. »Die Lehrer müssen genau hinsehen, ansprechen und vermitteln. Genau dies ist ja auch ihr eigentlicher Job«, meint Gudrun Ott.

(Quelle: www.welt.de)

a. Notieren Sie die Antworten auf W-Fragen, die der Artikel enthält.
b. Erklären Sie das Wort »Sonntagsabendsbeschwerden«.
c. Erklären Sie, welche Zeitformen in diesem Bericht verwendet werden.
d. Obwohl über ein vergangenes Ereignis berichtet wird, verwendet der Artikel an manchen Stellen das Präsens.
   Beschreiben Sie, welche Wirkung dadurch erzielt wird.
e. Als Überschrift wird ein Zitat verwendet: »Zum Abschuss freigegeben«.
   Finden Sie eine Überschrift, die mehr Informationen vermittelt und das Interesse des Leserinnen und Leser weckt.

Reportage

5. Lesen Sie den folgenden Artikel und beantworten Sie anschließend die Fragen auf Seite 105.

Schreie, die keiner hört

Leistungsdruck, Familienkonflikte, Mobbing: Depression ist eine Krankheit, die auch Kinder und Jugendliche trifft. Häufig wird sie zu spät erkannt.

Es war ein lichtdurchfluteter, warmer Sommertag, als es für Laura nicht mehr hell wurde. Die Sommerferien hatten gerade erst begonnen, eigentlich die schönste Zeit für Jugendliche, Zeit für Freunde und Freiheit, den ersten Flirt.

Aber Laura, 14, die immer sportlich gewesen war, schaffte es kaum noch aufzustehen. Ihre Eltern und Freunde glaubten an eine Laune, eine Phase, wer hat die denn nicht, in der Pubertät? Warum auch sollten sie sich sorgen? Das Mädchen lebte in einer intakten Familie im gut situierten Berliner Westen, keine Geldsorgen, keine größeren Schulprobleme, kein Liebeskummer. Und doch wollte es für Laura nicht mehr hell werden. Das Licht wurde fast ihr Feind.

Laura verdunkelte ihr Zimmer, schaltete das Handy ab, löschte ihr Foto auf der Facebook-Seite, als wollte sie verschwinden, und blieb tagelang einfach zu Hause, meist im Bett. Sie lebte innerlich und äußerlich in einer Dunkelkammer, zu der niemand Zutritt hatte und aus der sie selbst nicht herausfand. Worte findet sie dafür immer noch nicht, auch jetzt nicht, obwohl es ihr wieder besser geht, seitdem sie und ihre Eltern wenigstens wissen, welchen Feind sie da zu bekämpfen haben, seitdem Lauras Dunkelheit einen Namen hat: Depression.

Für Laura war die Diagnose der erste Schritt zur Genesung, für ihre Eltern war sie ein Schock. Ihre Mutter Martina hatte eine Ahnung, »aber wer will das schon glauben, wer will das schon hören: Ihr Kind ist depressiv!« Also ließen sie die Tochter anfangs in Ruhe, doch als Laura nach den Ferien auch in der Schule abrutschte, ihren früher so geliebten Tanzkurs schwänzte und am liebsten nur noch schwarze T-Shirts tragen wollte, griffen die Eltern ein. Erst versuchten sie es selbst, mit Motivation, mit Druck, aber je stärker sie auf Laura zugingen, umso weiter zog sie sich zurück. »Wenn sie wenigstens geschrien, geklaut oder auf mich eingeprügelt hätte«, sagt ihre Mutter. Das Schlimmste, erinnert sie sich, »war diese Stille«.

Depressionen bei Jugendlichen sind eine »leise« Krankheit, werden sie doch in ihren unterschiedlichen Ausdrucksformen häufig als Pubertätswirren missdeutet. Das macht sie so gefährlich, so unheimlich, so unfassbar. Lange war die Diagnose Depression für Erwachsene reserviert. Inzwischen finden Fachärzte depressive Störungen sogar schon bei Vierjährigen, Schätzungen zufolge werden bis zu 20 Prozent der Jugendlichen im Lauf des Heranwachsens mindestens einmal von der Finsternis verfolgt, die ihr Gemüt verklebt. Ohne Behandlung laufen sie Gefahr, dass ihre Krankheit chronisch wird.

Erhöht ist das Risiko für Mädchen und für Kinder, deren Eltern an einer depressiven Störung erkrankt waren; Armut gilt neuerdings ebenfalls als wichtiger Faktor. Ausgelöst werden kann eine Depression von einem starken Stresserlebnis, etwa einem Todesfall oder massiven Familienkonflikten. Doch auch Gewalt und chronische Vernachlässigung können eine Rolle spielen, ebenso Mobbing und anhaltender Druck in der Schule. Und manchmal ist die Ursache, wie bei Laura, einfach unbekannt.

Bleibt eine Depression bei Kindern und Jugendlichen unentdeckt, wächst die Gefahr, dass sich andere psychische Erkrankungen einschleichen, eine Sucht zum Beispiel oder eine Essstörung.

Das Problem bei Depressionen im Kindheits- und Jugendalter: Die Symptome sind oft sehr unspezifisch. Wenn ein Kind traurig ist, häufig über Bauchschmerzen klagt, sich zurückzieht oder Angst hat, kann das auf alle möglichen psychischen Störungen hindeuten. Es kann aber auch völlig normal sein und wieder vergehen, nur eine dieser berühmten Phasen sein, über die Eltern so gern stöhnen.

Kinder dürfen traurig sein.

Wenn ein Haustier gestorben ist, ist es völlig normal, wenn ein Kind mal zwei Wochen lang trauert. Wenn aber aus den Wochen Monate werden oder keine klare Ursache für die Düsternis erkennbar ist, dann sollten sich die Eltern Hilfe holen und das erste große Hindernis überwinden: ihre Scheu vor einem Besuch beim Psychologen.

Die Kinderpsychiaterin Laura Prager vom Massachusetts General Hospital in Boston empfiehlt in der Fachzeitschrift »Pediatrics in Review«, bei der Diagnose vor allem die jeweilige Entwicklungsphase zu beachten. Was für ein Kind eines bestimmten Alters einen akuten Stressauslöser darstelle, könne sich bei einem älteren Kind weniger stark auswirken. Zudem sollten Kinderpsychiater den sozialen Hintergrund der Familie und die medizinische Geschichte der Betroffenen berücksichtigen. Wichtig sei auch, das Selbstmordrisiko der jungen Patienten einzuschätzen. Gedanken an einen Suizid sollten Eltern, Lehrer oder andere Bezugspersonen in jedem Fall ernst nehmen: Bei jungen Menschen ist Selbstmord die zweithäufigste Todesursache nach Unfällen. [...]

Auf dem Kongress der Deutschen Gesellschaft für Psychiatrie, Psychotherapie und Nervenheilkunde in Berlin identifizierten Fachärzte kürzlich die ungenauen Diagnosemöglichkeiten als größtes Hindernis für Mediziner und Eltern beim Erkennen depressiver Störungen. Einig waren sich die Experten auch in einem Punkt, den Lehrer schon lange beobachten: Schulstress und Mobbing werden in Deutschland immer öfter als Ursache erkannt, wenn Jugendliche in ein tiefes Loch fallen. [...]

Dass Kinder oft schon im Kindergarten auf Leistung getrimmt werden, macht sie zu Konkurrenten statt zu Freunden. Der Bildungsdruck des Elternhauses sowie immer neue Schulreformen lassen zu wenig Raum für Persönlichkeitsentwicklung, für eine Entwicklung, in der Ausschläge nach oben und unten als normal gelten, aufgefangen werden und sich nicht krankhaft verfestigen in Verweigerung oder übertriebenem Ehrgeiz.

Erschwert wird das seelische Wachstum durch die mediale Überhöhung glamouröser »Vorbilder«, die fragwürdige Werte propagieren und das Selbstwertgefühl von Jugendlichen mindern können. Auch die tägliche intensive Beschäftigung mit Computerspielen kann Jugendliche vereinsamen lassen und sowohl ihr Ich-Gefühl als auch ihre Weltwahrnehmung nachteilig verändern.

Und dann ist da noch das Internet.

Mobbing, unter Kindern und Jugendlichen durchaus verbreitet, stört die Entwicklung nachhaltig. Mobbing kann Ausdruck von Konkurrenzdenken sein und vollzieht sich vielfach unbekümmert in Gruppen. Doch Gemobbtwerden gilt als einer der stärksten Auslöser für Depressionen bei Heranwachsenden. »Wenn wir uns nicht um den Geist kümmern, kommt der Ungeist, und der ist schon in unsere Gesellschaft und unsere Schulen eingezogen«, klagt die Berliner Schulleiterin Margret Rasfeld, die auf reichlich Erfahrung mit Mobbing, Burnout und Depression unter jungen Menschen zurückblickt. [...]

Laura hat zum Glück den Weg aus der Dunkelheit wieder gefunden und schaut wieder optimistisch in die Zukunft.

(Quelle: www.spiegel.de, stark gekürzt und angepasst)

BASISWISSEN

Reportage

- gehört ebenfalls zu den informierenden Darstellungsformen
- präsentiert Informationen anschaulich
- fängt Stimmungen und persönliche Eindrücke ein
- verknüpft Beobachtungen und Eindrücke mit Hintergrundinformationen
- Einstieg: interessante Szene, die zum Weiterlesen anregt
- Aufbau: nicht das Wichtigste zuerst, sondern Aufbau eines Spannungsbogens, dramaturgische Gestaltung
- Wechsel von Szenen und Fakten
- Sprache: lebendig, bildhaft, oft persönlich

a. Untersuchen Sie den Aufbau der Reportage auf Seite 103 f.
Beantworten Sie dabei folgende Fragen:

- In welchem Abschnitt wird zum ersten Mal das Problem benannt, über das der Text informiert?
- Welche Abschnitte enthalten Beobachtungen, welche enthalten Informationen?
- In welchen Abschnitten finden sich Wörter, die zum Wortfeld »Dunkelheit« gehören?
- Wie viele Einzelfälle werden beschrieben, die das Problem veranschaulichen?
- Welche Informationen enthält der Schluss?

b. Erläutern Sie, worauf sich die Überschrift bezieht.
c. Erklären Sie, welche journalistische Darstellungsform der Autor benutzt.

6. Schreiben Sie eine Reportage.

Themenvorschläge
- Ein Besuch bei einem Hilfsprojekt in Ihrer Stadt
- Eine Woche ohne Social Media – ein Selbstversuch
- Ein Vormittag mit einem Streetworker
- Eine ganz normale Pause auf dem Schulhof
- Hinter den Kulissen: In der Kantine

Titel
- Der Titel soll Neugier wecken, er darf spannend, subjektiv oder provokant sein.

Aufbau
- Beginnen Sie mit einer interessanten Situation oder Aussage, die Spannung erzeugt.
- Schreiben Sie als »Augenzeuge«. Teilen Sie mit, was Sie beobachtet, empfunden und erlebt haben. Beschreiben Sie Sinneseindrücke: Was sehen Sie, was hören Sie?
- Verwenden Sie Zitate in direkter Rede.
- Fügen Sie Fakten und Informationen hinzu.
- Am Ende können Sie auf die im Einstieg beschriebene Situation zurückkommen oder ein Fazit ziehen.

FORMULIERUNGSHILFEN

Aussagen, Beobachtungen aneinanderreihen:

anschließend – danach – dann – darauf(hin) – nachdem – kurze Zeit / etwas/wenig später – zwei Wochen nach – zum Schluss – gleichzeitig – zugleich – ebenso – sowohl … als auch – weder … noch – kurz davor – wenige Tage zuvor – bevor

Personen zitieren:

Laut – XY zufolge – XY sagte/berichtete/bestätigte/hielt fest/betonte – Wie von XY zu erfahren war – XY konnte uns genau erläutern, wie …

Sprache
- Benutzen Sie aussagekräftige Bilder und Adjektive. Die Leserinnen und Leser sollen sich die Situation vorstellen können, als wären sie dabei.
- Verwenden Sie keine komplizierten Satzgefüge – diese erschweren das Lesen.
- Verwenden Sie das Präsens und das Perfekt für das Geschehen, für länger zurückliegende Ereignisse auch Präteritum oder Plusquamperfekt.

Zeitungsartikel sammeln
Wenn Sie sich für ein bestimmtes Thema besonders interessieren, lesen Sie sicher öfter Artikel darüber oder sammeln diese vielleicht sogar. Zu welcher Textsorte diese gehören (Bericht, Reportage) und welche Absicht der Autor oder die Autorin verfolgt, können Sie nun leicht erkennen.

Verb: Stamm- und Zeitformen

WAS ICH AM ENDE KANN

Ich kenne die Stammformen wichtiger Verben.

Ich kann die Zeitformen der Vergangenheit bilden und richtig anwenden.

1. Notieren Sie alle Vergangenheitsformen von Verben, die Sie im folgenden Text finden.

Online-Mobbing macht krank

Was früher als »Klassenkloppe« galt, kommt im 21. Jahrhundert als »Cybermobbing« daher, warnte die Techniker Krankenkasse (TK). »Virtuell und anonym fallen Kinder und Jugendliche dabei im Internet gezielt übereinander her.« Die Kasse hatte die Umfrage unter bundesweit 1 000 Schülern zwischen 14 und 20 Jahren in Auftrag gegeben.

Jeder Zehnte hat nach eigenen Angaben im Cyberspace bereits selbst gemobbt – und jeder Fünfte hält es für wahrscheinlich, Täter zu werden. Die Schikanen im Netz haben für die Opfer oft harte Folgen: Jeder Fünfte fühlt sich demnach verzweifelt oder hilflos, jeder Dritte sei sehr verletzt, zwei Drittel der Befragten wütend. 18 Prozent gaben an, Schlafstörungen zu haben, und auch Kopf- und Bauchschmerzen führten die Schüler auf die Internet-Attacken zurück.

Was genau passiert beim Cyber-Mobbing? An erster Stelle kommen laut Umfrage Drohungen und Beleidigungen (18 Prozent), gefolgt von übler Nachrede (13 Prozent). Außerdem klagen die Jugendlichen über Identitätsmissbrauch (acht Prozent) und die unberechtigte Weitergabe privater Mails oder Fotos (drei Prozent).

99 Prozent der Befragten erklärten, sie nutzten das Internet zu Hause. Neun von zehn Schülern besuchen dabei auch soziale Netzwerke – 66 Prozent sogar täglich. An zweiter Stelle steht die Schule, an Platz drei das gemeinsame Surfen bei Freunden. Jeder Vierte hat auch mobil Zugriff auf das Internet. Die Befragung zeigt auch, dass Täter weitestgehend ungehindert auf das World Wide Web zugreifen. Nur bei 17 Prozent der Befragten sind Seiten gesperrt, und nur bei rund jedem Zweiten nehmen Eltern Einfluss auf Dauer oder Inhalte der Internet-Nutzung.

(Quelle: www.fnp.de, leicht gekürzt)

REGELN

Die Stammformen des Verbs
Alle Formen des Verbs werden aus den drei **Stammformen** abgeleitet:

1. Stammform
der Infinitiv (die Grundform), Beispiele: **gehen – tanzen**

2. Stammform
die 1. Person Singular Indikativ Präteritum (die Vergangenheitsform), Beispiele: **ich ging – ich tanzte**

3. Stammform
das Partizip II (das Mittelwort der Vergangenheit), Beispiele: **gegangen – getanzt**

2. Schreiben Sie die Stammformen der Verben auf, die Sie in dem Text gefunden haben.

Verbform im Text:

1. Stammform	**2. Stammform**	**3. Stammform**
gelten	**ich galt**	**gegolten**
...	...	...

3. Ergänzen Sie die Stammformen dieser Verben.

Beispiel:
liegen – lag – gelegen

4. Bilden Sie Sätze, in denen das Partizip II (3. Stammform) dieser Verben vorkommt.

Beispiel:
geben – Sie hat uns einen Hinweis gegeben.

5. Manche Verben haben zwei unterschiedliche Stammformen. Diese haben verschiedene Bedeutungen. Bilden Sie die unterschiedlichen Stammformen der folgenden Verben und erklären Sie ihre Bedeutung.

Beispiel:
bewegen
- ➢ **bewegte – bewegt – die Lage ändern**
- ➢ **bewog – bewogen – veranlassen**

Grundformen:

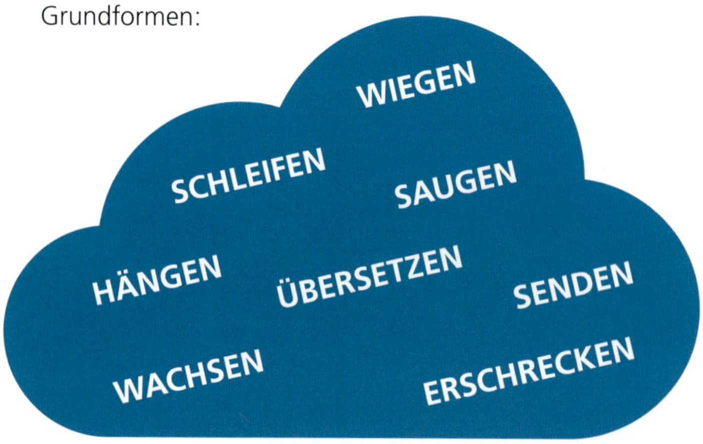

6. Suchen Sie sich drei von diesen Verben aus und schreiben Sie zwei Sätze, die die unterschiedliche Bedeutung zeigen. Verwenden Sie als Zeitform das Präteritum oder das Perfekt.

Beispiel:
bewegen
- ➢ **Am letzten Wochenende *bewegte* ich mich zu wenig: Ich saß stundenlang am Computer.**
- ➢ **Mein Freund *bewog* mich, zum Konzert mitzukommen.**

REGELN

Die Zeiten der Vergangenheit

Perfekt (vollendete Gegenwart, Vorgegenwart)	Das Perfekt wird vor allem in der gesprochenen Sprache benutzt: **»Gestern habe ich den ganzen Tag gearbeitet.«** In der geschriebenen Sprache beschreibt es abgeschlossene Handlungen mit Gegenwartsbezug: **»Sie hat schlecht geschlafen. Deshalb trinkt sie einen zweiten Kaffee.«**
Präteritum (erste Vergangenheit, Imperfekt)	Das Präteritum wird vor allem in schriftlichen Darstellungen benutzt: **»Er arbeitete von morgens bis abends.«**
Plusquamperfekt (Vorvergangenheit)	Das Plusquamperfekt drückt aus, dass ein Ereignis vor einem anderen in der Vergangenheit liegenden Ereignis stattgefunden hat. **»Nachdem sie den Brief geschrieben hatte, ging sie einkaufen.«**

7. Schreiben Sie die Zeitformen der Vergangenheit aus dem Text »Online-Mobbing macht krank« von Seite 106 heraus. Ergänzen Sie jeweils die anderen Formen.

Perfekt	**Präteritum**	**Plusquamperfekt**
...	...	...

8. Erklären Sie, in welcher Zeitform das Verb »geben« (letzter Satz im 1. Abschnitt) steht und warum es nicht im Präteritum steht.

9. Wählen Sie die richtige Verbform. Achten Sie darauf, ob die Vorgänge gleichzeitig abgelaufen sind.

- Mobbing kann unterschiedliche Formen annehmen: Mehrere Untersuchungen haben bestätigt, was Fachleute schon vor Jahren
  a) vermutet hatten.
  b) vermuteten.
  c) vermutet haben.

- Viele Jugendliche gehen ungern in die Schule, weil sie sich ausgegrenzt
  a) fühlen.
  b) gefühlt hatten.
  c) fühlten.

- Als Lina in die neue Klasse kam,
  a) fühlte sie sich dort gleich wohl.
  b) hat sie sich dort gleich wohlgefühlt.
  c) hatte sie sich dort gleich wohlgefühlt.

- Doch das änderte sich, nachdem sie wegen ihrer hervorragenden Noten
  a) aufgefallen war.
  b) auffiel.
  c) aufgefallen ist.

- Das war vor rund einem Jahr. Ihre Klassenkameraden behandelten sie danach wie Luft. Deshalb
  a) hat Lina Angst, in die Schule zu gehen.
  b) hatte Lina Angst, in die Schule zu gehen.
  c) hat Lina Angst gehabt, in die Schule zu gehen.

- Erst als es gar nicht mehr anders ging,
  a) wandte sie sich an ihre Eltern und ihre Klassenlehrerin, um Hilfe zu bekommen.
  b) hatte sie sich an ihre Eltern und ihre Klassenlehrerin gewandt, um Hilfe zu bekommen.
  c) wendet sie sich an ihre Eltern und ihre Klassenlehrerin, um Hilfe zu bekommen.

Jugendbuch: Eine Geschichte aus einer anderen Perspektive erzählen

WAS ICH AM ENDE KANN

Ich kann die Motive und Haltungen einer Figur beschreiben.

Ich kann einen Text aus einer anderen Perspektive erzählen.

Andreas Steinhöfel
geboren 1962, ist ein deutscher Autor und Übersetzer. Er schreibt Drehbücher und Kinder- und Jugendbücher.

MERLE (Auszug)

Sie hatten dem Neuen von Anfang an keine wirkliche Chance gelassen. Kaum dass er zur Tür hereingekommen und vor die Tafel getreten war, hatte irgendwer – Boris? – damit begonnen, mit beiden Fäusten zweimal schnell hintereinander auf den Tisch zu schlagen, dann einmal in die Hände zu klatschen: Bum-bum-tschak, bum-bum-tschak, bum-bum-tschak … Immer und immer wieder. Was anfangs noch gewirkt haben mochte wie eine gutwillige Begrüßung, war binnen Sekunden zu feindseliger Lautstärke angeschwollen. Andere hatten den Rhythmus aufgenommen. Jetzt glich der Kursraum einem Konzertsaal.

Merle fühlte sich in ein Irrenhaus versetzt. Über den stampfenden Lärm hinweg musterte sie den Neuen. Schon diese Verlorenheit, mit der er da vorne stand. Wie bestellt und nicht abgeholt. Der schmächtige Körper starr wie ein Brett. Das hagere Gesicht ausdruckslos, nur die Augen, unangenehm helle Augen, zwinkerten nervös.

Ein Bild des Jammers.

Sie lehnte sich in ihren Stuhl zurück. Fragte sich, ob die Schuld für diesen abwehrenden Empfang in purer Bösartigkeit ihrer Mitschüler zu suchen war oder ob nicht vielmehr der Neue ihn mit seinem überaus seltsamen – nicht komischen, nicht witzigen, nur seltsamen – Anblick selbst provoziert hatte. Dunkelbraune, breit gerippte Cordhose. Dazu ein blaues Hemd, wie es bestenfalls vor zwanzig Jahren modern gewesen war. Und Gummistiefel, mein Gott! Er trug gelbe Gummistiefel, und das mitten im Hochsommer. Wie hatte er glauben können, er käme damit durch? Besaß der Typ keine richtigen Schuhe?

Der Rhythmus umspülte sie wie eine einzige mächtige Woge. Sie fühlte ihre eigenen Hände sich heben, sah sie sich aufeinander zubewegen, hörte ihr leises Lachen. Bum-bum-tschak … bum-bum-tschak. Die Klasse war reizbar, sofort bereit, sich auf alles und jeden zu stürzen, der einen Eindruck von Schwäche vermittelte. Und dem Typen stand Opfer wie mit blinkenden Neonbuchstaben quer über der Stirn geschrieben. Selber Schuld.

Bum-bum-tschak … We Will Rock You. Ein Uraltsong von Queen. Der Leadsänger war an AIDS gestorben.

Corinna musste gerade an dasselbe gedacht haben, denn sie beugte sich zu ihr hinüber: »Wie hieß der Typ noch mal, der Schwule?«

»Freddie Mercury.«

»Ah, genau.« Ein langsames Nicken, als hätte sie sich schon seit Stunden mit dieser Frage herumgeschlagen. »Stimmt.«

Bum-bum-tschak.

Der Neue hatte sich langsam umgedreht und schrieb jetzt seinen Namen an die Tafel. DETTMER. Weiße Kreidestriche, hastig auf den dunkelgrünen Grund geworfen. Große Buchstaben, zu weit nach rechts gekippt. Vom Einsturz bedroht, so wie ihr schmalbrüstiger Schreiber. Sehr schlanke Hände, registrierte Merle.

»Lange kann der das nicht mehr durchhalten«, murmelte sie, mehr zu sich selbst als zu Corinna, die längst wieder gebannt nach vorn starrte, die über das Klatschen hinweg, wie alle anderen, mit funkelnden Augen gierig nach Anzeichen dafür suchte, wann es so weit sein würde: Wann der Neue kapitulieren, die Fahnen streichen, aus dem Kursraum stürzen, vielleicht sogar, Gipfel des gemeinsamen Triumphs, vor ihrer aller Augen in Tränen ausbrechen würde.

Bum-bum-tschak.

Der Neue drehte sich um, stand nun wieder genauso da wie zuvor. Er schwitzte. Das mochte an der Hitze liegen, überlegte Merle, aber in der nächsten Pause würden sie behaupten, es sei Angstschweiß gewesen.

Sie hielt mit dem Klatschen inne, hob den rechten Arm, sah auf ihre Uhr. Noch zweiundvierzig Minuten. Unmöglich für den Neuen, das bis zum Ende der Stunde durchzuhalten. Und unmöglich für sie, so lange weiterzuklatschen, schoss es ihr durch den Kopf. Wunde Handinnenflächen würde sie, würden vermutlich sie alle, zurückbehalten von dieser Aktion.

Bum-bum-tschak.

Wozu überhaupt der ganze Zirkus, fragte etwas in ihr, wozu? Je länger der Neue – Dettmer – in seinen lächerlichen Gummistiefeln dort vorn ausharrte, offensichtlich fest entschlossen, die laufende Vorstellung bis zum bitteren Ende durchzustehen, umso heftiger verlangte diese Frage nach Antwort. Wie eine Fliege, die sich durch noch so heftiges Wedeln der Arme nicht vertreiben lassen wollte, sirrte sie penetrant in Merles Kopf herum.

Fünf Minuten später, als die Welt nur noch aus diesem einen, sich ewig wiederholenden Klang zu bestehen schien, war die Sache entschieden. Der Neue gab auf. Ging langsam, ging ohne ein Wort, setzte mit der müden Tapferkeit eines das Schlachtfeld verlassenden Soldaten einen Schritt vor den anderen; er drückte die Türklinke herunter, verließ den Raum, zog die Tür leise hinter sich zu. Bei seinem letzten Blick auf die tobende Klasse wirkten die hellen Augen noch etwas heller, ein unbestimmter Schimmer lag darin, vielleicht tatsächlich Tränen, überlegte Merle, vielleicht wirklich und tatsächlich Tränen. Etwas in ihr fühlte sich peinlich berührt.

Ein zufriedenes Summen erfüllte jetzt die Klasse, durchsetzt von zu lautem Lachen. Merle fuhr sich mit der Zungenspitze über die Lippen, betrachtete die geröteten Innenflächen ihrer Hände, die jetzt wieder ihr gehörten und ganz ruhig waren. Sie fühlte sich plötzlich ausgelaugt wie nach einem Fünftausendmeterlauf. Und die Frage war immer noch da, kreiste mit wilden Schlenkern durch ihren Kopf, flatterte wie ein Vogel, der gegen seine Käfigwände stößt.

Wozu?

Andreas Steinhöfel: Defender. Geschichten aus der Mitte der Welt. Hamburg 2001, S. 129–132

1. Beschreiben Sie, welche Gefühle das Mobbing gegen den Lehrer in der Erzählerin auslöst.
2. Beschreiben Sie ihre Haltung Dettmer gegenüber.
3. Warum macht sie mit? Äußern Sie eine Vermutung.
4. Erzählen Sie den Vorfall aus der Perspektive von Dettmer.

KREATIV SCHREIBEN

Eine Geschichte aus einer anderen Perspektive erzählen

- Versetzen Sie sich in die Figur hinein: Was denkt sie, was fühlt sie?
- Was wissen Sie bereits über die Figur? Berücksichtigen Sie die Lebensumstände, die im ursprünglichen Text geschildert werden.
- Die Ausdrucksweise sollte zu der Figur passen: Wie ist ihr Sprachstil? Drückt sie sich gewählt aus oder benutzt sie z. B. Jugendsprache oder viele Fremdwörter?

Lange Texte/Arbeiten schreiben

WAS ICH AM ENDE KANN

Ich kann einen langen Text planen und strukturieren.

Ich weiß, wie mir der Übergang von der Recherche in die Schreibphase gelingt.

Ich weiß, worauf ich beim Schreiben achten muss und wie ich Schreibblockaden überwinden kann.

Im Laufe der Ausbildung müssen immer wieder längere Texte verfasst werden. Das stellt eine besondere Herausforderung dar. Das Schreiben ist zwar ein kreativer und individueller Prozess – aber es lässt sich lernen.

Grundsätzlich gilt: Es gibt keinen falschen Zeitpunkt, um mit dem Schreiben zu beginnen. Zwar muss man sich vor dem Schreiben ins Thema einlesen, aber man kann fast immer endlos recherchieren. Irgendwann muss man loslegen, denn manche Gedankengänge werden erst klar fassbar, wenn man sie schriftlich festhält. Zudem besteht die Möglichkeit, Recherchen zu einem bestimmten Punkt während des Schreibprozesses wieder aufzunehmen, falls dies nötig ist.

Ein Schreibprojekt durchführen

1. Gedanken bündeln

- Die gesammelten Informationen sortieren und strukturieren, z. B. mithilfe einer Mindmap.
- Leitfragen: Was gehört in den Text? Was soll der Text aussagen?
- Den Blick auf das Ganze richten, Detailfragen ausblenden.
- Es kann hilfreich sein, jemandem den Sachverhalt mündlich zu erklären.

2. Textaufbau planen

- Eine Gliederung entwerfen.
- Den einzelnen Teilen des Texts vorläufige Zwischentitel geben.
- Auf einen logischen Aufbau achten:
  - in der **Einleitung** das Thema einführen.
  - im **Hauptteil** auf die in der Einleitung aufgeworfenen Fragen und Gedanken eingehen.
  - im **Schlussteil** die Schwerpunkte zusammenfassen und den Text abrunden.

3. Rohfassung schreiben

- Eine erste Fassung des Textes formulieren.
- Nicht auf perfekte Formulierungen achten, sondern den Text spontan niederschreiben.

4. Text überprüfen und Endfassung schreiben

- Nach dem ersten Durchlauf den Text überprüfen:
  - Beantwortet er die gestellten Fragen?
  - Ist ein roter Faden ersichtlich?
  - Gibt es Überflüssiges?
  - Passen die Überleitungen?
  - Sind die Argumente logisch?
  - Enthält der Text keine Widersprüche?
  - Ist er ansprechend geschrieben?
  - Ist er in Abschnitte gegliedert und sind Zwischentitel gesetzt?
  - Wurden wichtige Fachbegriffe korrekt eingesetzt?
  - Hat der Text einen treffenden Titel?

- Den Text in eine andere Schriftart und Größe setzen und laut vorlesen – so nimmt man ihn genauer wahr.
- Eine außenstehende Person den Text lesen lassen. Sie hat mehr Distanz und merkt es sofort, wenn ein Text nicht funktioniert.
- Die notwendigen Änderungen einarbeiten und die Endfassung schreiben.

5. Den Text korrigieren

- Den Text auf Grammatik und Rechtschreibung korrigieren und letzte Korrekturen anbringen.
- Noch einmal den Text in einer anderen Schriftart lesen und jemanden Korrektur lesen lassen.
- Die Formatierung überprüfen: logische Absatzgestaltung? Titel? Zwischentitel?

Tipps gegen Schreibblockaden

- Daran denken, dass ein Satz nicht sofort druckreif formuliert sein muss. Es reicht, die Gedanken niederzuschreiben. Danach kann man den Text überarbeiten.
- Textstellen, an denen man »hängenbleibt«, überspringen und es am nächsten Tag wieder versuchen.
- Genug Pausen machen.
- Manchmal hilft es, den Arbeitsplatz zu wechseln.

ARBEIT UND GERECHTER LOHN

1. Beschreiben Sie, was Sie auf dem Bild sehen.
2. Erklären Sie, welches Problem die Karikatur anspricht.
3. Welche Meinung vertritt der Karikaturist? Äußern Sie eine Vermutung.
4. Erklären Sie, welche Meinung Sie selbst zu dem Thema vertreten. Begründen Sie sie.

Leserbrief und Kommentar

WAS ICH AM ENDE KANN

Ich kann eine Argumentation in mehreren Schritten aufbauen.

Ich kann meine Meinung begründen.

Ich kann in einem Aufsatz oder einem Leserbrief etwas darlegen und Gründe für oder gegen einen bestimmten Standpunkt angeben.

Ich kann Standpunkte schriftlich überzeugend formulieren.

Sollen Auszubildende, die bei den Eltern wohnen, Kostgeld zahlen?

Eine Argumentation besteht aus mehreren Schritten:

1. These (Behauptung):
Auszubildende, die bei den Eltern wohnen, sollen einen Teil ihres Lohnes zu Hause abgeben.

2. Argument (Begründung):
Denn nur so bekommen Jugendliche eine richtige Vorstellung von den Lebenshaltungskosten und lernen, verantwortungsvoll mit Geld umzugehen.

3. Beispiele, Beobachtungen, Beweise:
Es ist für einen Jugendlichen zum Beispiel nicht förderlich, wenn er zwar während der Ausbildung den ganzen Lohn für sich behalten darf, danach aber in finanzielle Engpässe gerät, weil er nie gelernt hat, sein Geld einzuteilen.

4. Schlussfolgerung:
Deshalb bin ich der Ansicht, dass jeder und jede Auszubildende im eigenen Interesse einen angemessenen Betrag zu Hause abgeben sollte.

1. Ordnen Sie zu:

»Das Geld steht ihnen nämlich zu, weil sie dafür arbeiten gehen.«
»Auszubildende, die bei ihren Eltern wohnen, sollen ihr ganzes Geld behalten.«
»Daraus lässt sich schließen, dass sie über ihr ganzes Geld selbst verfügen können sollen.«
»Es gibt kein Gesetz, das die Jugendlichen verpflichtet, etwas von ihrem Lohn abzugeben.«

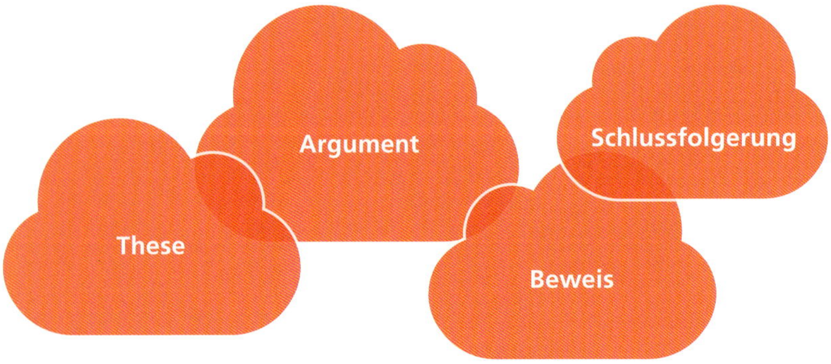

2. Diskutieren Sie in der Klasse: Wie verändert sich die Wirkung der Argumentation, wenn man einen der vier Teile weglässt?

BASISWISSEN

Überzeugend argumentieren

Unabhängig vom Thema gibt es geeignete und weniger geeignete Argumente.

Geeignete Argumente

✓ **nachprüfbare Tatsachen (Berichte, Statistiken, Beobachtungen, Gesetze, Gerichtsurteile)**
Beispiel: Eltern sind gesetzlich verpflichtet, bis zum Ende der Ausbildung für Jugendliche aufzukommen. Die Zahlung von Kostgeld ist gesetzlich nicht geregelt.

✓ **Aussagen von Fachleuten**
Beispiel: Schuldnerberatungsstellen empfehlen, dass Jugendliche Kostgeld zahlen.

✓ **Allgemeingültige, unbestrittene Aussagen**
Beispiel: Selbst wenn man unter dem gleichen Dach wie die Eltern wohnt, ist das Leben nicht gratis.

✓ **Typische Beispiele**
Beispiel: Wer in jungen Jahren gelernt hat, das eigene Geld einzuteilen, hat auch später weniger Probleme mit den Finanzen.

Ungeeignete Argumente

✗ **Zirkelschlüsse**
Beispiel: Ich bin für Kostgeld, weil ich davon überzeugt bin.

✗ **Unbewiesene Behauptungen, Gefühlsäußerungen und Verallgemeinerungen**
Beispiel: Eltern, die Kostgeld verlangen, sind egoistisch.

✗ **Untypische Einzelfälle**
Beispiel: Meine Kollegin musste nie etwas zu Hause abgeben. Deshalb ist sie heute vom Sozialamt abhängig.

3. Entscheiden Sie, ob die folgenden Argumente überzeugend und stichhaltig sind. Begründen Sie Ihre Meinung.

Beispiel:
Argument: Ich bin dagegen, etwas vom Lohn abzugeben, weil ich das ablehne.
Beurteilung: Zirkelschluss: ungeeignet

Ich verdiene zu wenig.

Etwas abzugeben, garantiert auch nicht, dass man sich nie verschuldet.

Solche Abmachungen bringen gar nichts und sind blöd.

Das Geld, das ich verdiene, gehört mir.

Meine Eltern verdienen genug Geld. Die brauchen nicht noch meines.

Mein Kollege hat zu Hause brav einen Teil seines Lohnes abgeliefert und musste dann doch noch separat für alles und jedes bezahlen.

Diese Einrichtung ist veraltet.

Ich finde, dass man seinen Beitrag auch anderweitig leisten kann, indem man zum Beispiel im Haushalt hilft.

Es ist sinnvoller, den Jugendlichen die finanzielle Verantwortung für bestimmte Bereiche zu übergeben, anstatt ihnen Geld abzuknöpfen.

Einen Leserbrief schreiben

4. Lesen Sie den folgenden Artikel und die beiden Leserbriefe auf der nächsten Seite. Bearbeiten Sie anschließend die unten stehenden Aufgaben:

Trotz Vollzeitjob: Zigtausenden Leiharbeitern droht die Armut

Der Zeitpunkt dürfte ganz bewusst gewählt sein: Pünktlich zu den Hartz-IV-Verhandlungen von Regierung und Opposition veröffentlicht der Deutsche Gewerkschaftsbund (DGB) eine Studie zum Einkommen von Leiharbeitern. Ziel der Gewerkschafter ist es, den Druck auf die Regierung zu erhöhen – sie soll sich doch noch mit der Opposition auf ein Modell einigen, das gleichen Lohn für Leiharbeiter und Stammarbeitskräfte vorsieht.

Bislang sieht es jedoch nicht nach einer Einigung aus. Zumal die Regierungsvertreter betonen, im Mittelpunkt der Verhandlungen stünden der Hartz-IV-Regelsatz und das Bildungspaket. Die Ergebnisse der DGB-Studie, die die »Süddeutsche Zeitung« zitiert, zeigen jedoch, wie groß das Gefälle zwischen Leiharbeitern und regulär Beschäftigten ist. So verdienen Leiharbeiter im Schnitt nur etwa halb so viel wie Vollzeitbeschäftigte insgesamt. Nur 19,1 Prozent kommen der Studie zufolge auf monatlich mehr als 2 000 Euro brutto – Festangestellte schafften dies in 70 Prozent aller Fälle. Viele Leiharbeiter könnten von ihrer Arbeit nicht leben, heißt es in der Studie. 92 000 Menschen seien Mitte vergangenen Jahres auf Hartz IV angewiesen, zählten also zu den sogenannten Aufstockern. Das sei fast jeder achte. »Das Verarmungsrisiko der Leiharbeiter ist damit fast vier bis fünf Mal größer als in der Gesamtwirtschaft«, sagte der Autor der Studie, Wilhelm Adamy, der Zeitung. In keiner anderen Branche sei das Risiko der Hartz-IV-Bedürftigkeit so groß.

Grundlage der Studie ist die Entgeltstatistik der Bundesagentur für Arbeit. Adamy hat nach eigenen Angaben die Werte von fast 500 000 Leiharbeitern ausgewertet. Verleih-Arbeitskräfte erhielten demnach 2009 in den alten Bundesländern im Schnitt 1 456 Euro brutto im Monat, im Osten seien es 1 124 Euro gewesen. Mehr als 10 Prozent im Westen und gut 20 Prozent im Osten hätten weniger als 1 000 Euro im Monat verdient – trotz Vollzeitjob. »Armut trotz Arbeit ist hier an der Tagesordnung, selbst wenn sich Hartz IV eventuell durch einen Zweitjob am Abend oder durch eine Erwerbstätigkeit anderer Familienangehöriger verhindern lässt«, sagte Adamy der »SZ«.

(Quelle: www.spiegel.de, leicht bearbeitet und gekürzt)

a. Erklären Sie, welche Meinungen in diesen Briefen vertreten werden.
b. Nennen Sie die Argumente, die die Verfasser verwenden.
Erklären Sie, ob Sie die Argumente überzeugend finden.

Leserbrief 1

Arbeit lohnt sich nicht
Der Artikel über die Bezahlung von Leiharbeitern im »Spiegel« vom 7. Februar zeigt einmal mehr: Selbst wenn man einen Berufsabschluss hat und harte Arbeit leistet, kann man in unserer Gesellschaft nicht immer seinen Lebensunterhalt verdienen. Zwar betonen Politiker immer wieder, wie wichtig Lohngerechtigkeit für das gesellschaftliche Miteinander sei. Doch solange es noch Menschen gibt, die trotz Vollzeitarbeit nicht das Nötigste zum Leben haben oder Zuschüsse vom Amt brauchen, bleiben das leere Worte. Es ist für die Betroffenen demütigend, immer wieder neue Anträge ausfüllen und als Bittsteller auftreten zu müssen. Leiharbeiter arbeiten aber nicht weniger als regulär Beschäftigte. Kein Wunder, dass sich immer mehr Menschen von der Politik abwenden. Es muss endlich ein radikales Umdenken stattfinden!

Christian Pfister, Böblingen

Leserbrief 2

Gemein!
Dass so viele Arbeitnehmer unterbezahlt sind, hat mich maßlos geärgert. Ich finde, es ist eine Schweinerei, dass viele Chefs in diesem Land offensichtlich der Ansicht sind, sie könnten ihre Leute mit einem Hungerlohn abspeisen. Anders ist es nicht zu erklären, dass immer noch so viele Bosse so wenig Lohn zahlen, dass niemand davon leben kann. Denen sollte man besser den eigenen Lohn streichen! Wie sollen Jugendliche Vertrauen in unser System haben und sich für unsere Gesellschaft engagieren, wenn sie nicht einmal damit rechnen können, später das Lebensnotwendige zu verdienen!

Daniela Niederberger, Sindelfingen

5. Treffen die folgenden Aussagen zu? Untersuchen Sie die beiden Leserbriefe.

- Der Titel ist prägnant und passt gut zum Inhalt des Leserbriefs.
- Zu Beginn wird der Zeitungsartikel erwähnt, auf den sich der Leserbrief bezieht.
- Das Erscheinungsdatum des Zeitungsartikels wird genannt.
- Der Leserbrief enthält die persönliche Meinung des Verfassers.
- Die Behauptungen werden mit stichhaltigen Begründungen untermauert.
- Jeder Gedanke knüpft logisch an den vorhergehenden an.
- Verletzende Bemerkungen werden vermieden.
- Am Ende steht eine Forderung, ein Urteil oder eine Frage, die zum Nachdenken anregen soll.

BASISWISSEN

Einen Leserbrief schreiben

- Ich nenne den Zeitungsartikel, auf den sich mein Brief bezieht, sein Erscheinungsdatum und das Thema.
- Ich behandle einen Aspekt des Themas kurz und prägnant.
- Ich bringe meine persönliche Meinung zum Ausdruck durch:
  - Behauptung,
  - Beweisführung,
  - und Schlussfolgerung.
- Ich setze eine Überschrift.
- Meine Sprache ist klar und verständlich.
- Ich füge meinen Namen und meine Adresse an.

6. Lesen Sie den folgenden Artikel aufmerksam durch.

So viele Zweitjobber wie nie im Südwesten

Ein Job ist nicht genug: So viele Menschen wie noch nie haben im Südwesten mittlerweile einen Zweitjob. Ende vergangenen Jahres besserten in Baden-Württemberg 471 528 Menschen ihr Haupteinkommen mit einem Minijob auf, wie aus Zahlen der Regionaldirektion der Bundesagentur für Arbeit in Stuttgart hervorgeht. Das entspricht nach Angaben der Behörde vom Montag einem Plus von 1,8 Prozent im Vergleich zum Vorjahr. Damit liegt der Südwesten im Bundestrend: Wie die Chemnitzer »Freie Presse«berichtet, haben auch deutschlandweit so viele sozialversicherungspflichtig Beschäftigte wie nie einen Zweitjob. Ende 2012 waren es 2,66 Millionen (plus 2,3 Prozent). Nach Zahlen des Statistischen Landesamtes hat sich die Zahl der Zweitjobber im Südwesten seit der gesetzlichen Neuregelung der Minijobs im Jahr 2003 mehr als verdoppelt. Mitte 2003 hatten im Land demnach nur 220 000 Arbeitnehmer einen zweiten Job.

Der Deutsche Gewerkschaftsbund (DBG) in Baden-Württemberg sieht die Gründe dafür sowohl in gesetzlichen Erleichterungen als auch in hohen Lebenshaltungskosten. »Es ist höchste Zeit für einen gesetzlichen flächendeckenden Mindestlohn«, erklärte der Landesvorsitzende Nikolaus Landgraf. Der DGB fordert zudem eine Reform der Minijobs. Landgraf warnte vor den negativen Folgen der Entwicklung: »Wer von Job zu Job hetzt, hat keine Zeit mehr für seinen Lebenspartner und seine Kinder«, sagte er. »Arbeit darf nicht das ganze Leben bestimmen.«

(Quelle: www.welt.de, leicht bearbeitet und gekürzt)

7. Verfassen Sie einen Leserbrief zu diesem Artikel.
Gehen Sie davon aus, dass er vorgestern in einer Zeitung aus Ihrer Region erschienen ist.

Einen Kommentar verfassen

8. Analysieren Sie den folgenden Text.
Beantworten Sie danach die Fragen auf der nächsten Seite.

Faire Löhne sind hip

Der Befund ist klar: Auch hierzulande verdienen Frauen immer noch weniger als Männer in der gleichen Position. Seit Jahren wird darüber diskutiert, wie man diesen Missstand beheben könnte – mit wenig Auswirkungen.

Einerseits liegt dies am mangelnden Interesse der Privatwirtschaft. Sie müsste endlich erkennen, dass Lohngleichheit ihrem Image förderlich ist. Firmen schmücken sich sonst auch gerne mit Selbstdeklarationen wie »umweltfreundlich produziert« oder »Qualität ist uns wichtig«. Warum lassen sie sich nicht auch die Lohngleichheit bescheinigen und schreiben sie sich auf die Fahne?

Andererseits liegt es an der fehlenden Überzeugungskraft der Politik. Sie bemüht sich zwar um das Thema, ist sich aber noch zu wenig bewusst, dass es mit der Freiwilligkeit nur klappt, wenn der Anreiz entsprechend hoch ist. Die Lohngleichheitsdebatte sollte deshalb herauskommen aus der Feministinnen-Ecke, in der der Tenor immer nur lautet »Man(n) sollte«.

Nicole Köhler, eine Unternehmerin aus Süddeutschland, hat bereits vorgemacht, wie es funktioniert: Sie hat das Label »equal pay star« gegründet. Wenn eine Firma in einem geprüften Verfahren nachweisen kann, dass sie den Grundsatz vom gleichen Lohn für gleichwertige Arbeit einhält, bekommt sie ein Zertifikat – nach dem Motto: Lohngleichheit ist hip.

a. Was wird hier kommentiert?
b. Welche Behauptungen stellt die Verfasserin im zweiten Abschnitt auf?
c. Mit welchen Beispielen belegt sie diese Behauptung?
d. Welche Behauptung stellt die Verfasserin im dritten Abschnitt auf?
e. Wie stützt sie diese Behauptung?
f. Welche deutliche Forderung stellt sie im dritten Abschnitt?
g. Erklären Sie, was die Autorin mit dieser Forderung meint.
h. Womit rundet die Autorin im vierten Abschnitt ihren Kommentar ab?
i. Was meint die Autorin mit dem Satz »Lohngleichheit ist hip«?
j. Suchen Sie Synonyme für folgende Begriffe.
- das Image
- die Selbstdeklaration
- der Tenor
- der Missstand
- das Label
- das Motto
- die Debatte
- sich etwas auf die Fahne schreiben

BASISWISSEN

Einen Kommentar schreiben

Aufbau
- Ich lege die Ausgangslage dar.
- Ich entwickle meine eigene Sicht des Problems.
- Ich belege meine Meinung mit Beispielen und Beweisen.
- Ich ziehe eine Schlussfolgerung.
- Am Schluss formuliere ich ein zusammenfassendes Urteil, eine Forderung, Warnung usw.

Argumentation
- Ich beginne mit weniger wichtigen Gründen und arbeite mich Schritt für Schritt bis zum wichtigsten Argument vor.
- Ich gliedere den Text in sinnvolle Abschnitte.
- Ich verknüpfe die Argumente mit logischen Übergängen.
- Ich verzichte auf unsachliche Behauptungen und persönliche Angriffe.

9. Verfassen Sie einen schriftlichen Kommentar von 200 bis 250 Wörtern Länge.

Thema:
Ist eine gesetzlich verankerte Mindestausbildungsvergütung sinnvoll?

- Überlegen Sie sich zunächst, welche Argumente Sie aufführen und mit welchen Beispielen Sie sie belegen können.
- Listen Sie die ausgewählten Argumente in einer sinnvollen Reihenfolge auf, beginnen Sie mit den weniger wichtigen.
- Überlegen Sie sich, wie Sie in zwei bis drei Sätzen ins Thema einsteigen können (z. B. mit einem aktuellen Anlass, einem persönlichen Erlebnis).
- Überlegen Sie sich, wie Sie den Schluss in zwei bis drei Sätzen formulieren können.
- Im Kasten auf der folgenden Seite finden Sie Formulierungshilfen.

FORMULIERUNGSHILFEN

Meinung
- Ich denke / meine / glaube, dass … Ich bin überzeugt / sicher, dass …
- Es stellt sich die Frage, ob … Es ist (nicht) bewiesen / (un)sicher / fraglich, dass … / ob …
- … ist umstritten / ungewiss / zweifelhaft

Begründung
- weil, da, denn, nämlich, deswegen, daher, deshalb
- Ein Grund / Die Ursache dafür ist …
- Dies ergibt sich / erklärt sich aus … Das ist einzusehen / klar, weil …

Verknüpfung
- zuerst, zunächst, zudem, ebenso, gleichfalls, ebenfalls
- sowohl – als auch, einerseits – andererseits, weder – noch
- nicht nur – sondern auch
- ebenso, genauso, des Weitern, weiterhin, außerdem, ferner
- schließlich, endlich, zuletzt
- Man sollte auch berücksichtigen, …
- Noch wichtiger / Ebenso wichtig ist, dass …
- Nicht zu vergessen ist … Nicht vergessen werden sollte / darf …
- aber, jedoch, dagegen, dennoch, trotzdem, allerdings, sonst, andernfalls
- wenn, falls
- zwar – aber, obwohl, obgleich
- Allerdings muss man auch zugeben / erwähnen …
- Hier kann / könnte man einwenden / argumentieren …
- Andererseits lässt sich anführen / ist festzuhalten, dass …
- Es stellt sich aber die Frage, ob … Vielmehr ist festzustellen …

Beispiele
- Zum Beispiel … Dies ist der Fall bei …
- Was damit gemeint ist, lässt sich gut an … verdeutlichen
- Konkret nachweisen lässt sich dies …

Neuer Abschnitt
- Ein weiterer Aspekt ist / wird deutlich
- Ich wende mich nun der Frage zu, … / Dies führt mich nun zu dem Gedanken/der Frage, …

Schlussfolgerung
- also, folglich, somit, deswegen, daher, deshalb, demnach, darum, daraus ergibt sich, als Konsequenz daraus …
- daraus lässt sich schließen / der Schluss ziehen, … Daraus ergibt sich / lässt sich folgern / ableiten …
- So ist es nicht verwunderlich, … Man ersieht daraus, …
- Dies beweist / Diese Zusammenhänge beweisen, … Alles in allem lässt sich feststellen …

Abschluss
- Zum Schluss / Schließlich möchte ich … Zusammenfassend lässt sich festhalten …

Unfaire Argumente abwehren

»Das weiß doch jeder, dass das Unsinn ist!« »Das siehst du bloß so, weil du ein Mann bist.« »Wenn ich sowas höre, wird mir wirklich schlecht und es macht mich wütend.« »Ich kenne sonst niemanden, der so steinzeitliche Ansichten vertritt.«
Wenn jemand in einer Diskussion so unfair argumentiert, merken Sie: Er oder sie will Meinungen und Gefühle als Fakten ausgeben. Überlegen Sie, wie Sie auf solche Argumente reagieren würden.

Bildhafte Ausdrücke und Redewendungen

WAS ICH AM ENDE KANN

Ich kenne einige gängige bildhafte Ausdrücke und Redewendungen und kann ihren Sinn erklären.

Ich verfüge über einen ausreichend großen Wortschatz, um Texte zum Thema »Geld und Schulden« im Detail zu verstehen und mich dazu äußern zu können.

1. Finden Sie heraus, durch welche Ausdrücke man folgende Wendungen ersetzen könnte.

- nach Adam Riese
- in die Schuldenfalle tappen
- auf Pump kaufen
- ein Fass ohne Boden
- etwas auf die hohe Kante legen

Bildhafte Sprache

Oft verwenden wir bildhafte Ausdrücke oder Redewendungen. Sie verdeutlichen, was gemeint ist, und bereichern die Sprache.

Beispiele

- in den sauren Apfel beißen (sich mit einer unangenehmen Sache abfinden)
- etwas an den Nagel hängen (etwas aufgeben)
- ein Haar in der Suppe finden (etwas zu bemängeln haben)

Die Gesamtbedeutung einer solchen Redewendung lässt sich nicht aus der Bedeutung der einzelnen Wörter erschließen. Man muss sie kennen, um sie zu verstehen.

2. Was bedeuten diese bildhaften Ausdrücke und Redewendungen? Schlagen Sie in Lexika nach oder recherchieren Sie im Internet.

GELD WIE HEU HABEN
DEN GÜRTEL ENGER SCHNALLEN
DIE GANS, DIE GOLDENE EIER LEGT
EINE KRÄMERSEELE
EIN KRÖSUS
EINE GOLDGRUBE
DEN GELDHAHN ZUDREHEN
EIN MIDAS
DER GELDSEGEN NIMMT EIN ENDE
IN SAUS UND BRAUS LEBEN
GELD ZUM FENSTER HINAUSWERFEN
AUF GROSSEM FUSS LEBEN
GELD ZUM FENSTER HINAUSWERFEN
LEERE TASCHEN
BEI JEMANDEM HOCH IM KURS STEHEN
MIT EINEM GOLDENEN LÖFFEL IM MUND GEBOREN WERDEN
JEDEN EURO ZWEIMAL UMDREHEN
IM GELD SCHWIMMEN
GUT BETUCHT SEIN
DER PLEITEGEIER
EIN GEIZHALS

3. Erklären Sie die folgenden Sprichwörter.

- Geld regiert die Welt.
- Zeit ist Geld.
- Geld kann man nicht essen.
- Jeder hat seinen Preis.
- Geld verdirbt den Charakter.
- Es ist nicht alles Gold, was glänzt
- Spare in der Zeit, so hast du in der Not.
- Geld stinkt nicht.
- Geld allein macht nicht glücklich.
- Das letzte Hemd hat keine Taschen.

4. Vervollständigen Sie die Redewendungen. Was gehört in die Lücken?

Sabine und Dominik leben in Saus __1__, denn sie haben Geld wie __2__. Sabine besitzt einen kleinen, aber feinen Laden an der teuersten Einkaufsstraße der Stadt, eine wahre __3__-grube. Dominik entstammt einer betuchten Familie und ist schon mit einem __4__ im Mund zur Welt gekommen. Er kümmert sich liebevoll – sozusagen hauptberuflich – um seine alte Tante Louise, die im Geld __5__. Aber eines Tages eröffnet Sabine ihrem Mann: »Wir sollten etwas auf die hohe __6__ legen. Wenn wir nicht den Gürtel __7__, müssen wir vielleicht schon bald jeden Euro __8__, bevor wir ihn ausgeben. Du kennst doch das Sprichwort ›Spare in __9__, __10__‹.« Dominik ist gar nicht einverstanden: »Aber dein Laden ist eine __11__-grube. Außerdem bin ich Tante Louises Lieblingsneffe und stehe bei ihr hoch __12__.« – »Wir müssen damit rechnen, dass das alles auch einmal ein Ende nehmen könnte. Deine Tante hat neulich durchscheinen lassen, dass sie den __13__ auch einmal zudrehen kann, wenn du das Geld weiterhin __14__ hinauswirfst.«

Begriffe rund ums Geld

5. Welche Synonyme für Geld kennen Sie?
Schreiben Sie alle Nomen auf, die Ihnen spontan einfallen.

6. Welche Verben verwenden wir in Zusammenhang mit Geld?
Erweitern Sie den Cluster.

7. Wer bezahlt was, wer erhält was? Welche Wörter gehören in die Lücken?

GAGE
SCHMIERGELD
RENTE
TASCHENGELD
PREISGELD
ALMOSEN
SUBVENTIONEN
STIPENDIEN
LÖSEGELD
LOHN
SOLD
GEBÜHR
TRINKGELD
SPENDE
SPESEN
SCHMERZENSGELD

Der Tennis-Champion kann das ___1___ abholen.
Die Sängerin erhält eine ___2___.
Die Angestellten erwarten am Ende des Monats ihren ___3___.
Die Soldaten müssen sich mit einem ___4___ zufriedengeben.
Die Eltern geben ihren Kindern ein ___5___.
Pensionierte beziehen ihre wohlverdiente ___6___.
Bäuerinnen und Bauern erhalten vom Staat ___7___.
Eine Kellnerin nimmt gerne ___8___ entgegen.
Für einen guten Zweck entrichten viele Leute eine ___9___.
Ein Bettler freut sich über ein ___10___.
Für den neuen Pass bezahlt man eine ___11___.
Manche Künstlerinnen und Künstler beziehen von Stiftungen ___12___.
Bei einer Geschäftsreise werden ___13___ erstattet.
Für das blaue Auge gibt es hoffentlich ein ___14___.
Wer bestechlich ist, nimmt ___15___ an.
Die Kidnapper fordern ___16___.

8. Welche Lösung ist richtig?

1. Welche Ausdrücke sind keine umgangssprachlichen Synonyme für Geld?
   a) Knete, Koks, Kohle
   b) Zaster, Moos, Kies
   c) Tand, Schrott, Schund
   d) Mäuse, Moneten, Mammon

2. »Er hat das für bare Münze genommen« bedeutet:
   a) Er hat den gekauften Gegenstand in bar bezahlt.
   b) Er hat geglaubt, dass das, was gesagt wurde, wahr sei.
   c) Er hat sich dafür gut bezahlen lassen.
   d) Er hat etwas Wertloses für wertvoll gehalten.

3. Wenn »der Groschen fällt«, heißt dies, dass …
   a) man das »Sparschwein schlachtet« und das Kleingeld entnimmt.
   b) die Aktienkurse sinken.
   c) man endlich den Lohn für etwas bekommt.
   d) man etwas verstanden hat.

4. Wenn jemand »Fersengeld gibt«, so heißt dies, dass er …
   a) teure Schuhe kauft.
   b) schnell flüchtet.
   c) dem Schuhmacher endlich die Rechnung bezahlt.
   d) auf dem Absatz kehrtmacht.

5. Was passt nicht in die Reihe? Er hat sein Geld …
   a) zum Fenster hinausgeworfen.
   b) verjubelt.
   c) verbuddelt.
   d) verprasst.

6. Was kann man nicht sagen, wenn man mit einer Geldanlage Gewinne erzielt hat?
   a) Ich habe ordentlich Kasse gemacht.
   b) Das hat sich wirklich ausgezahlt.
   c) Das ist ins Geld gegangen.
   d) Das hat sich gerechnet.

7. Was passt nicht? Wenn ich einen Gegenstand unter seinem Wert verkauft habe, nur um ihn endlich loszuwerden, dann habe ich ihn …
   a) verscherbelt.
   b) verhökert.
   c) verramscht.
   d) verhunzt.

Ein Gedicht interpretieren

WAS ICH AM ENDE KANN

Ich kann ein Gedicht verstehen und entschlüsseln.

Ich kann das Muster eines Gedichtes übernehmen und einen ähnlichen Text verfassen.

Bertolt Brecht (1898–1956)
war ein einflussreicher deutscher Dramatiker und Lyriker. Er begründete das »Epische Theater« und schuf ein umfangreiches Werk. Einer seiner größten Bühnenerfolge war »Die Dreigroschenoper« (1928).

FRAGEN EINES LESENDEN ARBEITERS

Wer baute das siebentorige Theben?
In den Büchern stehen die Namen von Königen.
Haben die Könige die Felsbrocken herbeigeschleppt?
Und das mehrmals zerstörte Babylon[1]
Wer baute es so viele Male auf? In welchen Häusern
Des goldstrahlenden Lima wohnten die Bauleute?
Wohin gingen an dem Abend, wo die Chinesische Mauer[2] fertig war,
Die Maurer? Das große Rom
Ist voll von Triumphbögen. Wer errichtete sie? Über wen
Triumphierten die Cäsaren[3]? Hatte das vielbesungene Byzanz[4]
Nur Paläste für seine Bewohner? Selbst in dem sagenhaften Atlantis
Brüllten in der Nacht, wo das Meer es verschlang
Die Ersaufenden nach ihren Sklaven.

Der junge Alexander[5] eroberte Indien.
Er allein?
Cäsar[6] schlug die Gallier.
Hatte er nicht wenigstens einen Koch bei sich?
Philipp von Spanien[7] weinte, als seine Flotte
Untergegangen war. Weinte sonst niemand?
Friedrich der Zweite[8] siegte im Siebenjährigen Krieg[9]. Wer
Siegte außer ihm?

Jede Seite ein Sieg.
Wer kochte den Siegesschmaus?
Alle zehn Jahre ein großer Mann.
Wer bezahlte die Spesen?

So viele Berichte.
So viele Fragen.

Bertolt Brecht: Werke. Große kommentierte Berliner und Frankfurter Ausgabe, Gedichte 2, Sammlungen 1938–1956. Hg. von Werner Hecht u. a., S. 29 © Suhrkamp Verlag Berlin, Weimar und Frankfurt am Main, 1988.

[1] eine der wichtigsten Städte des Altertums, etwa 90 km südlich von Bagdad im heutigen Irak gelegen. Die Stadt wurde im Laufe der Geschichte mehrmals zerstört.

[2] eine historische Grenzbefestigung des chinesischen Kaiserreichs. Die 8850 km lange Mauer gilt als das größte Bauwerk der Welt.

[3] »Cäsar« ist ein römischer Herrschaftstitel (das deutsche Wort »Kaiser« leitet sich davon ab).

[4] das Byzantinische Reich, ein Kaiserreich im östlichen Mittelmeerraum

[5] König von Makedonien, gilt als größter Eroberer der Geschichte.

[6] römischer Diktator und Feldherr

[7] spanischer König

[8] König von Preußen und Kurfürst von Brandenburg

[9] Im Siebenjährigen Krieg (1756–1763) kämpften alle europäischen Großmächte der Zeit.

1. Was will der Autor aussagen?
Erklären Sie, worauf er durch die Frageform aufmerksam machen möchte.

2. Erklären Sie folgende Begriffe.
Schauen Sie in Lexika nach oder recherchieren Sie im Internet:

- das siebentorige Theben
- das goldstrahlende Lima
- Atlantis
- die Gallier

3. Der Autor verwendet in dem Gedicht Beispiele aus der Vergangenheit. Schreiben Sie ein ähnliches Gedicht mit aktuellen Beispielen:

Wer baute die Frankfurter Wolkenkratzer?
...

Ein Berichtsheft führen

WAS ICH AM ENDE KANN

Ich weiß, wie ich ein Berichtsheft führe.

Ich weiß, welche Ziele mit dem Führen eines Berichtshefts verbunden sind.

Jugendliche, die eine Ausbildung machen, führen ein Berichtsheft, in dem sie festhalten, was sie im Betrieb und in der Berufsschule gelernt haben. Alle Ausbildungsinhalte, die vermittelt wurden, werden darin detailliert in ihrem zeitlichen Ablauf festgehalten. Es wird notiert, in welchen Abteilungen man gearbeitet hat, was man dort genau gemacht hat und welche Unterrichtsinhalte in der Berufsschule oder auf Schulungen vermittelt wurden.

Das Berichtsheft hat zwei Ziele:

- Die **Auszubildenden** kennen Inhalt und Fortgang ihrer Ausbildung, stellen die erworbenen Kenntnisse und Fertigkeiten aus ihrer Sicht dar und setzen sich mit dem erreichten Ausbildungstand auseinander. Indem sie ihre Erfahrungen festhalten, rufen sie sich Probleme ebenso wie Erfolge bewusst in Erinnerung. Daraus wiederum können sie Lehren und Erkenntnisse für die Zukunft gewinnen.
- Die **Ausbilderinnen und Ausbilder** können überprüfen, ob das erforderliche Wissen und die notwendigen Kenntnisse vermittelt wurden.

So schreibe ich ein Berichtsheft

Inhalt

- Ich gebe die einzelnen Ausbildungs- und Arbeitsschritte in ihrer zeitlichen und sachlichen Abfolge wieder und versuche auch, Zusammenhänge aufzuzeigen.
- Ich gebe den Inhalt der Ausbildung wieder; dazu dokumentiere ich betriebliche Tätigkeiten, Unterweisungen, Schulungen sowie die Themen des Berufsunterrichts.
- Ich vermerke die Dauer der einzelnen Tätigkeiten.
- Ich notiere auf jedem Blatt des Ausbildungsnachweises meinen Namen, das Ausbildungsjahr und den Berichtszeitraum.

Vorgehensweise

- Ich führe das Berichtsheft zeitnah (täglich oder wöchentlich).
- Ich mache mir Notizen, damit mir das Führen des Berichtshefts leichter fällt.

Sprache

- Ich formuliere stichwortartig, knapp, sachlich und ohne Wertungen.
- Ich verwende das Partizip Perfekt.

Beispiel:
»von 14 bis 15 Uhr mit Herrn Müller Wareneingang von Scharnieren und Dichtungen kontrolliert«

Muster Ausbildungsnachweis des Bundesinstitutes für Berufsbildung

Ausbildungsnachweis (wöchentlich)

Name des/der Auszubildenden:			
Ausbildungsjahr:		Ggf. Ausbildende Abteilung:	
Ausbildungswoche vom:		bis:	

Betriebliche Tätigkeiten	*Stunden*

Unterweisungen bzw. überbetriebliche Unterweisungen (z. B. im Handwerk), betrieblicher Unterricht, sonstige Schulungen	*Stunden*

Themen des Berufsschulunterrichts	*Stunden*

Durch die nachfolgende Unterschrift wird die Richtigkeit und Vollständigkeit der obigen Angaben bestätigt.

Datum, Unterschrift Auszubildende/r

Datum, Unterschrift Ausbildende/r oder Ausbilder/in

MOBILITÄT

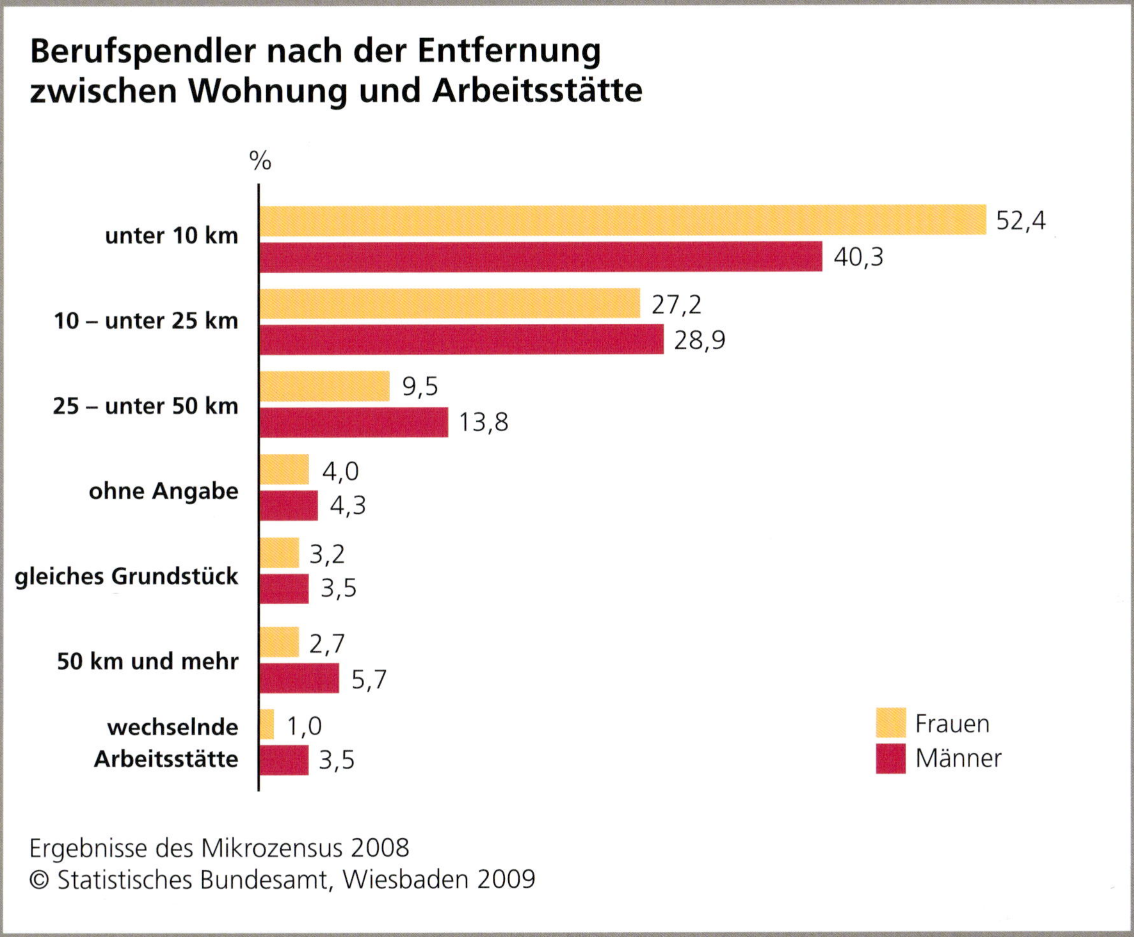

1. Erklären Sie, worüber das Diagramm informiert.
2. Fassen Sie zusammen, welche Ergebnisse das Diagramm liefert. Nehmen Sie dazu Stellung: Entsprechen die Ergebnisse Ihren Erwartungen? Oder sind sie überraschend?
3. Sie möchten herausfinden, wie weit entfernt die Schülerinnen und Schüler in Ihrer Klasse von ihrem Arbeitsort wohnen. Erklären Sie, wie Sie dabei vorgehen.
4. Wären Sie bereit, täglich eine weite Strecke zu fahren, um zu Ihrem Arbeitsplatz zu kommen? Oder würden Sie sich eine Wohnung in der Nähe suchen? Nehmen Sie dazu Stellung.
5. Diskutieren Sie gemeinsam über die Vor- und Nachteile des Pendelns.

Interviews und Umfragen durchführen

WAS ICH AM ENDE KANN

Ich kenne verschiedene Arten von Fragen.

Ich kann ein Interview mit geeigneten Fragen vorbereiten.

Ich kann ein Interview führen und auf interessante oder ausweichende Antworten näher eingehen.

Ich kann ein mündlich geführtes Interview schriftlich in Standardsprache festhalten.

Ich kann eine Umfrage planen, durchführen und die Ergebnisse auswerten.

Interviews planen und führen

Ein Interview dient dazu, durch Befragung Informationen zu ermitteln. Bei journalistischen Interviews werden oft Expertinnen und Experten befragt, aber auch Personen, die besondere Erfahrungen gemacht haben.

1. Lesen Sie das folgende Interview und bearbeiten Sie anschließend die Aufgaben.

Interview: Ist der Mensch zum Pendeln gemacht?

Pendler verbringen im Schnitt mehr als sieben Jahre in der Bahn. Ein Interview über die Auswirkungen täglichen Pendelns. Profis im Kampf um Sitzplätze, Meister des Sekundenschlafes: Täglich pendeln viele Menschen zwischen Wohnort und Job. Jutta Göricke fragte Steffen Häfner von der Stuttgarter Forschungsstelle für Psychotherapie, ob Pendeln der Gesundheit bekommt.

SZ: Sie haben Menschen befragt, die täglich mehr als anderthalb Stunden mit der Bahn zur Arbeit fahren. Wie viele Fernpendler gibt es denn insgesamt?
Häfner: Das kann man nicht exakt sagen. Man geht aber davon aus, dass zumindest in die Metropolen zwischen 30 und 60 Prozent aller Menschen, die dort arbeiten, täglich von außerhalb kommen. Für Stuttgart haben wir herausgefunden, dass es 58 Prozent sind, acht Prozentpunkte mehr als noch vor zehn Jahren. Es scheint so, als sei die Mobilität zu einem Wert an sich geworden, als wollten immer mehr Menschen woanders hin.

Wollen oder müssen?
Natürlich müssen sie auch. Die Standortpolitik vieler Betriebe zwingt sie dazu. Hinzu kommt, dass das Wohnen in Großstädten zum Teil unerschwinglich geworden ist. Und Familien fühlen sich draußen im Grünen wohler.

Wie verkraftet der Mensch das Leben in Paralleluniversen?
Der Preis ist hoch. Viele denken, das sei nur auf Zeit. In Wahrheit ist es aber eine Dauerlösung. Im Schnitt saßen unsere Pendler 7,2 Jahre auf der Bahn. Und das geht auf die Gesundheit.

Inwiefern?
Es kommt zu funktionellen Störungen, also zu körperlichen Symptomen ohne organischen Befund. Zwei bis dreimal so häufig wie Normalbürger klagen Pendler über Nacken- und Schulterschmerzen, Gelenk- und Gliederschmerzen, über Schwindel. Viele fühlen sich müde, erschöpft und matt.

Woran liegt das?
Schon allein daran, dass sie viele Stunden im Zug festsitzen und sich noch weniger als andere Büromenschen bewegen. Denn ihnen geht ja auch entsprechend Freizeit ab. Dazu schlafen sie weniger, weil sie so früh raus müssen.

Können sie nicht einfach schon um neun ins Bett gehen?
Das bringt nichts. Denn es kommt auf den Biorhythmus an. Den können Sie so nicht überlisten. Davon abgesehen: Wer will so früh schlafen gehen?

Kann man denn nicht im Zug ein Nickerchen machen oder die Zeit konstruktiv und entspannend nutzen?
Natürlich geht es einem besser, wenn man es schafft zu arbeiten, zu lesen, sich zu entspannen oder wirklich tief zu schlafen. Aber meist ist der Schlaf im Zug nicht effektiv. Fahren Sie mal mit einem Pendlerzug: Die Züge sind überfüllt, man muss froh sein, einen Sitzplatz zu bekommen. Umsteigen erzeugt auch Stress. Das alles lässt sich an den Stresshormonen im Blut nachweisen.

Welche Rolle spielt indirekter Stress wie Probleme in der Familie, weil der Ernährer so oft weg von zu Hause ist?
Generell gilt, dass pendelnde Frauen stärker unter der Situation leiden als Männer, wegen der Mehrfachbelastung durch Arbeit, Haushalt und Kinder. Allerdings sind die meisten Pendlerinnen kinderlos, während pendelnde Männer Familie haben, ja sogar ausgesprochen familienorientiert sind: Sonst würden sie gar nicht pendeln. Sie nehmen die Fahrerei in Kauf, damit den Kindern ein Schulwechsel erspart bleibt oder sie ihr Heim nicht aufgeben müssen.

Ist der Mensch für das mobile Arbeitsleben gemacht?
Nein, eher nicht. Er leidet unter dem damit verbundenen Bewegungsmangel. Schließlich hat die Natur ihn als Jäger vorgesehen, der auf der Suche nach Beute stundenlang durch die Savanne rennt. Aber die Verfügbarkeit schneller Verkehrsmittel, also die vom Menschen erfundene Technik, verführt und zwingt ihn auch zur immobilen Mobilität.

(Quelle: www.sueddeutsche.de)

a. Erklären Sie, welche Informationen den Leserinnen und Lesern in der Einleitung vermittelt werden.

b. Nehmen Sie zu folgenden Fragen Stellung:
- Aus welchen Gründen müssen viele Berufstätige pendeln?
- Welche Nachteile sind nach der Meinung Häfners mit dem Pendeln verbunden?
- Welche Auswirkungen auf das Familienleben sieht er?

c. Diskutieren Sie darüber, ob die Argumentation von Steffen Häfner nachvollziehbar ist. Welchen Aussagen würden Sie zustimmen, welchen widersprechen?

Tipp

Ob ein Interview gelingt, hängt davon ab, wie es geführt wird. Achten Sie auf die Fragetechnik. Diese ist wichtig, wenn man herausfinden möchte, was der oder die Befragte denkt. Der Basiswissenkasten auf der nächsten Seite hilft Ihnen dabei.

BASISWISSEN

Fragetypen

Es wird zwischen **offenen** Fragen und **geschlossenen** Fragen unterschieden:

1. Offene Fragen

Offene Fragen beginnen mit einem W-Fragewort (wann, was, wie, welche usw.). Die befragte Person entscheidet, was sie antwortet und ob die Antwort knapp oder ausführlich ausfällt.

Beispiel: Wann sind Sie zum letzten Mal mit dem Zug gefahren?

2. Geschlossene Fragen

Entscheidungsfrage

Die befragte Person antwortet mit ja oder nein.

Beispiel: Fahren Sie mit dem Auto zur Arbeit?

Alternativfrage

Zwei (oder mehr) Antwortmöglichkeiten sind vorhanden (entweder ... oder).

Beispiel: Fahren Sie lieber mit dem Auto oder mit öffentlichen Verkehrsmitteln zur Arbeit?

Auf eine Frage kann eine Anschlussfrage folgen oder es können verschiedene Fragen miteinander kombiniert werden:

➢ **Anschlussfrage**

Der Interviewer bezieht sich auf eine Antwort, die die Befragte gegeben hat, und stellt dazu eine weitere Frage. Diese kann als offene oder geschlossene Frage formuliert sein.

Beispiel: Warum fahren Sie denn lieber mit dem Auto?

➢ **Mehrfachfrage**

Die Interviewerin kombiniert zwei oder mehrere Fragen. Auch diese können als offene oder geschlossene Fragen formuliert sein.

Beispiel: Sind Sie letzte Woche mit dem Zug zur Arbeit gefahren und wenn ja: wie oft?

Manche Fragen versuchen, die befragte Person zu beeinflussen oder bestimmte Gedanken oder Gefühle in ihr auszulösen:

➢ **Suggestivfrage***

Die Interviewerin macht dem Befragten deutlich, welche Antwort sie erwartet. Der Befragte soll auf diese Weise beeinflusst werden, sodass er den Ideen und Bewertungen der Interviewerin zustimmt.

Beispiel: Sie denken doch sicher auch, dass das Angebot öffentlicher Verkehrsmittel unzureichend ist?

➢ **Rhetorische Frage****

Der Zuhörer soll durch die Frage neugierig gemacht werden. Sie dient nicht dazu, Informationen zu gewinnen.

Beispiel: Haben Sie etwas dagegen, dass ich Ihnen als Dank einen Kinogutschein überreiche?

*suggerieren = einreden, vorschlagen
**Rhetorik = Redekunst

2. Ordnen Sie die Fragen im Interview von Seite 132 f. den verschiedenen Fragetypen zu.

3. Ordnen Sie zu: Um welche Fragetypen handelt es sich?

- Haben Sie von dem Pilotenstreik gewusst?
- Warum sind Sie Busfahrerin geworden?
- Sind wir nicht alle manchmal unzufrieden mit der Bahn?
- Finden Sie nicht auch, dass man öfter mit dem Fahrrad fahren sollte?
- Für welche Zugverbindung entscheiden Sie sich am häufigsten?
- Könnten Sie auf Ihr Auto verzichten oder sind Sie darauf angewiesen?
- Würden Sie lieber im Grünen leben und falls ja, würden Sie dafür auch eine lange Fahrt zum Arbeitsplatz in Kauf nehmen?
- Ist es nicht so, dass das Pendeln zum Arbeitsplatz Stress verursacht?

4. Formulieren Sie zu jedem Fragetyp jeweils ein Beispiel.

BASISWISSEN

Interviews führen

Vorbereitung
- Ich recherchiere Informationen über das Interviewthema.
- Ich bereite Fragen vor, deren Antworten aufschlussreiche Informationen versprechen.
- Ich bringe die Fragen in eine logische Reihenfolge: wichtige Fragen zu Beginn, dann erst Detailfragen.

Durchführung
- Ich erkläre dem Interviewpartner/der Interviewpartnerin, zu welchem Zweck und in welchem Rahmen das Interview geführt und ob es veröffentlicht wird.
- Falls das Interview aufgezeichnet werden soll, bitte ich vorher um Erlaubnis.
- Ich höre aufmerksam zu und reagiere, wenn nötig, mit passenden Anschlussfragen.
- Ich stelle keine Fragen, die die befragte Person beeinflussen (Suggestivfragen).

Das Interview in eine schriftliche Form fassen
- In der Einleitung stelle ich die Interviewpartner und das Thema des Interviews vor: Wer hat mit wem wann und worüber das Gespräch geführt?
- Ich übertrage das Interview in leicht verständliche, korrekte Standardsprache und schreibe es nicht wortwörtlich nieder.
- Ich verändere den Inhalt der Aussagen nicht.

5. Überprüfen Sie, welche Merkmale das Interview mit Steffen Häfner enthält:
   - Informationen zur befragten Person?
   - informative Einleitung?
   - ergiebige Fragen?
   - keine Suggestivfragen?

6. Planen Sie ein Interview zu dem Thema »Jugendliche und Mobilität – unterwegs in Stadt und Land«:
   - Formulieren Sie fünf bis sieben Fragen.
   - Fragen Sie einen Freund oder eine Freundin oder jemanden aus Ihrem Bekanntenkreis, ob er sich als Interviewpartner zur Verfügung stellt.
   - Führen Sie das Interview durch und bringen Sie es in eine schriftliche Form.

Umfragen erstellen

Umfragen sind ein Instrument, um Informationen z. B. über Meinungen, Einstellungen oder Verhaltensweisen zu gewinnen. Dabei wird eine größere Gruppe von Personen befragt, damit man ein repräsentatives Bild gewinnen kann.

7. Lesen Sie den folgenden Umfragebogen genau durch.
   Beantworten Sie anschließend die Fragen zu Form und Inhalt.

Mitarbeiterumfrage:
Fahren Sie mit dem Fahrrad zur Arbeit?

Viele Berufstätige fahren regelmäßig mit dem Auto oder mit Bus und Bahn zur Arbeit. Doch auch das Fahrradfahren kann eine interessante Alternative sein. Mit dieser Befragung wollen wir herausfinden, ob und wie häufig das Fahrrad von Mitarbeitenden unserer Firma für den Arbeitsweg genutzt wird. Wir bitten Sie daher, den Fragebogen auszufüllen und an die Pressestelle zu schicken. Die Ergebnisse werden in der Mitarbeiterzeitung veröffentlicht. Bitte kreuzen Sie jeweils alle zutreffenden Antworten an.

1. Wie oft fahren Sie mit dem Fahrrad zur Arbeit?

☐ (fast) täglich ☐ mehrmals wöchentlich ☐ mehrmals monatlich ☐ alle paar Monate ☐ nie

2. Welche anderen Transportmittel nutzen Sie, um zur Arbeit zu fahren?

☐ Auto ☐ Bus und Bahn ☐ andere Antwort: ____________________

3. Besitzen Sie ein Auto?

☐ ja ☐ nein

4. Haben Sie eine Monatskarte für Bus oder Bahn?

☐ ja ☐ nein

5. Wie viele Kilometer ist Ihr Arbeitsplatz von Ihrem Wohnort entfernt?

☐ weniger als 3 km ☐ zwischen 3 und 10 Kilometer
☐ zwischen 10 und 20 Kilometer ☐ mehr als 20 Kilometer

6. Falls Sie nicht mit dem Fahrrad zur Arbeit fahren: Warum nicht?

☐ Der Weg ist zu weit. ☐ Die Strecke ist für das Fahrradfahren nicht geeignet.
☐ Radfahren ist mir zu anstrengend. ☐ Ich müsste mich dann im Büro umziehen.
☐ andere Gründe: ____________________

7. Was könnte die Firma tun, um Ihnen das Fahrradfahren schmackhaft zu machen? Wo besteht Verbesserungsbedarf? Hier ist Platz für Ihre Vorschläge.

____
____
____

Freiwillige Angaben

Geschlecht: ☐ männlich ☐ weiblich
Alter: ____________

Vielen Dank für das Ausfüllen des Fragebogens!

a. Erklären Sie, worüber am Anfang der Umfrage informiert wird.
b. Erklären Sie, welche Fragetypen verwendet werden.
c. Erklären Sie, worin sich die siebte Frage von den anderen Fragen unterscheidet.

Antworten auswerten

8. Stellen Sie die Ergebnisse zu Frage 1 (»Wie oft fahren Sie mit dem Fahrrad zur Arbeit?«) in einem Kreisdiagramm dar.
Fassen Sie die wichtigsten Aussagen des Diagramms schriftlich zusammen.

Befragte Personen,
die die Antwortmöglichkeit
angekreuzt haben:
(fast) täglich: 4
mehrmals wöchentlich: 24
mehrmals monatlich: 38
alle paar Monate: 32
nie: 102

Tipp
Rechnen Sie die Zahlen in Prozent um.

BASISWISSEN

Umfragen erstellen

- Im einleitenden Text informiere ich über die Hintergründe der Umfrage und motiviere zur Teilnahme.
- Ich biete gezielte Fragen und Auswahlantworten zu einem Thema an.
- Offene Fragen stelle ich erst zum Schluss.
- Ich passe den Fragestil der Zielgruppe an (Schwierigkeit, Fachbegriffe usw.).
- Ich formuliere die Fragen neutral, sodass die Teilnehmenden nicht beeinflusst werden.
- Ich befrage genügend Personen, damit das Ergebnis aussagekräftig ist. Je nach Thema berücksichtige ich eventuell verschiedene Berufs- oder Altersgruppen usw.
- Ich erfrage Angaben zu den Teilnehmerinnen und Teilnehmern (Alter, Geschlecht, Beruf).
- Ich werte die Umfrage aus: Zahlen verdeutliche ich z. B. durch Diagramme; Ergebnisse fasse ich zusammen und kommentiere sie.

9. Stellen Sie die Ergebnisse zu Frage 5 (»Wie viele Kilometer ist Ihr Arbeitsplatz von Ihrem Wohnort entfernt?«) in einem Diagramm dar. Überlegen Sie zunächst, welche Formen des Diagramms sich dazu am besten eignen.
Fassen Sie die wichtigsten Aussagen des Diagramms schriftlich zusammen.

Befragte Personen,
die die Antwortmöglichkeit
angekreuzt haben:
weniger als 3 Kilometer: 18
zwischen 3 und 10 Kilometern: 68
zwischen 10 und 20 Kilometern: 64
mehr als 20 Kilometer: 50

Tipp
Schlagen Sie im Kapitel »Diagramme erstellen und analysieren« auf Seite 46 f. nach.

Eine Umfrage vorbereiten

Thema: Wie wichtig ist das Auto für junge Erwachsene?

10. Ordnen Sie den Fragen a bis e passende Antwortmöglichkeiten zu. In der Wolke unten finden Sie Beispiele. Überlegen Sie sich, welche Antwortmöglichkeit Sie bei Frage f anbieten könnten.

- **a.** Besitzen Sie ein eigenes Auto?
- **b.** Fahren Sie gerne Auto?
- **c.** Wie oft fahren Sie mit dem Auto zur Arbeit?
- **d.** Was bedeutet Autofahren für Sie?
- **e.** Welchen Stellenwert hat Mobilität für Sie?
- **f.** Worauf achten Sie, wenn Sie sich ein neues Auto kaufen?

11. Entscheiden Sie, ob folgende Fragen für die Umfrage geeignet wären. Begründen Sie Ihre Antwort.

- **a.** Wie oft fahren Sie kurze Strecken mit dem Auto, obwohl es unnötig wäre und die Umwelt verschmutzt?
- **b.** Wie viele Kilometer fahren Sie pro Monat mit dem Auto?
- **c.** Wie viel würden Sie maximal für einen Neuwagen ausgeben?
- **d.** Wie hoch ist der CO_2-Ausstoß Ihres Autos?
- **e.** Stört es Sie, dass es in der Stadt viel zu wenig Parkplätze gibt?

12. Ergänzen Sie die Umfrage um zwei bis drei weitere Fragen. Schreiben Sie einen einleitenden Text für die Umfrage. Überlegen Sie sich, in welcher Form Sie die Ergebnisse der Umfrage darstellen könnten (Diagramm, Tabelle usw.).

13. Welche Antwortmöglichkeiten würden Sie anbieten? Begründen Sie Ihre Entscheidung.

1. Wie oft benutzen Sie in Ihrer Freizeit Ihr Auto?

a) ☐ täglich
☐ mehrmals in der Woche
☐ einmal in der Woche oder seltener

b) ☐ wenn ich Lust darauf habe
☐ wenn sonst niemand das Auto braucht
☐ weiß ich nicht

2. Wie orientieren Sie sich, wenn Sie eine fremde Strecke fahren?

a) ☐ mit dem Navi
☐ mit einer Karte
☐ Ich frage nach dem Weg.
☐ andere Antwort:

b) ☐ hier eintragen:_____________

3. Wie schnell sollte man auf der Autobahn fahren dürfen?

a) ☐ 130
☐ so schnell man will
☐ andere Antwort:

b) ☐ 100
☐ 130
☐ weiß ich nicht
☐ andere Antwort:

Online-Umfragen analysieren

Auf vielen Internet-Seiten werden Sie zu Online-Umfragen eingeladen – sei es zu Produkten, politischen Einstellungen oder aktuellen Themen. Schauen Sie sich bei der nächsten Gelegenheit die Fragen, die bei einer solchen Umfrage verwendet werden, genau an. Sie erkennen nun, welche Fragetypen benutzt werden und ob Sie – etwa mit Suggestivfragen – beeinflusst werden sollen.

Direkte und indirekte Rede

WAS ICH AM ENDE KANN

Ich kann korrekte Sätze in direkter und indirekter Rede bilden.

Ich kann direkte Rede in indirekte Rede verwandeln und umgekehrt.

1. Lesen Sie die folgenden Regeln und Beispiele aufmerksam durch und beantworten Sie anschließend die unten stehenden Fragen.

REGELN

Direkte und indirekte Rede

Direkte Rede	**Indirekte Rede**
Herr A. berichtet: »**Mein** Nachbar lässt im Garten ständig laute Musik laufen.« »**Ich** kann **mich** nicht gegen diesen Lärm wehren.« »Das Gesetz schützt **uns** nicht.« »Das habe ich **gestern** erfahren.« »**Meine** Frau und **ich** wissen nicht weiter.«	Herr A. hat mir erzählt, … **sein** Nachbar lasse im Garten ständig laute Musik laufen. **er** könne **sich** nicht gegen diesen Lärm wehren. das Gesetz schütze **sie** nicht. das habe **er am Tag zuvor** erfahren. **seine** Frau und **er** wüssten nicht weiter.
Herr A. fragt: »Was soll **ich** tun?« »Können **Sie mir** einen Rat geben?«	Herr A. hat mich gefragt, … was **er** tun solle. **ob ich ihm** einen Rat geben könne.
Ich habe Herrn A. geraten: »Ziehen **Sie** um.«	Ich habe Herrn A. geraten, … **er** solle umziehen.

Direkte Rede	**Indirekte Rede**	
Indikativ	*Konjunktiv I*	*Konjunktiv II*
»Ich **kann** mich nicht gegen diesen Lärm wehren.«	Er sagt, er **könne** sich nicht gegen diesen Lärm wehren.	
»Meine Frau und ich **wissen** nicht weiter.«	Er sagt, ~~seine Frau und er~~ **wissen** ~~nicht weiter.~~	seine Frau und er **wüssten** nicht weiter.

Die indirekte Rede wird mit dem **Konjunktiv I** gebildet.

Wenn die Formen des **Indikativs** und des **Konjunktivs I identisch** sind, verwendet man den **Konjunktiv II**.

a. Welche Unterschiede zwischen direkter und indirekter Rede stellen Sie fest?
b. Was muss man beim Setzen der Satzzeichen beachten?

2. Welche Begriffe passen? Ergänzen Sie die Lücken.

indirekten, im Wortlaut, berichtet, sprechenden
In der direkten Rede wird eine Aussage ■ wiedergegeben, d. h. aus der Perspektive der ■ Person. In der ■ Rede wird eine Aussage aus der Perspektive jener Person wiedergegeben, die davon ■.

3. Setzen Sie folgende Fragen und Antworten aus dem Interview »Ist der Mensch zum Pendeln gemacht?« (Seite 132 f.) in die indirekte Rede.

a. *SZ: Wie viele Fernpendler gibt es denn insgesamt?*

Die SZ fragt, wie viele Fernpendler es insgesamt gebe.

b. Häfner: Das kann man nicht exakt sagen. Man geht aber davon aus, dass zumindest in die Metropolen zwischen 30 und 60 Prozent aller Menschen, die dort arbeiten, täglich von außerhalb kommen. Für Stuttgart haben wir herausgefunden, dass es 58 Prozent sind, acht Prozentpunkte mehr als noch vor zehn Jahren.

Steffen Häfner erklärt, das könne man nicht exakt sagen ...

c. *SZ: Wie verkraftet der Mensch das Leben in Paralleluniversen?*

d. Häfner: Der Preis ist hoch. Viele denken, das sei nur auf Zeit. In Wahrheit ist es aber eine Dauerlösung. Im Schnitt saßen unsere Pendler 7,2 Jahre auf der Bahn. Und das geht auf die Gesundheit.

e. *SZ: Können sie nicht einfach schon um neun ins Bett gehen?*

f. Häfner: Das bringt nichts. Denn es kommt auf den Biorhythmus an. Den können Sie so nicht überlisten.

g. *SZ: Kann man denn nicht im Zug ein Nickerchen machen oder die Zeit konstruktiv und entspannend nutzen?*

h. Häfner: Natürlich geht es einem besser, wenn man es schafft zu arbeiten, zu lesen, sich zu entspannen oder wirklich tief zu schlafen. Aber meist ist der Schlaf im Zug nicht effektiv.

i. *SZ: Welche Rolle spielt indirekter Stress wie Probleme in der Familie, weil der Ernährer so oft weg von zu Hause ist?*

j. Häfner: Generell gilt, dass pendelnde Frauen stärker unter der Situation leiden als Männer, wegen der Mehrfachbelastung durch Arbeit, Haushalt und Kinder. Allerdings sind die meisten Pendlerinnen kinderlos, während pendelnde Männer Familie haben, ja sogar ausgesprochen familienorientiert sind: Sonst würden sie gar nicht pendeln. Sie nehmen die Fahrerei in Kauf, damit den Kindern ein Schulwechsel erspart bleibt oder sie ihr Heim nicht aufgeben müssen.

4. Setzen Sie den folgenden Textabschnitt in die indirekte Rede.

Wie nervig ist Pendeln?

Der Ingenieur Christian Schön erzählt von seinem Arbeitsweg zwischen Stadt und Land.

»Ich wohne in Dortmund und fahre jeden Tag nach Lippstadt. Für meinen Traumjob als Lichttechnik-Ingenieur in einer Entwicklungsabteilung dort nehme ich in Kauf, dass ich morgens um 6 Uhr aufstehen muss und erst um 19.30 Uhr wieder zu Hause bin. Nach Lippstadt ziehen kommt nicht in Frage, ich bin einfach eher der Großstadtmensch.

Ich versuche alles, um das meiste aus meiner Zeit herauszuholen. Abends schmiere ich mir Brote für den nächsten Tag und packe meine Tasche. Gegen 6.35 Uhr verlasse ich das Haus und brauche etwa zehn Minuten zum Bahnhof. Wenn ich später als 6.39 Uhr in die Unterführung gehe, heißt es für mich: laufen, um meinen Zug noch zu bekommen.

Die Zugstrecke kenne ich immer noch nicht auswendig, weil ich meist Zeitung lese oder schlafe. Ich habe mir dafür extra gute Kopfhörer gekauft: Selbst wenn ich keine Musik höre, bekomme ich kaum Umgebungsgeräusche mit. Um nicht die Haltestelle zu verschlafen, stelle ich mir einen Wecker, der dann in meinen Kopfhörern klingelt. Das hat mich schon öfter gerettet.

Nach der 45-minütigen Zugfahrt habe ich in Lippstadt fünf Minuten, um den Bus ins Gewerbegebiet zu bekommen – oft ganz schön knapp. Zum Glück kennt mich der Busfahrer mittlerweile und wartet auch mal zwei Minuten. Von der Haltestelle aus brauche ich zehn Minuten zu Fuß bis zur Firma. Einige Pendler nehmen ein Klappfahrrad mit, ich habe mir ein Kickboard gekauft. Weil der Weg leicht bergauf geht und ich morgens schon ein wenig ins Schwitzen gekommen bin, gehe ich jetzt wieder zu Fuß und bin gegen 7.50 Uhr bei der Arbeit.«

(Quelle: www.spiegel.de, gekürzt)

Indirekte Rede:

Der Ingenieur Christian Schön erklärt, er wohne in Dortmund und fahre jeden Tag nach Lippstadt. Für seinen Traumjob als Lichttechnik-Ingenieur in einer Entwicklungsabteilung nehme er in Kauf …

Erzählung: Die eigene Meinung vertreten

WAS ICH AM ENDE KANN

Ich kann einem Text die Meinung des Erzählers entnehmen und mir dazu eine eigene Meinung bilden.

Ich kann eine eigene kurze Geschichte zu einer lustigen Begebenheit schreiben.

Der Erzähler denkt über Navigationsgeräte nach und erinnert sich an die Sage »Der Rattenfänger von Hameln«: Der Rattenfänger befreite die Stadt von einer Mäuseplage. Mit seinem Flötenspiel lockte er die Tiere in die Weser, wo sie ertranken. Da die Bürger ihn um seinen Lohn prellten, führte er schließlich die Kinder der Stadt, die ihm willenlos folgten, aus der Stadt heraus.

Wladimir Kaminer (*1967 in Moskau) ist ein deutscher Schriftsteller. Er machte eine Ausbildung zum Toningenieur und studierte Dramaturgie. 1990 kam er nach Berlin. Sein erster Erzählband »Russendisko« machte ihn schlagartig berühmt.

GPS (Auszug)

Wenn man dieses alte Märchen in die heutige Zeit verlegt, würde man feststellen, der moderne Rattenfänger des Deutschen ist sein Navigationssystem, auch GPS genannt. Dieses wunderbare Gerät, einst für die Nöte des Militärs entwickelt, kann im ständigen Austausch mit Satelliten, die aus dem Weltraum heraus unsere Erde pausenlos beobachten, gefährliche Waffenlabors in Schurkenstaaten erkennen oder einem Autofahrer den kürzesten Weg nach Freising anzeigen. Obwohl aus dem Weltall nicht alle Baustellen zu sehen sind, hat das Navigationsgerät in kürzester Zeit große Beliebtheit erreicht, und das nicht nur bei Autofahrern. Viele tragen es mit sich, auch wenn sie ohne Auto unterwegs sind. Das tun sie aus Angst, jemand würde ihnen das Navigationsgerät klauen und ihre Lebensroute entschlüsseln. Andere haben es in ihren Telefonen. Die modernen Mobiltelefone haben fast alle ein Navigationsgerät. Das hat zur Folge, dass immer mehr Menschen abbiegen, ohne auf Straßenschilder zu schauen. Stattdessen starren sie auf ihr Handy, und es ist nur eine Frage der Zeit, bis sie alle in der Weser landen.

Es ist oft schwierig, sein Ziel präzise einzugeben, und so kommt es immer wieder zu Meinungsverschiedenheiten zwischen Mensch und Gerät. Der Mensch glaubt, sein Ziel bereits erreicht zu haben, das Gerät meint jedoch, der Weg gehe noch weiter.

Neulich aßen wir an einer Raststätte, neben uns saß ein älterer Herr. Ein kleiner Kasten lag vor ihm auf dem Tisch. Kaum hatte der ältere Herr ein Stück Wurst auf der Gabel, fing der Kasten an zu reden.

»Abfahrt!«, sagte das Gerät laut. »Bei der ersten Gelegenheit biegen Sie nach rechts ab.«

Dem älteren Herrn wäre beinahe die Wurst aus dem Mund gefallen. Er sprang hoch, nahm den Kasten und lief in großen Schritten zu seinem Auto, um den Anweisungen des Gerätes zu folgen.

Ich habe das Gefühl, früher wussten die meisten, wohin sie wollten. Heute sind viele unentschlossen, besonders bei schlechtem Wetter oder wenn an ihrem Satelliten Wartungsarbeiten angesagt sind. Ohne Navi kommen sie nicht mehr vom Fleck. Viele reden mit ihren Navigationsgeräten mehr als mit ihren Familienangehörigen. Bei anderen ersetzen die Navigationsgeräte sogar ihre Familienangehörigen. Eine Bekannte von mir fuhr mit einem Navigationsgerät, das mit der Stimme ihres verstorbenen Mannes zu ihr sprach. Eigentlich hatte sie den Mann noch vor seinem Tod aus Unzufriedenheit mit seinem scheußlichen Charakter verlassen. Er war Gymnasiallehrer, wusste immer alles besser und gab ihr ständig Anweisungen, als wäre sie eine seiner Schülerinnen und keine erwachsene Frau. Sie stritten sich ständig, und es war nur eine Frage der Zeit, bis sie schließlich auseinandergingen. Der Mann konnte keine Kompromisse schließen, seine Führungsrolle nicht aufgeben, erkannte selbst keine Autoritäten an und hörte auf niemanden – außer auf sein Navigationsgerät.

Das hat ihn letzten Endes in den Tod geführt. Mit seinem Mitsubishi fuhr er auf der Landstraße nach Neuruppin, als sein Navigationsgerät ihm sagte: »Jetzt.« Der Lehrer bog ab und bremste so unglücklich, dass er sich beim Aufprall das Genick brach. Der Fahrer des Busses hielt an und brachte ihn ins Krankenhaus, doch zu diesem Zeitpunkt war der Lehrer bereits tot. Das Auto war Schrott, nur das Navigationsgerät überlebte und wurde der Witwe übergeben. Am Tag des Begräbnisses fuhr sie damit zum Friedhof, parkte ein und ging die richtige Allee suchen. Sie war zum ersten Mal auf dem großen Friedhof und hatte sich schnell verlaufen. Als sie verzweifelt jemanden suchte, um nach dem Weg zu fragen, fing das Navigationsgerät ihres verstorbenen Mannes in ihrer Handtasche mit der Stimme ihres verstorbenen Mannes an zu reden: »Nach hundert Metern biegen Sie rechts ab!« Ihr Mann konnte es selbst nach seinem Tod nicht lassen, ihr weitere Anweisungen zu geben. »Nach dreihundert Metern haben Sie Ihr Ziel erreicht«, sagte die Stimme, und tatsächlich navigierte sie das Gerät zum Begräbnisort. Viele Arbeitskollegen waren gekommen, und die Klasse, die ihr Mann als Klassenlehrer betreut hatte, war beinahe vollzählig erschienen. Meine Bekannte erlitt durch dieses Erlebnis einen schweren Schock. Sie hatte das Gerät extra im Hinterhof ihres Hauses begraben und sich kein neues besorgt. Seitdem glaubt sie an eine Verschwörung der Navigationsgeräte gegen die Menschheit.

Diese Geräte werden mit Algorithmen[1] gespickt, deren ganzer Sinn darin besteht, die optimale Bewegung des Fahrzeuges zu ermöglichen, also das Auto schnell durch die Gegend zu bringen und Verkehrshindernissen auszuweichen. So werden Autos immer intelligenter. Sie fahren schon jetzt so gut wie von allein, und früher oder später werden ihre Navis die Wahrheit erkennen müssen, dass nämlich das größte Verkehrshindernis nicht die Baustellen sind, sondern die Autofahrer selbst. Es ist mehr als wahrscheinlich, dass die Geräte daraufhin beschließen, diese eigenwilligen Verkehrshindernisse zu beseitigen, um ihre Route endgültig zu optimieren. Eines Tages sagen alle Navigationsgeräte gleichzeitig: »Jetzt rechts«, und eine neue Zeit wird beginnen, eine neue Route, bei der alle Verkehrsteilnehmer makellos diszipliniert handeln, alle Verkehrsregeln penibel beachtet werden und keiner mehr hupt.

Wladimir Kaminer: Liebesgrüße aus Deutschland. München 2013, S. 47–51

[1] Folge von Anweisungen

1. An welchen Textstellen spielt der Erzähler auf die Sage vom »Rattenfänger von Hameln« an? Recherchieren Sie, wenn nötig, im Internet und lesen Sie die Sage.

2. Weshalb setzt der Erzähler den Rattenfänger mit dem GPS gleich? Erklären Sie in eigenen Worten.

3. Diskutieren Sie darüber, warum der Lehrer auf sein Navigationsgerät gehört hat.

4. Erklären Sie, welche Befürchtung der Erzähler im letzten Abschnitt formuliert. Stimmen Sie ihm zu? Wie stehen Sie zu Navigationsgeräten? In welchen Situationen sind sie Ihrer Meinung nach angebracht, in welchen sind sie eher hinderlich? Begründen Sie Ihre Meinung.

Wenn man blind dem Navi folgt ...

5. Schreiben Sie eine witzige Begebenheit. Wählen Sie eine der folgenden Situationen:
   - ➢ Ein Ehepaar will Bekannte in Frankfurt am Main besuchen. Der Ehemann vertippt sich und das Navi führt das Paar nach Frankfurt an der Oder ...
   - ➢ Klassenfahrt nach Frankreich. Das Navi gibt den kürzesten Weg an und der Bus landet auf einem Waldweg. Wenden ist unmöglich ...
   - ➢ Ein Tourist sucht den Weg vom Bahnhof zum Hotel. Da er dabei die ganze Zeit auf sein Handy starrt, stößt er mit einer Frau zusammen ...

Eine große Arbeit planen und durchführen

WAS ICH AM ENDE KANN

Ich kann eine große Arbeit planen und realisieren.

Ich kann die Ziele, die ich erreichen möchte, formulieren.

Ich kann Termine im Auge behalten.

Wenn man eine größere Arbeit erfolgreich zu Ende bringen möchte, muss man sich genügend Zeit für eine sorgfältige und systematische Planung nehmen. So kann man Stress vermeiden und Freiraum schaffen für Kreativität. Die Planung ist Teil des Projektes. Die folgenden fünf Punkte helfen dabei.

1. Informationen sammeln und strukturieren

- Zuerst muss ich die Aufgabenstellung verstehen und erfassen. Dazu trage ich in einem Brainstorming alle möglichen Informationen zum Thema zusammen. Diese Ideensammlung hilft mir, das Thema zu analysieren, und zeigt mir erste Möglichkeiten auf.
- Ich ordne und strukturiere meine gesammelten Ideen in einer Mindmap. Wenn ich meine Gedanken in eine Ordnung bringe, kann ich besser sehen, wohin mich meine Arbeit führen könnte.
- Ich formuliere zentrale und relevante Fragen, die mir helfen, das Thema besser zu ergründen. W-Fragen helfen mir dabei: Wer? Wie? Was? Wann? Wo? Warum? Wie viel? Welche?

2. Ziele formulieren

- Ich formuliere die Ziele, die ich mit der Arbeit erreichen will. Die Ziele sind sozusagen das Herzstück der Arbeit. Gute Zielformulierungen sind klar, konkret, realistisch und präzise formuliert.
- Die Zielformulierung gibt Auskunft über folgende Fragen:
  - **Was** will ich tun? (Inhalte)
  - **Wie** will ich es tun? (Vorgehensweise, Methode)
  - **Welches Resultat** (Endprodukt) soll entstehen?
  - **Welche Qualität** soll das Produkt haben?
    Das heißt: Wie intensiv soll das Thema bearbeitet werden?

Folgende Verben können mir bei der Formulierung meiner Ziele helfen:

BESCHREIBEN
ERKLÄREN ERLÄUTERN
DARSTELLEN AUFZEIGEN VERGLEICHEN UNTERSCHEIDEN
ABLEITEN KOMBINIEREN ÜBERTRAGEN BESTIMMEN INTERPRETIEREN
ÜBERPRÜFEN BEURTEILEN ENTWICKELN ERMITTELN UNTERSUCHEN KREIEREN
ANALYSIEREN ERÖRTERN ENTWERFEN BEWERTEN PRODUZIEREN

Beispiele für Zielformulierungen:

- Ich ermittle, ob es Lohnunterschiede gibt zwischen Busfahrern, die für private Unternehmen arbeiten, und Busfahrern, die bei den Stadtwerken angestellt sind. Dazu analysiere ich bestehende Statistiken und mache eine breit angelegte Umfrage unter Busfahrerinnen und Busfahrern. Die Resultate halte ich in geeigneten Grafiken fest. Ich interpretiere die Ergebnisse aus persönlicher Sicht.
- Ich untersuche im Rahmen einer Gruppenarbeit zum Thema »Wirtschaftlichkeit verschiedener Autos« die Wirtschaftlichkeit einer Automarke aus dem Mittelklassesegment, stelle aussagekräftige Kennzahlen zusammen, vergleiche sie mit den Ergebnissen der anderen Gruppenmitglieder und verfasse einen ausführlichen Kommentar.
- Ich zeige, welche Auswirkungen die Mobilität auf die Umwelt hat. Dazu stelle ich eine Liste mit zehn Kriterien auf, anhand derer ich unterschiedliche Formen der Mobilität vergleiche und bewerte. Ich stelle die Resultate grafisch dar und formuliere drei begründete Empfehlungen für eine umweltverträgliche Mobilität.

3. Grobplanung erstellen

- Sobald klar ist, welche Ziele ich erreichen will, kann ich die anstehenden Arbeiten planen.
- Tätigkeiten und Termine halte ich in einer Tabelle fest. Dabei ist es wichtig, dass ich den Zeitbedarf abschätze und bei Gruppenarbeiten die Zuständigkeiten festlege.
- Ich achte darauf, dass ich nötiges Arbeitsmaterial frühzeitig beschaffe und möglichst rasch Termine für Interviews oder Erkundungsausflüge vereinbare.
- Ich überlege mir, welche Schwierigkeiten bei der Arbeit auftreten könnten und wie ich damit umgehen kann.

4. Arbeit realisieren

- Ich beginne mit der Arbeit und halte mich dabei möglichst an den Zeitplan.
- Ich arbeite sorgfältig, aber zügig.
- Meine Tätigkeiten protokolliere und reflektiere ich regelmäßig in einem Berichtsheft (siehe Seite 129 f.).
- Bei länger dauernden Arbeiten lege ich regelmäßige »Boxenstopps« ein und ziehe eine Zwischenbilanz:
- Liege ich im Zeitplan? Erreiche ich auf diese Weise meine Ziele? Was muss ich an meiner Vorgehensweise ändern und welche Auswirkungen hat das auf meinen Zeitplan?

5. Arbeit auswerten

- Wenn ich meine Arbeit beendet habe, halte ich Rückschau und halte meine Überlegungen im Berichtsheft fest.
- Ich vergleiche die ausgeführten Aufgaben mit meinen Zielvorgaben: Habe ich meine Ziele erreicht? Muss ich noch zusätzliche Teilaufgaben realisieren? Welche Schlussfolgerung ziehe ich für das nächste Projekt? Bin ich zufrieden mit meiner Arbeit?

BEISPIEL EINER GROBPLANUNG

Thema: Mobilität und Umwelt

Ziel: Wir zeigen, welche Auswirkungen die Mobilität auf die Umwelt hat. Dazu stellen wir eine Liste mit zehn Kriterien auf, anhand derer wir unterschiedliche Formen der Mobilität vergleichen und bewerten. Wir stellen die Resultate grafisch dar und formulieren drei begründete Empfehlungen für eine umweltverträgliche Mobilität.

Team: Yannik, Kim, Jana

Wann:	**Was**	**Wer:**	**Wo:**	**Zeitbedarf:**
20. Februar	» Einarbeitung ins Thema » Gruppenbildung, Brainstorming, erste Mindmap	Gruppe Gruppe	Klassenzimmer	3 Stunden
27. Februar	» Informationsbeschaffung im Internet » Wahl des Gruppenthemas » Mögliche Zielformulierungen finden	Gruppe	Arbeitsecke Computerraum	3 Stunden
6. März	» Definitive Zielformulierung finden » Bestehende Statistiken im Internet suchen » Zahlenmaterial beim Umweltministerium anfordern » Im Internet Informationen zum Thema »Elektroautos« suchen	Gruppe Kim Yannik Jana	Arbeitsecke Computerraum	1 Stunde 2 Stunden
13. März	…	…	…	…

INTERNET UND SOCIAL MEDIA

»Ich finde es schade, dass man heute so sehr vom Internet abhängig ist. Man verpasst dabei doch das wirkliche Leben. Viele Leute sitzen jeden Tag mehrere Stunden allein vor dem Rechner. In ihrer Freizeit könnten sie doch auch was anderes unternehmen, zusammen mit Freunden. Ich gehe nur selten ins Internet, weil ich finde, dass es einsam macht.«

»Das sehe ich ganz anders. Als ich neu in der Stadt war, habe ich über das Internet neue Leute kennengelernt. Wir haben uns verabredet oder sind zusammen weggegangen, manchmal auch in einer größeren Gruppe.
Die meisten Leute habe ich später nicht mehr getroffen, aber ich habe zwei Freundinnen kennengelernt, die ich oft sehe. Ich weiß nicht, wie ich sonst so schnell neue Leute hätte kennenlernen können, in einer fremden Stadt.
Dass das Internet einsam macht, kann ich wirklich nicht behaupten.«

1. Vergleichen Sie die beiden Stellungnahmen. Erklären Sie, welcher Sie eher zustimmen. Begründen Sie Ihre Meinung.

2. Berichten Sie über Ihre Erfahrungen mit sozialen Netzwerken wie Facebook.

Erörtern

WAS ICH AM ENDE KANN

Ich kann Argumente für und gegen einen Sachverhalt aufführen und dazu Stellung nehmen.

Ich kann etwas erörtern, indem ich die unterschiedlichen Standpunkte ausführlich darstelle.

Eine Meinung äußern

In beruflichen oder alltäglichen Situationen muss man oft zu Fragen Stellung beziehen, entweder mündlich oder schriftlich (vgl. Seite 116 f.). Wie kann man dabei überzeugen? Es hilft, die Gedanken vorher in die richtige Reihenfolge zu bringen.

Machen Internet-Netzwerke einsam?

Lesen Sie, wie Tim diese Frage beantwortet.

Standpunkt:	Nein, die Gefahr besteht nicht.
Begründung:	Denn man lernt dort leicht interessante Leute kennen.
Beleg / Beweis / Beispiel:	Wenn man ein Hobby hat, findet man schnell ein passendes Internetforum. Dort kann man Kontakte knüpfen, und oft kommt es dann sogar zu Begegnungen und Freundschaften im realen Leben.
Folgerung:	Man sollte nicht so oft die Gefahren des Internets betonen, sondern auch die Chancen sehen, die es bietet.

1. Lesen Sie, wie Anna über die Frage denkt. Bringen Sie ihre Stellungnahme in die richtige Reihenfolge (wie in der Tabelle oben), damit sie überzeugender wirkt.

Standpunkt:	
Begründung:	
Beleg / Beweis / Beispiel:	
Folgerung:	

Die Sorge ist meiner Meinung nach vollkommen berechtigt.

Manche Jugendliche bauen sich im Internet eine zweite Identität auf und ziehen sich immer mehr in die virtuelle Welt zurück. Sie geben sich dort anders als im wirklichen Leben und sind bei ihren virtuellen Freunden beliebt – auch wenn sie sonst wenige Freunde haben. Am Ende brechen sie andere soziale Kontakte ab.

Denn man kann leicht den Bezug zur Wirklichkeit verlieren, wenn man zu oft in sozialen Netzwerken unterwegs ist.

Man muss also wirklich aufpassen, dass das Internet nicht wichtiger wird als das reale Leben.

BASISWISSEN

Erörterung (Pro-Kontra-Argumentation)

In einer Erörterung nimmt man schriftlich zu einem Problem Stellung. Dabei wägt man Pro- und Kontra-Argumente – Argumente dafür und dagegen – sorgfältig ab. Auf diese Weise kann man sich über ein Problem Klarheit verschaffen und einen eigenen Standpunkt finden.

Einleitung

↓

Hauptteil

Möglichkeit 1:

- Block 1: Gegenstandpunkt
- Block 2: Standpunkt

Möglichkeit 2:

- Pro-Argument 1
- Kontra-Argument 1
- Pro-Argument 2
- Kontra-Argument 2
- usw.

↓

Schlussteil

Aufbau

Einleitung:
- weckt Interesse
- führt in das Problem ein
- formuliert die Themenfrage

Hauptteil:
- zwei Möglichkeiten für den Aufbau:

  1. **Pro- und Kontra-Argumente in zwei getrennten Blöcken (Blockprinzip):**
     - 1. Block: mit dem Standpunkt beginnen, dem man **weniger** zustimmt
     - alle Argumente für diesen Standpunkt aufführen, beginnend mit dem **stärksten**
     - 2. Block: der Standpunkt, dem man **eher** zustimmt
     - alle Argumente dafür aufführen, beginnend mit dem **schwächsten**

  2. **Pro- und Kontra-Argumente wechseln einander ab (Reißverschlussprinzip):**
     - Argumente nach steigender Wichtigkeit sortiert
     - auf ein Argument folgt ein Gegenargument

- Argumente werden mit Belegen und Beispielen untermauert

Schlussteil:
- beantwortet die Themenfrage: Nach Abwägen der Argumente kommt der Autor/die Autorin zu einer **Entscheidung** oder zu einem **Kompromiss**.
- Autor/Autorin legt die eigene Meinung kurz dar.
- kann einen Appell oder eine Forderung enthalten oder einen Ausblick in die Zukunft geben.

Thema: »Stressfaktor Neue Medien: Brauchen wir Urlaub vom Internet?«

2. Lesen Sie als Einstimmung das Interview mit einer 26-Jährigen, die noch nie im Internet war, sowie die Kommentare (Lesermeinungen) dazu.

»Ich bin glücklich ohne Internet«

Frau Gille, Sie sind 26 und waren noch nie im Internet. Wie kann das sein?
Ich brauch es einfach nicht.

Nicht mal E-Mails?
Nö, habe ich noch nie gemacht. Ich habe ein Handy, eine ganz alte Möhre, damit schreibe ich SMS. Und ich habe auch einen Laptop, aber nicht fürs Internet. Darauf schreibe ich Geschichten.

Könnten Sie denn ins Internet, wenn Sie wollten? Sie arbeiten und wohnen mitten im Wald, im Gasthof Ihrer Eltern.
Ja, letztes Jahr haben wir eine ISDN-Anlage gekriegt. Da haben die gefragt, ob wir Internet wollen. Aber ich habe nein gesagt.

Warum?
Irgendwie habe ich keine Zeit dafür. Und ich habe das Gefühl, ich würde da das Leben verpassen, vor allem bei so etwas wie Facebook.

Aber Sie sind die Generation, in der eigentlich alle online sind. Gibt es keinen Gruppendruck?
Es geht. Als ich in der fünften Klasse war, ging das bei uns los damit. Aber ich war nie so, dass ich dachte: »Oh, ist der cool, der hat ein Handy.« Meine Freunde haben das akzeptiert. Und wenn es heute darum geht, mit Mitschülern in Kontakt zu bleiben, würde ich sagen: »Schreib mir einen Brief oder ruf mich an. Und wenn du's lässt, auch gut.« Ich will davon nicht so abhängig sein, wissen Sie?

Meinen Sie, alle, die das Internet nutzen, sind abhängig davon?
Das nicht. Aber ich hätte Angst, es zu werden. Dieses Zeug setzt einen, glaube ich, unter Druck. Manche Leute kommen hier in den Gasthof rein und sind noch nicht die Treppe hoch, da fragen sie schon, ob wir Internetanschluss haben. Bei manchen ist es wegen der Arbeit, klar, aber manche können einfach nicht mehr ohne.

Immerhin haben Sie auf der Internetseite Ihres Gasthofs eine Mailadresse. Wer guckt denn da rein?
Meine Schwester, die ist Apothekerin. Sie sagt uns dann Bescheid. Aber manchmal guckt sie auch fünf Tage nicht, und dann haben die Leute in der Zwischenzeit schon angerufen.

Und Bücher bestellen, Reisen buchen, Überweisungen machen, Zugfahrpläne nachschauen?
Das mache ich halt im Laden, am Bahnhof oder in der Bank.

Das kostet aber mehr Zeit.
Ja, aber weniger Nerven. Ich habe in letzter Zeit sehr wenige ausgeglichene Menschen gesehen. Und ich glaube, das liegt auch am Internet. Zum Beispiel habe ich mich im April von meinem Freund getrennt, mit dem ich sechs Jahre zusammen war. Eine Bekannte von mir hat dann gleich – obwohl ich das überhaupt nicht verlangt habe – für mich bei Facebook geguckt, mit wem er da schreibt und so was. Ich habe gemerkt, wie mich das belastet hat. Wenn ich's nicht gewusst hätte, wäre es tausendmal besser gewesen.

Ja, das verstehe ich.
Ich bin einfach glücklicher ohne Internet. Und es findet sich zum Glück immer noch ein Schlupfloch, wie man ohne auskommt.

(Quelle: www.faz.net)

Lesermeinungen:

SARAH ENGEL – 30.08.2013 19:07 Uhr

Für den Urlaub würde ich mir ein Hotel ohne W-LAN wünschen, am besten auch ohne Handyempfang. Wenn man immer erreichbar ist, kann man nie abschalten. Außerdem nervt es mich, wenn man am Pool liegt oder im Restaurant sitzt und überall klingeln die Handys. Diese Lärmbelästigung finde ich rücksichtslos. Eigentlich schaden Smartphones auch den sozialen Beziehungen: Da gehen die Leute zusammen ins Restaurant, und statt sich zu unterhalten, starren sie auf ihre Smartphones.

THORSTEN RÖHR – 30.08.2013 8:43 Uhr

Und was soll daran außergewöhnlich sein? Ich habe weder einen Internetzugang noch ein Handy. Ich habe viel mehr Freiheit als so manche, die ständig erreichbar sind. Für meine Familie und meine Freunde ist das kein Problem. Immer verfügbar sind nur Sklaven, und ich bin keiner.

HEINRICH HERMANN – 30.08.2013 18:05 Uhr

Wer zu spät kommt, den bestraft das Leben, sagte ein berühmter Staatsmann. Und das gilt auch für Leute, die technische Entwicklungen verpassen. Irgendwann ist der Zug abgefahren. Außerdem ist diese Kritik am Fortschritt reichlich abgeschmackt. Früher hieß es, der Fernseher macht die Leute dumm, heute weckt das Internet Misstrauen. Langfristig kann es sich aber niemand leisten, sich solchen Entwicklungen zu verweigern. Außer er lebt auf einer einsamen Insel.

HUBERT GEORGE – 30.08.2013 20:19 Uhr

Seltsam, ich empfinde das ganz anders. Seit man vieles online erledigen kann, fühle ich mich viel weniger gestresst. Nicht mehr nach Feierabend in die Stadt hetzen, um noch zu den Öffnungszeiten die Bank zu erreichen, nicht mehr bei der Bahn anrufen müssen, wenn man eine Fahrplanauskunft braucht. Dadurch habe ich viel Zeit gewonnen, die ich besser nutzen kann.

3. Im Text und in den Lesermeinungen finden Sie Argumente, die Sie für eine Erörterung des Themas »Stressfaktor Neue Medien: Brauchen wir Urlaub vom Internet?« verwenden können.
   - Schreiben Sie sie heraus.
   - Suchen Sie weitere Pro- und Kontra-Argumente.
   - Sammeln Sie Belege oder Beweise, die Sie in der Erörterung verwenden können.

BASISWISSEN

Eine Einleitung für eine Erörterung schreiben

So kann ich meine Erörterung beginnen:
- mit einem persönlichen Erlebnis
- mit einer Beobachtung
- mit einem aktuellen Ereignis
- indem ich einen wichtigen Begriff kläre

4. Lesen Sie die folgenden drei Einleitungen zum Thema. Erklären Sie, ob diese
- in das Thema ausreichend hineinführen,
- eine Überschrift haben, die zu dem Thema passt,
- interessant und anschaulich wirken.

a. **Ich bin dann mal offline**
Das Internet. Es bestimmt unser Leben. Niemand kann sich ihm entziehen. Doch bei vielen stellt sich eine gewisse Internetmüdigkeit ein. Soll man sich Urlaub vom Internet gönnen?

b. **Der Stress mit dem Internet**
Immer online, rund um die Uhr. Für viele ist das Realität. Doch es bedeutet auch Stress, ständig über soziale Netzwerke für andere erreichbar zu sein, über Facebook Statusmeldungen zu posten oder im Fünf-Minuten-Takt die Mailbox zu checken. Nur wer schnell reagiert, wird im Netz wahrgenommen. Sollten wir uns da nicht mal eine Pause gönnen?

c. **Traum oder Albtraum?**
Das Internet eröffnet uns Möglichkeiten, die es nie zuvor gegeben hat: in Sekundenschnelle Informationen finden, mit Freunden am anderen Ende der Welt Gespräche in Echtzeit führen. Früher hätte man davon nur träumen können. Aber manchmal kann der Traum zu einem Albtraum werden. Warum?

5. Schreiben Sie nun eine Erörterung.
- Sichten Sie zunächst Ihre Sammlung von Aufgabe 3.
  Entscheiden Sie sich für die Argumente und Beispiele, die Sie benutzen möchten.
- Denken Sie über die Argumente nach und treffen Sie eine Entscheidung: Stimmen Sie einer der beiden Positionen zu oder kommen Sie zu einem Kompromiss?
- Bringen Sie die Argumente in die richtige Reihenfolge.
  Entscheiden Sie sich für eine der beiden Möglichkeiten, den Hauptteil zu gliedern.
- Formulieren Sie Einleitung, Hauptteil und Schluss. Achten Sie darauf, die Sätze miteinander zu verknüpfen (Formulierungshilfen: S. 122).

Eine Entscheidung treffen
Soll ich nach der Ausbildung im selben Betrieb bleiben oder in eine andere Stadt gehen? Oder doch ein freiwilliges soziales Jahr machen? Machen wir Urlaub am Meer oder in der Stadt? Wenn Sie eine Entscheidung treffen müssen und noch unsicher sind, wägen Sie am besten, wie in einer Erörterung, die Pro- und die Kontra-Argumente ab. So finden Sie leicht heraus, was Sie eigentlich am liebsten tun wollen.

Bedingungssätze, Konjunktiv II

WAS ICH AM ENDE KANN

Ich kann über hypothetische (d. h. vorgestellte, vermutete) Situationen sprechen und schreiben.

Ich kann Vermutungen über Ursachen und Konsequenzen anstellen.

1. Indikativ oder Konjunktiv II?

a. Lesen Sie folgende Sätze. Welcher Satz ist richtig? Können Sie erklären, warum?

- Klara macht gerade ihre Hausaufgaben, danach möchte sie sich mit ihrer Freundin Paula treffen. Sie denkt:
  a) Wenn ich fertig bin, werde ich Paula sofort eine SMS schreiben.
  b) Wenn ich fertig wäre, würde ich Paula sofort eine SMS schreiben.

- Florian hat sein Handy verloren. Er ärgert sich über sich selbst und überlegt sich:
  a) Wenn ich besser aufpasse, verliere ich mein Handy nicht.
  b) Wenn ich besser aufgepasst hätte, hätte ich mein Handy nicht verloren.

- Nina bittet Luisa, einer anderen Kollegin auszurichten, dass die Besprechung am nächsten Tag ausfällt. Luisa sagt:
  a) Wenn ich sie sehe, sage ich es ihr.
  b) Wenn ich sie sähe, würde ich es ihr sagen.

b. Lesen Sie nun den untenstehenden Kasten. Stimmen Ihre Annahmen, die Sie unter **a.** getroffen haben?

REGELN

Wünsche und Bedingungen mit dem Konjunktiv ausdrücken

erfüllbar: **Indikativ**	**unerfüllbar oder unwahrscheinlich:** **Konjunktiv II**
➢ Die Bedingung ist erfüllbar. ➢ Verwendung des Indikativs (Wirklichkeitsform) ➢ kann nur im Präsens oder Futur stehen	➢ Es ist unmöglich oder unwahrscheinlich, dass die Bedingung eintritt. ➢ Vermutungen oder Vorstellungen werden geäußert. ➢ Verwendung des Konjunktiv II (Möglichkeitsform) ➢ kann sich auch auf vergangene Ereignisse beziehen
Beispiele: ➢ Ich **konzentriere** mich besser, wenn ich das Handy **ausschalte**. *(… und deshalb mache ich das immer so)* ➢ Ich **werde** schneller **arbeiten**, wenn ich ein leistungsfähigeres Notebook **habe**. *(… das ich schon bestellt habe und das ich bald bekommen werde)*	Beispiele: ➢ Ich **würde** mich besser **konzentrieren**, wenn ich das Handy **ausschalten würde**. *(… Aber das geht nicht, weil ich rund um die Uhr erreichbar sein muss.)* ➢ Ich **hätte** schneller **gearbeitet**, wenn ich ein leistungsfähigeres Notebook **gehabt hätte**. *(Aber ich hatte keins, und deshalb ging es so langsam.)*

2. Verwandeln Sie die Formen im Indikativ in den Konjunktiv II.

Beispiel
Wenn ich kein Handy habe, bin ich nicht gut erreichbar.
Wenn ich kein Handy hätte, wäre ich nicht gut erreichbar.

Wenn Zugreisende ihre Handys nicht benutzen, bleibt man vom Mithören verschont.

Wenn ich nicht immer erreichbar bin, fühle ich mich nicht so gestresst.

Wenn ich mich verspäte und kein Handy dabeihabe, muss ich eine Telefonzelle suchen, um zu Hause Bescheid zu sagen.

Wenn ich das Handy abends ausschalte, kann mich mein Chef nicht mehr erreichen.

Wenn ich nicht so viele SMS schreibe, spare ich Geld.

Wenn ich Ruhe brauche, schalte ich das Handy ab.

REGELN

Wünsche und Bitten höflich formulieren

Wenn man Wünsche oder Bitten im **Indikativ** ausdrückt, klingt das oft sehr direkt:
- Wunsch: Ich **will** das Notebook kaufen.
- Bitte: **Leih** mir bitte Geld für ein Notebook.

Höflicher sind Formulierungen mit dem **Konjunktiv II**:
- Wunsch: Ich **möchte / würde** gerne dieses Notebook kaufen.
- Bitte: **Könntest** du mir vielleicht Geld für ein Notebook leihen?

3. Formulieren Sie diese Bitten höflicher.

a. Ruf mich morgen an.
b. Leite mir die Mail weiter.
c. Gib mir mein Notebook zurück.

REGELN

Den Konjunktiv II verwenden

Bei den meisten Verben verwendet man heute die zusammengesetzte Form mit »würde«:
»Ich würde arbeiten, telefonieren …«

Denn viele einfache Formen des Konjunktivs II sind heute ungebräuchlich geworden:

Beispiel:
er betrog – er ~~betröge~~ (=> ungebräuchlich!) – er würde betrügen

Einige einfache Formen des Konjunktivs II sind aber noch gebräuchlich und sollten verwendet werden:

Hilfsverben:
haben – ich hätte
sein – ich wäre
werden – ich würde

Modalverben:
dürfen – ich dürfte
können – ich könnte
mögen –ich möchte
müssen – ich müsste
sollen – ich sollte
wollen – ich wollte

andere Verben:
finden – ich fände
gehen – ich ginge
kommen – ich käme
lassen – ich ließe
schlafen – ich schliefe
wissen – ich wüsste
geben – ich gäbe
nehmen – ich nähme

4. Ersetzen Sie die »würde«-Form in Klammern durch die einfache Form des Konjunktivs. Achten Sie auf die Wortstellung.

- **a.** Wenn sich in den letzten 30 Jahren nicht die neuen Medien entwickelt (haben würden), (würde) es heute nicht so viele verschiedene Möglichkeiten (geben), miteinander in Kontakt zu bleiben.
- **b.** So (würde) man beispielsweise nicht einfach per Smartphone Urlaubsfotos verschicken (können).
- **c.** Vor allem (würde ich nicht wissen), wie ich mich so schnell informieren sollte. Die Leute (würden) noch immer bei der Auskunft anrufen (müssen), um eine Telefonnummer zu erfahren.
- **d.** Auf der anderen Seite (würden) sich junge Menschen vielleicht mehr Zeit für persönliche Treffen (nehmen) oder (würden) mal nach draußen (gehen), statt immer vor dem Computer zu sitzen. Wahrscheinlich (würde) ihnen das manchmal ganz gut (bekommen).

5. Finden Sie die richtige Form des Konjunktivs II. Achten Sie auf die Wortstellung.

Beispiel:
Wenn der Computer nie (erfunden werden), (sein) heute vieles anders.
Wenn der Computer nie erfunden worden wäre, wäre heute vieles anders.

Die Kinder (aufwachsen) ohne Internet oder Computerspiele.

Wenn Schülerinnen und Schüler Informationen für die Hausaufgaben recherchieren (wollen), (müssen) sie in die Bibliothek gehen.

Einige moderne Berufe (nicht entstehen): Programmierer oder Netzwerkadministratorinnen (brauchen) man nicht, die Firmen (können) auf eine IT-Abteilung verzichten.

Geschäftsleute (haben) keine Smartphones und (verwalten) ihre Termine mithilfe eines Kalenders.

Vieles (sein) schwerer. Doch das (wissen) wir nicht. Wenn es keine Computer (geben), (erfahren) wir das nie.

6. Erzählen Sie eine Geschichte im Konjunktiv II. Themenvorschläge:
- Wenn ich keinen Computer hätte.
- Wenn ich im Lotto gewinnen würde.
- Wenn ich ein Jahr lang nicht arbeiten müsste.
- Wenn ich eine Zeitreise machen würde.

Thriller: Tweets verfassen

WAS ICH AM ENDE KANN

Ich kann Tweets verfassen.

Ich kann eine Aussage auf den Punkt bringen.

»Black Box« ist eine Spionage-Geschichte: Eine Agentin ist auf einen hochrangigen Verbrecher angesetzt. Jennifer Egan veröffentlichte »Black Box« nach und nach auf Twitter. Der Thriller erschien zuerst nicht als Buch, sondern bloß über einen Twitter-Account der Zeitschrift »The New Yorker«; in 140 Zeichen langen Blöcken, im Minutentakt, verteilt über neun Abende: Die Tweets geben den inneren Monolog der Heldin wieder. In den ersten Kapiteln wird geschildert, wie sie dem Verbrecher zum ersten Mal begegnet.

Jennifer Egan (*1962)
ist eine US-amerikanische Schriftstellerin. Für ihren Roman *A Visit From the Goon Squad* (deutsch: Der größere Teil der Welt) wurde sie 2011 mit dem Pulitzer-Preis ausgezeichnet.

BLACK BOX (Auszug)

Menschen sehen nur selten so aus, wie man es erwartet, selbst wenn man Fotos von ihnen kennt.

about 3 hours ago via Web
Retweeted by 100+ people

↰ Reply ⇄ Retweet

jenni123
Jennifer Egan

Die ersten dreißig Sekunden einer Begegnung sind die entscheidenden. In diesen Sekunden kommt es darauf an, dir ein Bild von deinem Gegenüber zu machen und dich selbst nach außen hin darzustellen.

about 3 hours ago via Web
Retweeted by 100+ people

↰ Reply ⇄ Retweet

jenni123
Jennifer Egan

Falls es dir schwerfällt, beides gleichzeitig hinzubekommen, konzentrier dich auf die Außendarstellung.

about 3 hours ago via Web
Retweeted by 100+ people

Reply Retweet

jenni123
Jennifer Egan

Unerlässliche Bestandteile einer erfolgreichen Außendarstellung sind: Gekicher, nackte Beine, schüchternes Auftreten.

about 3 hours ago via Web
Retweeted by 100+ people

Reply Retweet

jenni123
Jennifer Egan

Ziel ist es, zugleich unwiderstehlich und unsichtbar zu sein. Im Erfolgsfall wird eine gewisse Wachsamkeit in seinen Augen nachlassen.

about 3 hours ago via Web
Retweeted by 100+ people

Reply Retweet

jenni123
Jennifer Egan

Es gibt mächtige Männer, die ihre Schönheiten tatsächlich »Schönheit« nennen.

about 3 hours ago via Web
Retweeted by 100+ people

Reply Retweet

jenni123
Jennifer Egan

Im Gegensatz zur gängigen Meinung herrscht unter Schönheiten ein ausgeprägtes Kameradschaftsgefühl.

about 3 hours ago via Web
Retweeted by 100+ people
Reply Retweet

jenni123
Jennifer Egan

Der Mann, auf den du angesetzt bist, wird in der Regel weithin gefürchtet sein.

about 3 hours ago via Web
Retweeted by 100+ people
Reply Retweet

jenni123
Jennifer Egan

Und die Schönheiten auf der Hausparty, in die du eingeschleust wurdest, um ihn kennenzulernen, werden ganz besonders nett sein.

about 3 hours ago via Web
Retweeted by 100+ people
Reply Retweet

jenni123
Jennifer Egan

Nettigkeit ist angenehm, selbst wenn sie auf einer falschen Vorstellung von deiner Identität und deinen Absichten beruht.

about 3 hours ago via Web
Retweeted by 100+ people
Reply Retweet

jenni123
Jennifer Egan

Jennifer Egan: Black Box. Frankfurt am Main 2013, S. 7 f.

1. Formulieren Sie Ihre Antworten auf die folgenden Fragen als Tweets mit maximal 140 Zeichen:

   a. Wovon spricht die Heldin in den beiden ersten Kapiteln? Welche Situation schildert sie?
   b. Was hat ihre Tätigkeit als Agentin mit Schönheit zu tun?
   c. Erklären Sie: Warum ist die Außendarstellung so wichtig?
   d. Formulieren Sie diesen Tweet anders: »Die ersten dreißig Sekunden einer Begegnung sind die entscheidenden.«
   e. Erklären Sie den Tweet: »Nettigkeit ist angenehm, selbst wenn sie auf einer falschen Vorstellung von deiner Identität und deinen Absichten beruht.«
   f. Jeder der Tweets enthält eine Aussage und könnte auch für sich stehen. Nehmen Sie zu einem der Tweets Stellung, indem Sie ihm widersprechen oder zustimmen.
   g. Fällt es Ihnen leicht, einen wichtigen Gedanken in bloß 140 Zeichen festzuhalten? Worin besteht die Schwierigkeit? Worin der Reiz? Diskutieren Sie.
   h. Können Sie sich vorstellen, einen ganzen Roman in dieser Sprachform zu lesen? Begründen Sie.

BASISWISSEN

Twitter

- kostenloser Kurznachrichten- oder Mikroblogging-Dienst
- Benutzer bzw. Benutzerinnen können Textnachrichten (»Tweets«) mit maximal 140 Zeichen veröffentlichen
- »Follower« abonnieren die Tweets eines Twitter-Nutzers

BASISWISSEN

Innerer Monolog

- Erzählform, die die Gedanken und die Innensicht einer Figur wiedergibt
- in der Ich-Form oder (sehr selten) auch in der Du-Form (wie hier in dem Beispiel)
- keine Kommentare eines Erzählers

Tipp: Etwas auf den Punkt bringen

Etwas Wichtiges in 140 Zeichen mitteilen? So gelingt es:

- Formulieren Sie nur einen Gedanken pro Tweet
- Vermeiden Sie Füllwörter (»also«, »eigentlich«, »halt« usw.).
- Schreiben Sie kurze, leicht verständliche Sätze (keine Schachtelsätze, nicht zu viele Substantive).

An einer Diskussion teilnehmen

WAS ICH AM ENDE KANN

Ich kann in einer Diskussion meinen Standpunkt angemessen vertreten.

Ich kann eine Diskussion leiten.

In einer Diskussion äußern die Teilnehmer und Teilnehmerinnen ihre Meinungen und Gedanken zu einem bestimmten Thema. Die Diskussion trägt dazu bei, dass die Beteiligten neue Informationen erhalten, andere Gesichtspunkte zum Thema kennenlernen und sich besser eine eigene Meinung bilden können. Der Diskussionsleiter oder die Diskussionsleiterin moderiert das Gespräch: Er oder sie sorgt dafür, dass die Teilnehmenden nicht aneinander vorbeireden, vom Thema abweichen oder sich in Details verlieren.

Ziele einer Diskussion sind z. B.:

- der Austausch von Meinungen oder Erfahrungen,
- Standpunkte verständlich zu machen,
- eine Entscheidung zu treffen,
- ein Problem zu lösen,
- einen Kompromiss zu erzielen, wenn unterschiedliche Standpunkte vertreten werden.

Einen Diskussionsbeitrag aufbauen

Ein Diskussionsbeitrag lässt sich in fünf Schritten aufbauen. Diesem Muster folgt der Beitrag von Herrn Hofmann, den er in einer Diskussion mit seiner Frau und seinen Kindern äußert:

Schritte	Beispiel
➢ die Situation/das Problem darstellen ➢ die Ursachen für das Problem analysieren ➢ ein Ziel festlegen (Was soll geändert werden?) ➢ dafür notwendige Maßnahmen vorschlagen ➢ einen Appell an die Zuhörerinnen und Zuhörer richten	**»In letzter Zeit reden wir in der Familie immer weniger miteinander. Die gemeinsame Zeit ist ohnehin schon knapp bemessen, doch wenn dann mal alle zu Hause sind, klappt es auch nicht: Dauernd klingelt ein Handy, irgendjemand bekommt eine SMS oder die E-Mails müssen kurz gecheckt werden. Sogar beim Abendessen ist das Smartphone immer in Reichweite. Ich wünsche mir, dass wir wieder mehr miteinander sprechen, ohne uns von Internet und Handy ablenken zu lassen. Das können wir erreichen, indem wir täglich für eine Stunde das Handy abschalten und uns Zeit füreinander nehmen. Ich würde vorschlagen, dass wir das heute Abend mal ausprobieren.«**

So gelingt eine Diskussion

Wenn ich an einer Diskussion teilnehme

Ich bereite mich auf die Diskussion vor und lese die Informationen, die mir die Diskussionsleitung zur Verfügung gestellt hat.

Bei Verständnisschwierigkeiten stelle ich Rückfragen.

Ich rede nur, wenn mir das Wort erteilt wird.

Ich bleibe beim Thema.

Ich fasse mich kurz und halte mich an die Redezeitbegrenzung.

Ich lasse andere ausreden.

Ich gehe auf die Beiträge anderer Diskussionsteilnehmer ein, z. B. mit folgenden Formulierungen: »Dazu fällt mir auch folgendes Beispiel ein ...«, »Ihr Argument erscheint mir einleuchtend, denn ...«, »Dazu möchte ich hinzufügen, dass ...«, »Diesem Einwand möchte ich widersprechen, denn ...«

Ich höre aktiv zu: Ich bin aufmerksam, wenn andere sprechen, mache mir Notizen und zeige Interesse.

Meine Diskussionsbeiträge formuliere ich sachlich und höflich, ich verzichte auf persönliche Angriffe und Zwischenrufe.

Wenn ich eine Diskussion leite

Wenn der »rote Faden« verloren geht und die Beiträge vom Thema abweichen, führe ich, zum Beispiel durch gezielte Fragen, zum Thema zurück.

Wenn ein Punkt ausreichend diskutiert wurde, leite ich zum nächsten Punkt über.

Am Anfang begrüße ich die Teilnehmerinnen und Teilnehmer und nenne das Thema sowie das Ziel der Diskussion. Ich führe kurz in das Thema ein, vermeide dabei aber jede Bewertung des Sachverhalts.

Am Ende fasse ich die Ergebnisse der Diskussion zusammen.

Ich bereite mich auf die Diskussion vor. Wenn nötig, stelle ich den Teilnehmenden schon vorher Informationen und Materialien zur Verfügung. Eventuell erstelle ich eine Tagesordnung, auf der ich konkrete Fragen im Detail benenne.

Ich sorge dafür, dass alle zu Wort kommen und die Diskussion nicht von einzelnen »Vielrednern« bestimmt wird. Zurückhaltenden Teilnehmenden stelle ich hin und wieder eine direkte Frage. Lange Monologe unterbreche ich.

Wenn ein Diskussionsbeitrag schwer verständlich ist, stelle ich Rückfragen, damit keine Missverständnisse entstehen.

UNTERWEGS AUF REISEN

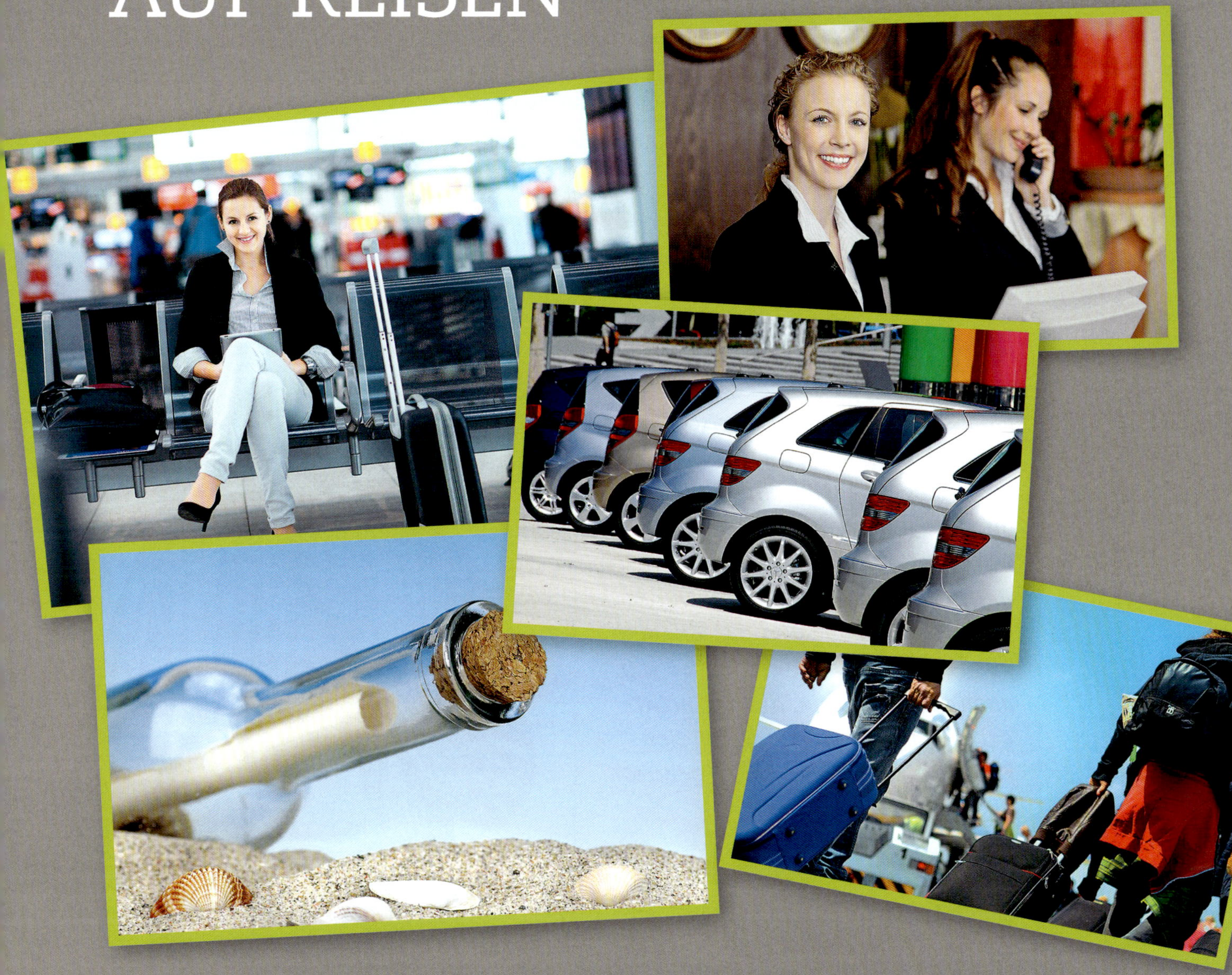

- ein Hotelzimmer buchen
- einen Reiseveranstalter um Informationen bitten
- Urlaubsgrüße verschicken
- Reisemängel reklamieren
- einen Mietwagen reservieren
- sich in einem Hotel um eine Stelle bewerben
- einen Sprachkurs im Ausland buchen
- einer Freundin oder einem Freund von einer Reise berichten

1. In welchen dieser Situationen schreiben Sie einen Geschäftsbrief? Begründen Sie Ihre Meinung.

2. Erklären Sie, welche Form der Mitteilung Sie in den anderen Situationen wählen würden (Anruf, E-Mail, Internetformular, SMS, persönlicher Brief usw.).

3. Berichten Sie, welche Mitteilungsformen Sie im Alltag besonders häufig nutzen, welche selten und welche gar nicht.

Geschäftliche Briefe und formelle E-Mails verfassen

WAS ICH AM ENDE KANN

Ich kann Geschäftsbriefe und formelle E-Mails schreiben.

Ich kann Briefe klar strukturieren und im passenden Stil formulieren.

Herr Lang arbeitet bei einem Reiseveranstalter. Er findet folgenden Brief auf seinem Schreibtisch:

Hallo,

ich habe bei Ihnen eine Reise gebucht und bin total unzufrieden!!! Ich wollte chillen und hab nur Stress gehabt. Die Informationen in Ihrem Katalog waren voll falsch. Das Hotel wurde gerade umgebaut und das Zimmer war laut!! Ihre »Reiseleiterin« war auch total unfähig, die hat nichts gecheckt!! Ich will einen Teil der Reisekosten zurück! Sonst gehe ich zum Anwalt!

MfG
Sarah Doerr

1. Herr Lang ärgert sich, als er den Brief liest. Erläutern Sie, weshalb er negativ reagiert.

2. Erklären Sie, welche Formulierungen in diesem Brief unpassend sind.

3. Beschreiben Sie, welche Informationen Herrn Lang fehlen, wenn er den Brief bearbeiten möchte. Vergleichen Sie dazu den Brief mit dem Geschäftsbrief auf der folgenden Seite.

Thorsten Freith Hauptstr. 12 54577 Musterstadt Tel.: 0542 8756789 E-Mail: freithth@tmail.de	Name des Absenders Straße PLZ, Ort eventuell: Telefonnummer und E-Mail
Kolumbus-Erholungsreisen Beschwerdestelle Bachstr. 25 54568 Musterstadt	Empfänger: Name/Firma Ansprechpartner/Abteilung Straße/Postfach PLZ, Ort
27.07.20XX	Datum
Reklamation wegen Reisemängeln – Rechnung Nr. 5644–456	Betreff
Sehr geehrte Damen und Herren,	Anrede
vom 8. bis zum 21. Juli haben wir eine Erholungsreise nach Lanzarote unternommen, die wir bei Ihnen gebucht hatten. Leider waren wir am Urlaubsort mit Schwierigkeiten konfrontiert, die auch die örtliche Reiseleitung nicht beheben konnte. Wir hatten bei der Buchung auf ein ruhiges Hotel Wert gelegt. Jedoch wurden in dem Hotel gerade Baumaßnahmen durchgeführt, sodass von sieben Uhr morgens bis fünf Uhr nachmittags starker Lärm in unser Zimmer drang. Ihre Reiseleiterin, Frau Nicole Sommer, konnte uns keine andere Unterkunft vermitteln. Nach meinen Informationen ist bei durchgehendem, intensivem Lärm am Tage eine Reisepreisminderung von bis zu 25 Prozent üblich. Ich möchte Sie bitten, uns diesen Betrag zu erstatten. Bitte überweisen Sie ihn auf das Ihnen bekannte Konto. Fotos der Bauarbeiten und eine Kopie der Rechnung habe ich diesem Schreiben beigefügt.	Text
Mit freundlichen Grüßen	Grußformel
Thorsten Freith	Unterschrift
Anlagen Rechnungskopie Fotos	Anlagenvermerk

BASISWISSEN

Einen Geschäftsbrief schreiben

Inhalt
1. Ich lege den Anlass dar (Situation, Problem schildern).
2. Ich unterbreite die Absicht (Bitte, Angebot, Forderung usw.).
3. Ich führe eine Begründung an (nähere Umstände, Wichtigkeit, Dringlichkeit usw.).
4. Je nach Situation beende ich meinen Brief mit einer Aufforderung, Bedingungen, einer Fristsetzung oder einem Dank.

Aufbau
➢ Ich setze für jeden Gliederungspunkt einen Absatz.

Sprache
➢ Meine Sprache ist sachlich, klar, verständlich und höflich.
➢ Ich wähle eine passende Anrede und Grußformel.

Form
Papierformat: DIN A4. Die Norm DIN 5008 legt fest, wie geschäftliche Briefe gestaltet werden.

4. Formulieren Sie eine passende Betreffzeile zu folgenden Situationen:

   a. Sie möchten kurzfristig von einer Reise zurücktreten.
   b. Sie möchten Ihre Reiseversicherung kündigen.
   c. Sie erkundigen sich bei der Touristenzentrale nach günstigen Ferienwohnungen.
   d. Sie bewerben sich um eine Stelle als Reiseverkehrskaufmann/Reiseverkehrskauffrau.
   e. Sie möchten sich über einen Italienischkurs in Rom informieren.
   f. Sie möchten Ihr Abonnement des Reisemagazins »Meerblick« kündigen.
   g. Sie beschweren sich, weil Ihr Zug Verspätung hatte und Sie deshalb Ihren Flieger verpasst haben.
   h. Sie verlangen von der Fluggesellschaft eine Entschädigung, weil Ihr Koffer verloren gegangen ist.
   i. Sie haben vom Reisebüro eine Mahnung bekommen, obwohl Sie Ihre Rechnung schon bezahlt haben.
   j. Sie organisieren eine Gruppenreise und möchten Hotelzimmer für zehn Personen buchen.

Höfliche Reklamationen schreiben

Wenn Sie eine Beschwerde schreiben müssen, formulieren Sie sie sachlich, ruhig und freundlich, auch wenn Sie sich geärgert haben. Erklären Sie dem Empfänger oder der Empfängerin, was vorgefallen ist und was Sie von ihm oder ihr erwarten.

5. Die folgenden Briefstellen klingen unfreundlich. Finden Sie höflichere Formulierungen. Achten Sie auf die fett gedruckten Wörter.

   Beispiel:
   Da ein Reisemangel vorliegt, **verlange ich unverzüglich** eine Rückerstattung.
   Da ein Reisemangel vorliegt, **bitte ich Sie** um eine Rückerstattung.

   a. Als ich Ihre Rechnung beglichen habe, habe ich aus Versehen 100 Euro zu viel überwiesen. Sie **müssen** mir das Geld **sofort** zurücküberweisen.
   b. Für die Informationen, die Sie mir zugeschickt haben, danke ich Ihnen. Ich habe mich jedoch für ein anderes Angebot entschieden, **weil Ihre Zimmer reichlich überteuert sind**.
   c. Vor einer Woche habe ich bei Ihnen eine Reise gebucht **und warte immer noch auf die Reiseunterlagen, die Sie mir sofort zuschicken wollten**.
   d. Antworten Sie mir so schnell wie möglich!
   e. Sie stellen mir einen Transfer vom Flughafen zum Hotel in Rechnung, den ich jedoch nicht bestellt habe. **Diese unverschämte Forderung nehmen Sie gefälligst zurück** und senden mir eine neue Rechnung.
   f. Leider entsprach das Hotelzimmer nicht dem Angebot. **Der Schmutz und Lärm waren eine einzige Zumutung!**

Tipp
- Ausrufezeichen wirken oft unhöflich, mehrere Ausrufezeichen hintereinander sogar aggressiv.
- Besser: einen Satz mit einem Punkt beenden.

6. Diese Sätze aus Brieftexten enthalten überflüssige Wörter.
Streichen Sie sie oder ersetzen Sie sie durch einen passenden Ausdruck.

Beispiel:
Wie ich schon in meinem ersten Schreiben ~~bereits~~ erwähnt habe, …

- **a.** Ich erlaube mir erneut, Sie nochmals auf diesen Umstand aufmerksam machen zu dürfen.
- **b.** Außerdem habe ich zusätzlich die Möglichkeit, an einem Turnier teilzunehmen.
- **c.** Ihr Entgegenkommen hat mir ermöglicht, zur Hochzeitsfeier meiner Schwester fahren zu können.
- **d.** Anschließend haben wir am 16. September dann ein weiteres Turnier.
- **e.** Ich kann nicht immer ständig fehlen.
- **f.** Sobald Sie unser Veranstaltungsprogramm gelesen haben, werden Sie bald feststellen, dass es sich um eine gute Sache handelt.
- **g.** Ich bin bereits schon einmal Wasserski gefahren.
- **h.** Ich hätte die Möglichkeit, nach Italien zu reisen sowie auch einen Sprachkurs zu machen.

Formelle E-Mails schreiben

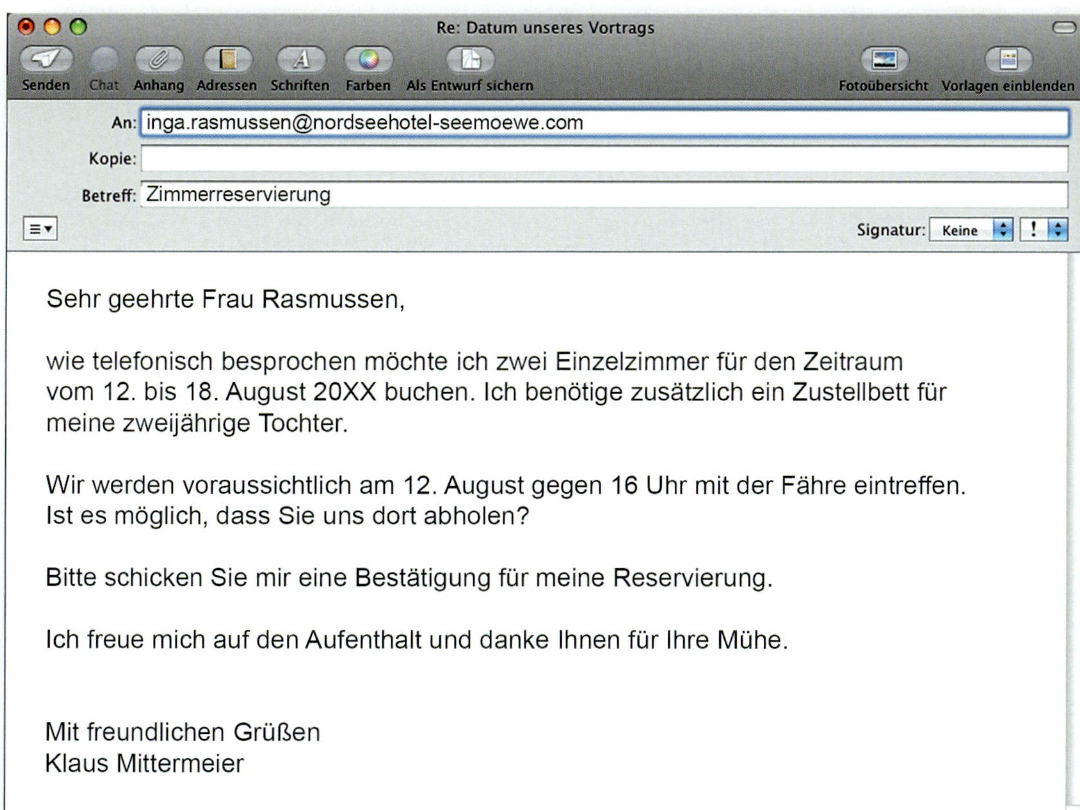
Re: Datum unseres Vortrags
Senden Chat Anhang Adressen Schriften Farben Als Entwurf sichern Fotoübersicht Vorlagen einblenden
An: inga.rasmussen@nordseehotel-seemoewe.com
Kopie:
Betreff: Zimmerreservierung
Signatur: Keine

Sehr geehrte Frau Rasmussen,

wie telefonisch besprochen möchte ich zwei Einzelzimmer für den Zeitraum vom 12. bis 18. August 20XX buchen. Ich benötige zusätzlich ein Zustellbett für meine zweijährige Tochter.

Wir werden voraussichtlich am 12. August gegen 16 Uhr mit der Fähre eintreffen. Ist es möglich, dass Sie uns dort abholen?

Bitte schicken Sie mir eine Bestätigung für meine Reservierung.

Ich freue mich auf den Aufenthalt und danke Ihnen für Ihre Mühe.

Mit freundlichen Grüßen
Klaus Mittermeier

BASISWISSEN

Formelle E-Mails schreiben

➢ Ich setze einen kurzen Titel in die Betreffzeile.
➢ Ich beachte dieselben Regeln wie für Geschäftsbriefe (Anrede, Grußformel usw.).

7. Wählen Sie eine der Situationen aus und verfassen Sie eine E-Mail.

a. Bitten Sie einen Reiseveranstalter um Informationen zu einer Rundreise durch Italien. Fragen Sie, welche Orte besucht werden, wie groß die Reisegruppe voraussichtlich sein wird und ob Sie die Möglichkeit haben, danach noch eine Woche Strandurlaub anzuhängen.

b. In einem Wettbewerb haben Sie eine Reise für zwei Personen nach Paris gewonnen. Der Gutschein ist ein Jahr lang gültig. Sie möchten diese Reise jedoch erst nach der bestandenen Abschlussprüfung antreten, und bis dahin dauert es noch eineinhalb Jahre. Sie beantragen, die Dauer des Gutscheins zu verlängern.

c. Zum Geburtstag haben Sie einen Sprachkurs in Málaga geschenkt bekommen, der in den Sommermonaten stattfindet. Sie möchten lieber im Herbst einen Sprachkurs machen. Außerdem wäre Ihnen eine andere Stadt lieber, Madrid oder Barcelona. Fragen Sie den Reiseveranstalter, ob Sie die Reise umbuchen können und ob dabei Kosten anfallen.

Briefe ablegen
Haben Sie bereits Geschäftsbriefe geschrieben? Vielleicht eine Kündigung? Oder eine Reklamation? Solche Schreiben können Sie als Textvorlage für künftige Briefe verwenden. Sie können sich die Arbeit erleichtern, indem Sie Ihre alten Schreiben sauber ablegen (in Papierform und/oder digital). Vielleicht können Sie Ihre Formulierungen beim nächsten Mal wieder benutzen.

Formeller und informeller Stil

WAS ICH AM ENDE KANN

Ich kann mich der Situation entsprechend ausdrücken und grobe Formulierungsfehler vermeiden.

Ich kann in schriftlichen Texten den Stil wählen, der für das Lesepublikum angemessen ist.

1. Erklären Sie, warum die Ausdrucksweise des Mädchens komisch und irritierend wirkt.

2. Wie würde sich das Mädchen normalerweise ausdrücken? Formulieren Sie die beiden Sätze neu.

REGELN

Sprachebenen

Formeller Stil

Gehobene Sprache, gewählte Ausdrucksweise
- Ich genieße Strandurlaub außerordentlich.
- Sie hat ihre Anstellung aufgegeben.
- Der Reiseleiter nimmt seine Aufgaben kompetent wahr.

Mittlere Sprachebene, Standardsprache
- Ich liebe Strandurlaub.
- Sie hat ihre Stelle gekündigt.
- Der Reiseleiter versteht viel von seiner Arbeit.

Informeller Stil

Umgangssprache, Dialekt
- Ich finde Strandurlaub cool.
- Sie hat den Job geschmissen.
- Der Reiseleiter hat was drauf.

3. Gehobene Sprache, Standardsprache oder Umgangssprache?
Ordnen Sie die Wörter und Formulierungen den verschiedenen Sprachebenen zu.

EINEN TRIP MACHEN
VIEL HERUMKOMMEN
ETWAS BEANSTANDEN
IN DEN URLAUB FAHREN
EINEN ABSTECHER MACHEN
JEMANDEM URLAUB GEWÄHREN
FLANIEREN
SICH AUF EINE REISE BEGEBEN
SPAZIEREN GEHEN
VERREISEN
REKLAMIEREN
SICH BESCHWEREN
AM STRAND ABHÄNGEN
URLAUB MACHEN
SICH DAVONMACHEN
EINEN AUSFLUG MACHEN
ABLÄSTERN
ABDÜSEN
AN EINER EXKURSION TEILNEHMEN

4. Finden Sie für die **fett** gesetzten Wendungen jeweils einen standardsprachlichen Ausdruck.

a. Das war ein **totaler Reinfall**.
b. Das war **easy**.
c. Hat er es immer noch nicht **gecheckt**?
d. Der Boss war **megasauer**.
e. Unser Urlaub war **echt cool**.
f. Unsere Rechnung ging **voll** auf.
g. Das Souvenirgeschäft **hatte zu**.
h. Die Hose war **schweineteuer**.

REGELN

Du oder Sie

Die Höflichkeitsform »Sie« (und davon abgeleitete Pronomen) schreibt man immer groß.
Ausnahme: das rückbezügliche Pronomen »sich«.

Beispiele
Melden Sie sich bitte an der Information.
Wir danken Ihnen sehr für Ihr Entgegenkommen.
Bestehen Ihrerseits noch Fragen?

Die vertraute Anrede »du« oder »ihr« (und davon abgeleitete Pronomen) schreibt man in der Regel klein.
In Briefen ist auch Großschreibung möglich.

Beispiele
Hast du dir schon ein Souvenir ausgesucht?
Ich bitte dich, mir deine Wünsche zu mailen.
Habt ihr eure Reiseunterlagen schon erhalten?

Reisebericht: Einen Dialog formulieren

WAS ICH AM ENDE KANN

Ich kann einen Prosatext in einen Dialog umformen.

Ich kann zu den Vor- und Nachteilen des Massentourismus Stellung nehmen.

Ilja Trojanow
Der Schriftsteller Ilja Trojanow wurde 1965 in Bulgarien geboren. 1971 floh seine Familie nach Deutschland und erhielt dort politisches Asyl. Trojanow lebte in Kenia, Deutschland, Indien, Südafrika und Österreich. Sein Debutroman »Die Welt ist groß und Rettung lauert überall« erschien 1996, seine Romane und Reiseberichte sind Bestseller. Das wichtigste Thema seines literarischen Schaffens ist das Reisen – ein Thema, dem sich die Literatur in allen Zeiten widmete. Reiseberichte, wie sie Trojanow schreibt, stellen literarisch eine tatsächliche oder fiktive Reise dar.

DIE LETZTE WELLE DER WEIßEN

Die Zeiten, in denen man nicht nach Hawaii fuhr, weil es dort kein Bier gab, sind längst vorbei. Heute kann man stundenlang durch dürre, unwirtliche Gebiete fahren – man erreicht unvermeidlich eine touristische Oase und bestellt sich ein Tusker oder White Cup, ein Tuborg oder Heineken. In dieser Hinsicht vorbildlich ist der kenianische Küstenort Malindi. Vor zwei Jahrzehnten noch ein ruhiges Städtchen mit traditionsreicher Altstadt, bedient es heute Touristenmassen, die die Einwohnerzahl um ein Vielfaches übersteigen. Malindi ist das beste Beispiel für die Schrecken, die Lamu und Sansibar bevorstehen, wenn die bewahrenden Kräfte unterliegen sollten.

Nördlich und südlich von der Säule, die an die Landung des ersten Europäers, Vasco da Gama, erinnert, erstreckt sich die Kette der Hotels. Infrastruktur und Organisation sind hervorragend: eine asphaltierte Hauptstraße vom Süden her, ein Flughafen in unmittelbarer Nähe. Auch die Afrikaner, die in den Hotels arbeiten, sind meist Fremde, auf Arbeitssuche zugezogen aus dem Landesinneren. Zäune und Wächter schirmen das Umland von den Touristen ab, so erfolgreich, dass kaum ein Besucher auf die Idee kommt, sich weiter hinauszuwagen als auf die Einkaufschaussee hinter den Hotels. Dort wird in Hunderten von kleinen Bretterschuppen angeboten, was als Bodensatz afrikanischer Kultur billig und massenhaft herzustellen ist.

Einen Schritt weiter befindet sich eine Promenade mit deutschem »Biergarten«, der mit einer riesigen schaumgekrönten Maß lockt. Ein Schild am Eingang grüßt: »Essen wie bei Muttern«; die Übersetzung für die italienischen Gäste steht gleich daneben. Die Bedienung spricht ebenso Deutsch wie Italienisch, und die Speisekarte bietet neben Bier alles, was der Tourist sonst noch zum Leben braucht: von Spaghetti bis Bockwurst. So kann man sich in der Fremde heimisch fühlen. Wie die mehrheitlich moslemische Bevölkerung dieses Monument der Trunkenheit bewertet, kann man sich leicht vorstellen.

Am Abend hat der Besucher die Qual der Wahl. Wilde Einheimische führen ein Potpourri[1] ungestümer Verrenkungen auf, gekleidet in Nachahmungen von Leopardenfell. Das ist so authentisch, als würden Sizilianer und Lappen in Plastikbärenfellen einen Schuhplattler aufführen. Wem das nicht gefällt, der wird den vollklimatisierten Discos vielleicht mehr abgewinnen können. Dort gibt es Einheimische zum Betatschen und günstig dazu …

Nach zwei Wochen Malindi kehrt man entweder sehr glücklich oder als Misanthrop[2] nach Hause zurück.

Am letzten Tag in Mombasa schlendere ich durch die Altstadt. Es ist beruhigend zu sehen, dass sich die Häuser noch immer nicht aus ihrer gegenseitigen Umarmung gelöst haben.

Ein quadratisches, beiges Haus im klassizistischen Stil erweckt meine Aufmerksamkeit. Von weitem sehe ich Säulen, Fenstervorsprünge und ganz oben, im Bogen der Fassade, eine Uhr, die den Nachmittag anzeigt. Als ich etwas später wieder vorbeikomme, zeigt sie immer noch dieselbe Zeit an. Eine Uhr, die nur zweimal am Tag recht hat. Erst aus der Nähe offenbart sich die Täuschung, mit viel Farbe liebevoll aufgemalt. Auch die Arkaden bestehen nur aus Farbe. Über ihnen bieten Firmen mit reißerischen Namen und grellen Schildern ihre Dienste an. Wollen Sie das Blaue vom Himmel? Kein Problem. Nur mit dem Liefertermin könnte es Schwierigkeiten geben.

Ich trete durch die gähnenden Türen in einen engen Innenraum. Das Mobiliar besteht aus einer Theke, einigen Blechkisten und dem Porträt des Präsidenten. Ein junger Mann hält einen Telefonhörer und wartet geduldig darauf, dass jemand zu ihm spricht. Daneben zählt ein Araber rote Quittungen. Auf der den Raum in zwei Hälften teilenden Theke liegen einige Bestellformulare. Die allgemeinen Geschäftsbedingungen auf kisuaheli umfassen fünf Punkte, und mehrmals kommt das Wort tafadhali vor: »bitte«. Ein anderer Mitarbeiter vergleicht endlos scheinende Zahlenreihen, die sich am Tagesende der Ordnung fügen werden, und wenn nicht, dann bleibt der morgige Tag …

Vieles in der Welt der Suaheli bleibt einem Außenstehenden fremd. Vieles wird geheimgehalten. Neugierigen Fragen begegnen die Suaheli oft mit kunstvollen Phrasen und ausgesuchter Höflichkeit. Zu Ungläubigen haben sie nicht viel Vertrauen. Die Suaheli waren nicht nur die Zwischenhändler, sondern auch die Mittelsmänner bei der Umwälzung Ostafrikas, und sie schufen die erste kosmopolitische Kultur der Region. Wenn es eine gesamtafrikanische Sprache geben sollte, kommt nur ihre in Frage. Und doch müssen sie um die Erhaltung ihrer Traditionen kämpfen. Gegen die eigene Regierung und gegen die Fremden aus Europa und Nordamerika. Denn die Schönheit und der Reichtum des Küstenstreifens, der einst ihre Vorfahren hergelockt hat, weckt weiterhin Begierden. Nur kommen diesmal die Wellen der Veränderung nicht über den Indischen Ozean.

Ilja Trojanow: Die Versuchungen der Fremde. München 2011, S. 79–81

[1] Gemisch, Allerlei
[2] Menschenfeind

1. Was hat Bier mit Hawaii zu tun und wer ist Vasco da Gama? Recherchieren Sie, wenn nötig, in Lexika oder im Internet.

2. Erläutern Sie, wie der Erzähler die Tatsache bewertet, dass »man sich in der Fremde heimisch fühlen« kann.

3. »Nach zwei Wochen Malindi kehrt man entweder sehr glücklich oder als Misanthrop nach Hause zurück.« Erklären Sie, wie dieser Satz gemeint ist.

4. Erstellen Sie eine Mindmap zum Thema Massentourismus. Diskutieren Sie im Unterrichtsgespräch die Vor- und Nachteile, die der Tourismus für wirtschaftlich schwache Regionen mit sich bringt.

Einen Dialog schreiben

5. Der Text von Ilja Trojanow schildert Stimmungen, Gedanken und Beobachtungen, doch er enthält keine Dialoge. Versetzen Sie sich in folgende Situation: Der Erzähler diskutiert mit einem anderen Touristen, den er in Malindi kennengelernt hat, über den Massentourismus und seine Auswirkungen auf die Stadt. Schreiben Sie einen Dialog. Überlegen Sie sich vorher, welche Position der Gesprächspartner des Erzählers vertritt und mit welchen Argumenten er sie untermauert.

Ein Protokoll oder eine Telefonnotiz verfassen

WAS ICH AM ENDE KANN

Ich kann zwischen Ergebnisprotokoll und Verlaufsprotokoll unterscheiden.

Ich kenne den Aufbau eines Protokolls und weiß, wie ich es sprachlich gestalte.

Ich kann ein Protokoll verfassen.

Ich kann eine Telefonnotiz schreiben.

In der Schule und in der Ausbildung, im Berufsleben, aber auch im Alltag werden zu verschiedenen Gelegenheiten Protokolle geschrieben. Ein Protokoll hält die Ergebnisse und eventuell den Verlauf von Besprechungen, Tagungen, Versammlungen oder auch Vereinssitzungen möglichst objektiv und genau fest.

Protokolle dienen …

- der **Information**. Sie informieren Abwesende über Entscheidungen; Beschlüsse können hier später nachgelesen werden.
- der **Kontrolle**. Mithilfe der Protokolle kann die Umsetzung von Beschlüssen später überprüft werden.
- der **Organisation**. Protokolle halten z. B. die beschlossene Aufgabenverteilung fest.
- der **Dokumentation**. Wenn die inhaltliche Richtigkeit und Vollständigkeit eines Protokolls gewährleistet ist, kommt ihm Beweiskraft zu.

Zu unterscheiden sind **Ergebnisprotokoll** und **Verlaufsprotokoll**.

Ergebnisprotokoll	Verlaufsprotokoll
enthält … ➢ Beschlüsse, ➢ Ergebnisse, ➢ Termine, ➢ Zuständigkeiten (»Wer ist für die Umsetzung verantwortlich?«), ➢ Anträge und Abstimmungsergebnisse.	➢ ist ausführlicher als ein Ergebnisprotokoll, ➢ gibt den Gang der Diskussion in zeitlicher Abfolge wieder, ➢ hält alle wichtigen Äußerungen, Argumente und Gegenargumente und Anträge fest, meist in der Form der indirekten Rede, ➢ nennt Beschlüsse, Ergebnisse, Termine, Zuständigkeiten, Anträge und Abstimmungsergebnisse.

Aufbau

- In den Kopfteil integriere ich die wichtigsten Rahmeninformationen: Anlass, Ort, Datum, Uhrzeit, Anwesende, Abwesende, Besprechungsleiter/in, Protokollführer/in, Tagesordnungspunkte.
- Im Hauptteil halte ich Redebeiträge bzw. Ergebnisse in der richtigen Reihenfolge fest (Verlaufsprotokoll).
- Schluss: Hier notiere ich Ort und Datum. Dazu kommen Unterschriften des Protokollführers bzw. der Protokollführerin und der Versammlungsleitung.

Inhalt

- Ich stelle sachliche Informationen über den Verlauf (Verlaufsprotokoll) und die Ergebnisse von Besprechungen, Sitzungen usw. bereit.
- Ich mache eine klare Gliederung (zeitlich oder inhaltlich). Die Reihenfolge ergibt sich oft aus den Tagesordnungspunkten.
- Ich achte auf Vollständigkeit und Richtigkeit der Aussagen.

Sprache

- Ich halte wichtige Ergebnisse in ganzen Sätzen fest.
- Ich wähle eine neutrale Darstellung und verwende keine wertenden Formulierungen.
- Meine Ausdrucksweise ist kurz und präzise.
- Wichtige Äußerungen gebe ich in Form von Zitaten oder in der indirekten Rede wieder.
- Zeitform: Präsens

Die Telefonnotiz

Eine Telefonnotiz dient ebenfalls der Information und der Dokumentation. Nach einem Telefongespräch halte ich wichtige Sachverhalte und Vereinbarungen in Form einer Notiz kurz und präzise fest.

TELEFONNOTIZ

An __________

Anruf von __________

Datum _____ Uhrzeit _____

☐ hat angerufen
☐ wurde angerufen
☐ erbittet Rückruf
☐ wird wieder anrufen
☐ wünscht Termin

Nachricht __________

____

Unterschrift __________

Eine Telefonnotiz enthält folgende Angaben:

- Datum und Uhrzeit des Gesprächs
- Name und Position des Gesprächspartners/ der Gesprächspartnerin
- Inhalt der Mitteilung in Stichworten
- Beschlüsse und Vereinbarungen

STELLENSUCHE UND BEWERBUNG

»Nach der Ausbildung habe ich im Internet und in Zeitungen nach Stellenanzeigen gesucht. Wenn ich eine Anzeige interessant fand, habe ich eine Bewerbung geschrieben. Ich habe mir dabei viel Mühe gegeben. Trotzdem hat es lange gedauert, bis ich eine Stelle gefunden habe. In unserer Region gibt es einfach nicht genug Arbeitsplätze. Aber es hat sich gelohnt, dass ich nicht so schnell aufgegeben habe, mit meinem Job bin ich sehr zufrieden.«

Maximilian, Mediengestalter

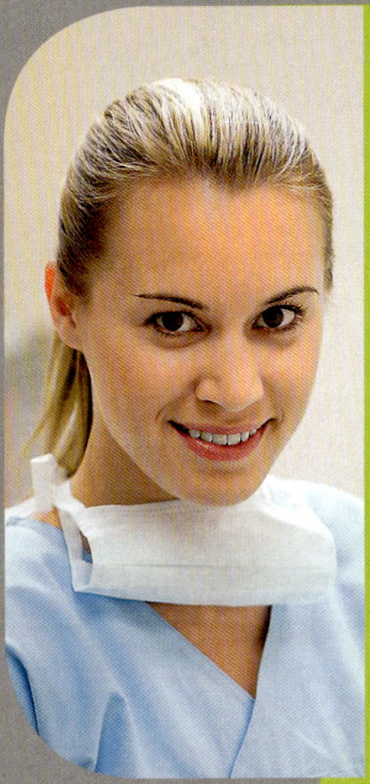

»Nach der Schule habe ich ein Praktikum bei einem Zahnarzt gemacht. Ich konnte danach direkt in der Praxis eine Ausbildung machen und bin anschließend übernommen worden. Ich habe viel Glück gehabt. Meine Freundinnen mussten alle länger suchen.«

Vanessa, zahnmedizinische Fachangestellte

1. Berichten Sie von Ihren eigenen Erfahrungen bei der Suche nach einem Ausbildungsplatz oder einem Praktikum.

2. Berichten Sie, welche anderen Möglichkeiten, eine Stelle zu finden und sich zu bewerben, Sie kennen. Erklären Sie, welche Sie für besonders erfolgversprechend halten.

Sich bewerben und vorstellen

WAS ICH AM ENDE KANN

Ich kann einen tabellarischen Lebenslauf erstellen.

Ich kann ein Bewerbungsschreiben verfassen.

Ich kann eine vollständige und fehlerfreie Bewerbungsmappe zusammenstellen.

Ich kann mich in Vorstellungsgesprächen gut ausdrücken.

1. Lesen Sie die folgende Anzeige aufmerksam durch und bearbeiten Sie anschließend die Aufgaben.

Gut aufgehoben im Alter

Gemeinnützige GmbH der Evangelischen Stiftung Merheim

Ihr neuer Wirkungsbereich könnte in Köln-Merheim liegen – ca. 15 Minuten mit der Stadtbahn vom Kölner Zentrum entfernt.

In unserem Haus leben 170 Bewohnerinnen und Bewohner im besten Alter, die aber der regelmäßigen Pflege bedürfen. 40 Betagte leben im beschützenden Wohnbereich.

Ab sofort suchen wir zur Verstärkung unseres Teams in Vollzeit (40 h / Woche)

einen Koch/eine Köchin

Täglich werden ca. 170 Vollportionen gekocht. Die Arbeitszeiten liegen in der Regel zwischen 6.30 Uhr und 15.15 Uhr.

Wir erwarten von Ihnen ein ausgeprägtes Verständnis für die Bedürfnisse alter Menschen und stets motivierten Einsatz in einem harmonischen und eingespielten Team. Eine qualifizierte Ausbildung als Koch bzw. Köchin und erste Erfahrungen in der Großküche sind Voraussetzung.

Wir bieten Ihnen eine überdurchschnittliche Vergütung, eine abwechslungsreiche, verantwortungsvolle und interessante berufliche Herausforderung in freundlicher Atmosphäre. Regelmäßige Möglichkeiten der Fort- und Weiterbildung sind gegeben. Bei Bedarf wird außerdem eine Wohneinheit vor Ort zur Verfügung gestellt.

Bei guter Zusammenarbeit mit dem Team steht die Position als stellvertretende Küchenleitung in Aussicht.

Sie fühlen sich angesprochen? Dann freuen wir uns über Ihre Bewerbung an:

Evangelische Stiftung Merheim
z. H. Frau Gabi Mertens
Blumenthalstr. 214, 50668 Köln
Tel.: 0221 96443401

a. Erklären Sie,
- welche Informationen über den Arbeitgeber die Stellenanzeige enthält,
- was Sie über die ausgeschriebene Stelle erfahren,
- welche Anforderungen an den Bewerber bzw. die Bewerberin gestellt werden,
- welche Informationen für Bewerberinnen und Bewerber besonders wichtig sind.

b. Suchen Sie im Internet nach Jobbörsen oder Websites, die Stellenangebote veröffentlichen. Suchen Sie nach einer Stellenanzeige, die Sie interessiert, und schreiben Sie heraus:
- Welche beruflichen Anforderungen werden an die Bewerberinnen und Bewerber gestellt?
- Welche persönlichen Eigenschaften erwartet das Unternehmen von der Bewerberin bzw. dem Bewerber?
- Welche Informationen enthält die Anzeige über den Arbeitgeber?
- Welche Informationen sind für Bewerberinnen und Bewerber besonders wichtig?
- Aus welchen Gründen spricht das Inserat Sie an? Begründen Sie!

c. Wenn Sie sich heute auf diese Stelle bewerben würden, wie würden Sie vorgehen? Notieren Sie dazu einige Stichworte zu folgenden Fragen:
- Ausbildung: Mit welchem Abschluss werden Sie sich bewerben? Was sind die Schwerpunkte Ihrer Ausbildung?
- berufliche Wünsche und Interessen: Welche Tätigkeiten möchten Sie ausüben? Möchten Sie lieber in einem kleinen Betrieb oder in einer großen Firma arbeiten? Wünschen Sie sich viel Kundenkontakt? Geregelte Arbeitszeiten? Weiterbildungsmöglichkeiten?
- Kenntnisse und Fähigkeiten: Haben Sie z. B. Sprachkenntnisse, die über das schulisch Erlernte hinausgehen? Besondere praktische Erfahrungen erworben? Sich in Kursen weitergebildet?

Bewerbungsschreiben

2. Jan Kornelius hat sich auf die ausgeschriebene Stelle als Koch von Seite 178 beworben. Lesen Sie sein Bewerbungsschreiben aufmerksam durch und beantworten Sie danach die Fragen.

Brief	Erläuterung
Jan Kornelius Weinbergstraße 24 73430 Aalen	Absender
Evangelische Stiftung Merheim Frau Gabi Mertens Blumenthalstr. 214 50668 Köln	Empfänger
Aalen, 28. August 20XX	Datum
Bewerbung als Koch	Betreff: kurz und präzise
Sehr geehrte Frau Mertens,	Anrede: an den richtigen Ansprechpartner richten
Sie suchen einen motivierten Koch mit einem ausgeprägten Verständnis für die Bedürfnisse alter Menschen. Ich denke, dass ich die optimale Besetzung für diese Stelle bin.	
Durch meine im September 20XX erfolgreich abgeschlossene Ausbildung im City-Hotel in Aalen und meine derzeit ungekündigte Stellung in der Mensa einer Fachhochschule bin ich für die Stelle als Koch bestens gerüstet. Ich bringe Erfahrungen in einer Großküche mit, kenne mich aber auch in der gehobenen Küche aus. Außerdem engagiere ich mich seit einigen Jahren ehrenamtlich in einem Seniorenbesuchsdienst. Ich habe einen guten Draht zu betagten Menschen. Die Arbeit in einem Altenheim würde mich daher sehr interessieren.	Text
Meine Arbeitsweise zeichnet sich durch Zuverlässigkeit und Flexibilität aus. Während meiner Tätigkeit im Hotel »Vierjahreszeiten« habe ich zusammen mit zwei Mitarbeitern für die Hotelküche einen neuen Catering-Service aufgebaut.	
Dabei war ich unter anderem zuständig für die interne und externe Kommunikation. Mit hektischen Situationen, wie sie in der Küche oft herrschen, komme ich ausgezeichnet zurecht. Außerdem ist es mir ein großes Anliegen, mich stets weiterzubilden. Ich bin ortsungebunden und zu einem beruflich motivierten Wohnortwechsel jederzeit bereit.	
Ich hoffe, dass meine Bewerbung Ihr Interesse geweckt hat. Auf Ihre Einladung zu einem persönlichen Vorstellungsgespräch freue ich mich.	
Mit freundlichen Grüßen	Grußformel
Jan Kornelius Jan Kornelius	Unterschrift
Anlage Bewerbungsmappe	Anlagenvermerk

a. Erklären Sie,
- welche Kenntnisse Jan Kornelius aufführt,
- wie er seine Eignung begründet,
- wie er die Wahl des Arbeitgebers begründet,
- wie er den Brief gestaltet.

b. Stellen Sie sich vor, dass auf die Stellenanzeige sehr viele Bewerbungen eingehen. Darunter sind einige Bewerberinnen bzw. Bewerber, die eine ähnliche Qualifikation haben wie Jan.

- Sticht seine Bewerbung hervor, sodass er zu einem Vorstellungsgespräch eingeladen wird? Begründen Sie Ihre Meinung.
- Gibt es Möglichkeiten, wie Jan sich noch besser verkaufen könnte?

BASISWISSEN

Bewerbungsschreiben

Wenn ich eine Bewerbung schreibe, achte ich auf folgende Punkte:

Form

- weißes unliniertes Papier im Format DIN A4, einseitig beschriftet
- Eine Seite sollte ausreichen.
- leicht lesbare Schrift, mittlere Schriftgröße
- einwandfreie Rechtschreibung
- Umschlag im Format DIN C4 verwenden
- Form des Geschäftsbriefs beachten
- Papier: sauber, glatt, ohne Zigarettengeruch

Inhalt

- Ich verschicke keine Standardbriefe, sondern informiere mich über den Arbeitgeber und verfasse ein individuelles Anschreiben.
- Ich erkläre klar und sachlich, warum ich für die Stelle geeignet bin.
- Ich gehe auf Anforderungen, die in der Stellenanzeige formuliert sind, genau ein.
- Ich nenne die Gründe und die Motivation für meine Bewerbung.
- Ich mache Angaben über meine derzeitige Tätigkeit.

3. Verfassen Sie ein möglichst überzeugendes Bewerbungsschreiben zu der Stellenanzeige, die Sie für Aufgabe 1b ausgewählt haben.

Tipp
Lassen Sie Ihr Anschreiben Korrektur lesen.
Rechtschreibfehler können ein K.-o.-Kriterium sein.

BASISWISSEN

E-Mail-Bewerbungen

Für Bewerbungen per E-Mail gelten dieselben Regeln wie für klassische Bewerbungen:

- Ich formuliere einen präzisen Betreff.
- Ich verwende fehlerfreie Sprache ohne Symbole oder SMS-Kürzel.
- Ich verwende eine korrekte Anrede und Grußformel.
- Ich verweise auf die Anlagen.
- Ich sende die Anhänge möglichst im PDF-Format.

- Anhänge: Anschreiben und lückenloser Lebenslauf, eventuell Zeugnisse

Tipp
Achten Sie auf Ihre E-Mail-Adresse, wenn Sie eine Bewerbung verschicken. Keine E-Mail-Adresse verwenden, die unseriös klingt, wie z.B.: Zuckerschnute@mail.de.

Lebenslauf

4. Studieren Sie Jans Lebenslauf und notieren Sie sich:
- ➢ Welche Kategorien führt Jan auf?
- ➢ Was können Sie zur Gestaltung des Lebenslaufes sagen?
- ➢ Wozu dient der Lebenslauf überhaupt?

Persönliche Daten

Jan Kornelius
Weinbergstraße 24
73430 Aalen

Telefon: 07631 23xxx
Handy: 0179 473xxx
jan.kornelius@email.de

Geburtsdatum: 12. Oktober 1991
Staatsangehörigkeit: deutsch
Familienstand: ledig

Angaben zu Staatsangehörigkeit und Familienstand sind freiwillig.

Schulbildung

08/2001 – 07/2007	Realschule Aalen

Berufsausbildung

08/2007 – 07/2010	Ausbildung zum Koch mit Abschluss Restaurationsküche
City-Hotel Aalen	

Hier können auch Weiterbildungen aufgeführt werden, PC-Kenntnisse, ehrenamtliches Engagement usw.

Berufliche Tätigkeit

08/2010 –09/2012	Koch im Hotel »Vierjahreszeiten« in Münster
seit 10/2012	Koch in der Mensa der Fachhochschule Aalen

Sprachen

Deutsch	Muttersprache
Englisch	gute mündliche und schriftliche Schulkenntnisse

Ehrenamtliche Tätigkeit

seit 11/2012:	Helfer im Seniorenbesuchsdienst Aalen

Aalen, 28. August 20XX

Jan Kornelius

Aktuelles Datum und Unterschrift nicht vergessen

5. Erstellen Sie Ihren eigenen Lebenslauf. Achten Sie dabei auf die Vorgaben im unten stehenden Kasten.

BASISWISSEN

Lebenslauf

Wenn nicht ausdrücklich ein handschriftlicher Lebenslauf verlangt wird, erstelle ich einen tabellarischen Lebenslauf. Dieser umfasst:

- ➢ Angaben zu meiner Person (Name, Adresse, Geburtsort und -datum); einige Angaben sind freiwillig: Familienstand, Staatsangehörigkeit, Eltern
- ➢ Schulbildung
- ➢ Berufsausbildung
- ➢ alle Arbeitsstellen, Aufgaben und Tätigkeiten in den einzelnen beruflichen Etappen
- ➢ Weiterbildungen
- ➢ spezielle Kenntnisse
- ➢ spezielle berufliche Auszeichnungen/Erfolge
- ➢ ein aktuelles Passfoto

Bewerbungsmappe

6. Sie haben nun bereits ein Anschreiben und einen Lebenslauf verfasst. Was fehlt noch für eine vollständige Bewerbungsmappe?
   - ➢ Schließen Sie das Buch und notieren Sie, was in eine komplette Mappe gehört und welche formalen Kriterien erfüllt sein müssen, damit die Mappe ansprechend wirkt und von Personalverantwortlichen beachtet wird.
   - ➢ Vergleichen Sie anschließend Ihre Notizen mit dem folgenden Basiswissen-Kasten.

BASISWISSEN

Eine Bewerbungsmappe erstellen

Eine Bewerbungsmappe ist wie eine Visitenkarte. Damit sie einen guten Eindruck macht, müssen die Unterlagen vollständig und ordentlich sein. In eine Bewerbungsmappe gehören:

- ➢ Anschreiben
- ➢ Lebenslauf mit Foto

Außerdem in Kopie:
- ➢ Abschlußzeugnisse der Schule/Berufsschule/Berufsausbildung
- ➢ Arbeitszeugnisse
- ➢ Nachweise besonderer Fertigkeiten (Zertifikate, Bescheinigungen usw.)
- ➢ eventuell Referenzschreiben

Zu einer Kurzbewerbung gehören:
- ➢ Bewerbungsschreiben
- ➢ tabellarischer Lebenslauf

7. Erstellen Sie eine vollständige Bewerbungsmappe.

Tipp
Nie Originalunterlagen einreichen, sondern der Bewerbung Kopien beifügen.

Vorstellungsgespräch

Wenn Sie zu einem Vorstellungsgespräch eingeladen worden sind, gehören Sie zu der engeren Auswahl. Der Arbeitgeber möchte herausfinden, welcher Bewerber oder welche Bewerberin am besten geeignet ist. Einen einheitlichen Fragenkatalog für das Gespräch gibt es nicht. Dennoch sollten Sie sich auf folgende Fragen vorbereiten:

- Weshalb haben Sie sich bei uns beworben?
- Warum suchen Sie eine neue Stelle?
- Kennen Sie unser Unternehmen?
- Warum glauben Sie, dass Sie für diese Stelle geeignet sind?
- Wie würden Sie sich beschreiben?
- Welche Erwartungen haben Sie an uns?
- Welche Gehaltsvorstellungen haben Sie?
- Haben Sie noch Fragen?

8. Halten Sie mögliche Antworten auf die oben aufgeführten Fragen in Stichworten fest. Vergleichen Sie sie anschließend mit den Antworten Ihrer Mitschülerinnen und Mitschüler.

9. Was muss man tun, um im Vorstellungsgespräch erfolgreich zu sein?
Ordnen Sie zu.

☺ So klappt's.

Vorbereitung:
- Ich recherchiere vorher Informationen über das Unternehmen.
- ...

Kleidung:
...

Anreise:
...

Gespräch:
...

☹ Das geht schief.

Vorbereitung:
- Die werden mir schon sagen, was ich wissen muss.
- ...

Kleidung:
...

Anreise:
...

Gespräch:
...

Ich stelle ein dezentes und an die Branche angepasstes Outfit zusammen: klassisch für die Stelle in der Bank, lässiger für die Werbeagentur. Frisur und Make-up: gepflegt und unauffällig.

Am Ende erkundige ich mich, wann ich mit der Reisekostenerstattung rechnen kann, und gehe.

Ich falle meinen Gesprächspartnerinnen ins Wort.

Ich begrüße meinen Gesprächspartner mit Namen, festem Händedruck und freundlichem Lächeln. Ich bedanke mich für die Einladung zum Gespräch.

Ich bereite mich auf die üblichen Fragen (s. o.) vor und überlege mir eigene Fragen.

Ich sage: »Hallo zusammen« und setze mich unaufgefordert hin.

Ich gehe dann einfach mal los, verlaufe mich und komme zehn Minuten zu spät an.

Am Ende des Gesprächs erkundige ich mich, wann ich eine Rückmeldung erhalten werde. Ich bedanke mich für das Gespräch.

Ich sitze ruhig, schaue die Gesprächspartner an und höre aufmerksam zu.

Ich zapple herum, verschränke die Arme und schaue in der Gegend herum.

Ich beantworte alle Fragen, die mir gestellt werden, und stelle eigene.

Ich komme so, wie ich bin. Wobei: Der Neon-Nagellack könnte Eindruck machen.

Ich drucke mir eine Wegbeschreibung aus und kalkuliere genug Zeit ein, damit ich nicht zu spät komme.

Ich bereite mich nicht vor und vertraue ganz auf meine Spontaneität.

Tipp
Es gibt Fragen, die Sie im Vorstellungsgespräch nicht beantworten müssen: nach der Familienplanung, einer bestehenden Schwangerschaft und (außer in Tendenzbetrieben wie kirchlichen Einrichtungen oder Parteien) nach Religionszugehörigkeit und politischen Ansichten. Weisen Sie solche Fragen höflich zurück.

10. Spielen Sie mit einem Partner oder einer Partnerin ein Vorstellungsgespräch durch. Nehmen Sie Ihre Bewerbungsmappe von Aufgabe 7 als Grundlage.

Checkliste für die Jobsuche

Erstellen Sie eine persönliche Checkliste für Ihre Stellensuche und Bewerbung: Wie wollen Sie vorgehen? Was ist alles zu erledigen? Und vor allem: Was ist Ihr Ziel?

Fremdwörter / Zusammengesetzte Wörter

WAS ICH AM ENDE KANN

Ich kann Regeln zur Schreibweise von Fremdwörtern anwenden.

Ich weiß, welchen bestimmten Artikel zusammengesetzte Wörter haben.

Ich kann die wichtigsten Regeln der Zusammen- und Getrenntschreibung anwenden.

1. Lesen Sie die Regeln zur Rechtschreibung von Fremdwörtern und bearbeiten Sie dann die Aufgaben.

REGELN

Schreibweise von Fremdwörtern

Fremdwörter muss man sich einzeln einprägen, weil ihre Schreibweise den Regeln ihrer Herkunftssprache folgt.
Beispiele: **Budget, Amateur, Chianti**

Folgende vier Besonderheiten kann man sich aber gut merken:
- Gedehnte Vokale stehen ohne Dehnungs-»h«.
  Beispiele: **lokal, akut, autonom**
- Bei langem »i« steht kein Dehnungs-»e«; dies gilt vor allem für Endungen.
  (Ausnahme: die Endung »-ieren«)
  Beispiele: **Klima, zivil; reservieren**
- Auch nach kurzem Vokal wird »k« nicht zu »ck« und »z« nicht zu »tz«.
  Beispiele: **Prospekt, spazieren, Pizza**
- Die Endung »-ation« schreibt sich mit »t«, nicht »z«.
  Beispiele: **Information, Nation**

a. Finden Sie weitere Beispiele für Fremdwörter
   - mit langem Vokal ohne Dehnungs-»h«,
   - mit langem »i« ohne Dehnungs-»e«,
   - mit der Endung »-ieren«,
   - mit »k« oder »z« nach kurzem Vokal,
   - mit der Endung »-ation«.

b. Erstellen Sie in der Klasse gemeinsam eine Liste. Waren Wörter dabei, die Sie nicht kannten oder bei deren Schreibweise Sie unsicher waren? Schreiben Sie diese auf Lernkarten und prägen Sie sie sich ein.

REGELN

Zusammengesetzte Wörter

Durch Aneinanderreihen von Wörtern kann man neue Wörter bilden, z. B.:
- mit zwei Nomen: Lohnarbeit oder Arbeitslohn
- mit Adjektiv und Nomen: Feinarbeit
- mit Nomen und Adjektiv: arbeitsfrei
- mit Verb und Nomen: Näharbeit

Bei zusammengesetzten Nomen steht hinten das Grundwort, vorne das Bestimmungswort:
Ein Hochhaus ist ein Haus, das hoch ist.

Das Bestimmungswort informiert also näher darüber, um welche Art von Haus es sich handelt.

2. Bestimmen Sie, welcher bestimmte Artikel (der, die, das) zu folgenden Nomen gehört. Erklären Sie, ob das zusammengesetzte Nomen den Artikel vom Grund- oder vom Bestimmungswort erhält. Leiten Sie die Regel für das grammatikalische Geschlecht zusammengesetzter Nomen ab.

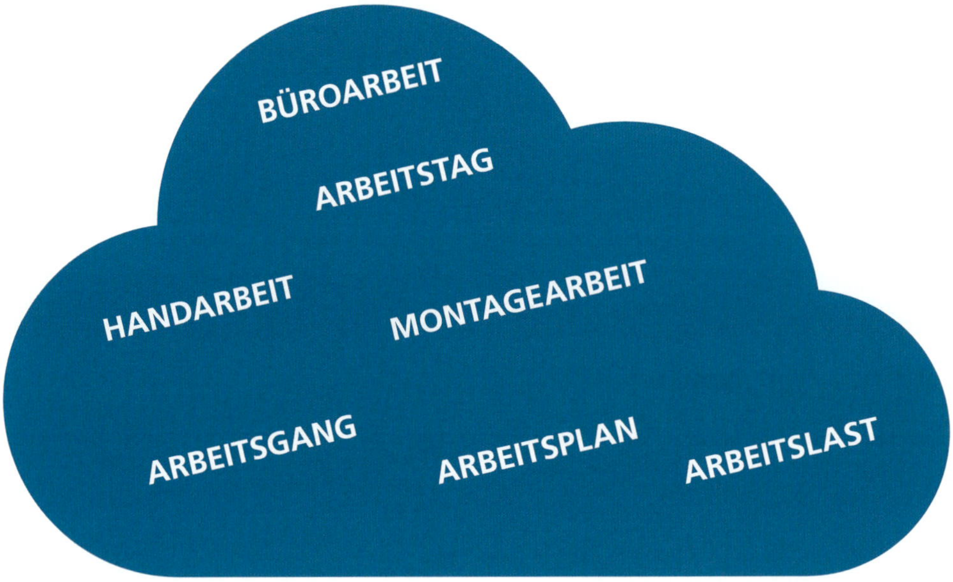

REGELN

Zusammen oder getrennt: Die drei Grundregeln

Ob Wörter getrennt geschrieben oder zusammengeschrieben werden, ist eine schwierige Frage.

1. **Nomen** reiht man aneinander, ebenso Kombinationen anderer Wortarten mit Nomen, wenn dadurch ein neues Nomen entsteht.

   Beispiele:
   das Marktforschungsunternehmen, die Zusammenschreibung, das Fernsehen, die Riesenüberraschung

2. **Verbzusätze** schreibt man mit dem Verb zusammen.

   Beispiele:
   davonrennen, heimgehen, hinuntersteigen, umherwandern, weiterfahren, zusammenhalten, schlafwandeln, misstrauen

3. In den meisten übrigen Fällen gilt die Getrenntschreibung.

   Beispiele:
   Rad fahren, fertig sein, schwimmen gehen, getrennt schreiben, miteinander reden, schnell gehen

3. Schreiben Sie folgende Wörter aus dem unten stehenden Text heraus:
- die nach Regel 1 zusammengeschriebenen Wörter,
- die nach Regel 2 zusammengeschriebenen Wörter.

Mit 50 Pfund zum Millionär geworden

Die folgende Geschichte von Alex Tew ist eine jener Geschichten, die man unbedingt hören will und über die man sich grundsätzlich freut, die aber zum Schluss doch eine Prise Unzufriedenheit zurücklassen. Denn es handelt sich um eine moderne Variante des Vom-Tellerwäscher-zum-Millionär-Märchens. In knapp fünf Monaten hat es der 21-jährige Blonde aus der südenglischen Grafschaft Wiltshire vom mittellosen Mittelschüler zum Millionär geschafft.

Seinen Anfang nahm der rasante Aufstieg am 26. August 2005. An jenem Tag ließ Tew seine Internetseite schalten. Für 50 englische Pfund hatte er sich zuvor Speicherplatz auf einem Server und eine Registrierung für den Namen www.milliondollarhomepage.com gekauft. Die Idee des Jungunternehmers war so einfach wie verrückt: Er unterteilte die Bildschirmseite in 10 000 Felder à je 100 Pixel. Jedes Pixel (auf einem 15-Zoll-Bildschirm ein Punkt von etwa einem Drittel Millimeter) verkaufte er als Werbefläche für einen Dollar, bei einer Abnahmemenge von 100 Pixeln im Minimum. Im Angebot inbegriffen war für die Käuferschaft ein Link zur eigenen Homepage und eine Kurzwerbebotschaft, die jeweils dann erscheint, wenn eine Besucherin oder ein Besucher auf der Millionendollarseite mit dem Mauszeiger über das entsprechende Minifeld fährt. Rechne: 10 000 Felder à 100 Pixel à 1 Dollar ergeben eine Million Dollar. »Ich lancierte meine Seite, weil ich Geld für mein Universitätsstudium brauchte«, schreibt Tew in seinem Blog. Er habe gedacht, wenn er sich das Ziel hoch genug stecke und dann auch nur einen Bruchteil davon erreiche, werde ihm das immer noch weiterhelfen.

Das Minimalszenario traf nicht ein. Die Pixel verkauften sich noch besser als warme Brötchen, anfänglich durch Mund-zu-Mund-Propaganda und selbst versandte E-Mails, später vor allem durch eine riesige Medienpräsenz. Schon nach einem Monat hatte Tew fast 20 000 Pfund eingenommen – genug, um sich die ersten drei Studienjahre zu finanzieren. Es war ihm gelungen, so prominente Kunden zu gewinnen wie die angesehene Zeitung »The Times«, den Internetkonzern Yahoo und den Telekommunikationsriesen Orange. Tew reagierte schnell auf den Ansturm und investierte nochmals 20 000 Pfund, um die Leistungsfähigkeit seiner Seite auszubauen und in den USA einen PR-Berater anzuheuern. Die Hälfte der Felder wurden darauf an amerikanische Firmen verkauft. Die allerletzten 1 000 Pixel gingen mittels Ebay-Auktion für 38 100 Dollar an einen Internetverkäufer.

Miniwerbefelder auf der Homepage www.milliondollarhomepage.com

REGELN

Bindestrich

Da man im Deutschen Wörter aneinanderreiht, indem man sie zusammenschreibt, benötigt man nur selten einen Bindestrich. Man darf ihn aber setzen, um die Lesbarkeit sehr langer zusammengesetzter Wörter zu erleichtern.

Beispiele:
die Million-Dollar-Boy-Geschichte oder die Milliondollarboy-Geschichte
die Dampfschifffahrtsgesellschafts-Präsidentenwahl

Der Bindestrich ist obligatorisch
1. in Kombination mit Zahlen und Abkürzungen: die 31-jährige EZB-Angestellte
2. in Kombination mit Eigennamen (z. B. von Firmen): der Otto-Katalog, eine Hilfiger-Hose
3. in Verbindungen wie: »eine Alles-oder-nichts-Einstellung«, »zum Aus-der-Haut-Fahren«

4. Welche Bindestrichregeln wurden im Text über den jungen Millionär angewendet? Suchen Sie nach Beispielen.

5. Zusammen, getrennt oder mit Bindestrich? Entscheiden Sie sich für die richtige Version und notieren Sie sie. Verwenden Sie Wörter mit Bindestrich nur dann, wenn eine Schreibung ohne Bindestrich falsch ist.

Von der Russenmafia erpresst

Beispiel:
Der britische Student Alex Tew, der mit dem Verkauf von winzig kleinen **(Werbe+Flächen)** auf seiner **(Home+Page)** zum Millionär wurde, wird erpresst.

→ **Werbeflächen, Homepage**

a. Russische **(Web+Piraten)** forderten nach einem Bericht des britischen **(Rundfunk+Senders)** BBC **(ins+gesamt)** mehr als 40 000 Euro.
b. Sie drohten, **(andern+falls)** die **(Internet+Seite)** mit einer Million verkauften Pixeln durch einen **(Hacker+Angriff)** **(lahm+zu+legen)**.
c. Als Tew nicht zahlte, ließen sie der Drohung Taten folgen. Die Seite war fast eine **(Woche+lang)** nur noch **(Zeit+weise)** **(auf+zu+rufen)**.
d. **(In+zwischen)** haben sich in die Ermittlungen das FBI sowie die **(Computer+Experten)** der britischen Behörden **(ein+geschaltet)**.
e. Auf **(jeden+Fall)** funktioniert die **(Web+Site)** nun wieder.

Song und Slam Poetry

WAS ICH AM ENDE KANN

Ich kann einen Liedtext analysieren.

Ich kann einen Text für einen Poetry Slam verfassen und ihn vor einem Publikum vortragen.

Xavier Naidoo (*1971)
ist ein deutscher R&B-Sänger. Er ist Gründungsmitglied der Musikgruppe »Söhne Mannheims« und Mitinitiator der »Mannheimer Popakademie«. Seine Texte wurden mehrfach ausgezeichnet.

BIST DU AM LEBEN INTERESSIERT

Hör nicht auf, für das zu leben, an was du glaubst
glaub an dich und schöpfe Vertrauen und Kraft aus deiner Familie,
die Nacht für Nacht deine Seele bewacht und dich liebt
ganz egal was du tust, was geschieht, die dich wie eine Hülle umgibt
wenn du dieses Glück hast, hast du fast gesiegt, fast gesiegt
manches Leben läuft schnell, es ist nicht immer hell
es ist schwer, was zu sehn und im Dunkeln zu gehn
doch sei dir bewusst: deine Vorfahren hatten schwerste Wege
und wenn dein Herz noch für sie schlägt, dann weißt du genau,
dass ihr Blut durch dich fliesst, es macht dich sogar schlau durch
Talente, die du kriegst, die sich dein Clan vielleicht vor 300 Jahren
durch schwere Arbeit hart erwarb
auf was du jetzt zurückgreifen kannst
zurück in der Zeit, back in time
du verfügst über Wissen von mehr als 10 000 Jahren
frag deine Ahnen, deine Vorfahren
sie heißen Vorfahren, obwohl du vor fährst
sie können nur ahnen, wo du sie hinfährst
hast du den Plan oder bist du verkehrt?
dann kehre in dich, lass dich gehn
du musst deine Seele von innen sehen.

du musst die Familiengruft bei Tag begehen
obwohl du nicht tot bist, frag ich
bist du am Leben, bist du am Leben, bist du am Leben, bist du am Leben, bist du am Leben
bist du am Leben interessiert? Hast du dieses Wunder schon kapiert?
Kannst du die alten Lieder singen, die tief in deiner Seele klingen
bist du am Leben interessiert? Hast du dieses Wunder schon kapiert?
Kannst du die alten Lieder singen, die tief in deiner Seele klingen
Lasst uns diese Lieder rausbringen!

Das ganze Volk soll sie singen.
Lasst uns diese Lieder rausbringen!

Tone:
Wenn eins deine Sinne verwischt, weil der wärmste und hellste Stern am Himmel erlischt
du den Mut und all die Zuversicht verlierst
und spürst, dass irgendwas in dir zerbricht
dann hör auf die innere Stimme, die spricht,
und hinder sie nicht, denn sie weiß, wie sie geht
und zeigt dir den Weg zurück nach Haus, du kennst ihn auch
erinnere dich an das, was du längst weißt und was eigentlich keine Frage ist
du bist nicht schwach, du weißt wie stark du bist
also ruf das wach, was eingeschlafen ist
das Leben ist schwer zu durchschauen und fühlt sich unreal an, so als wäre das ein Traum
und man weiß nicht wirklich, wer Freund oder Feind ist, und es fällt schwer zu vertrauen
aber mach dir bewusst, dass du all diesem Frust vielleicht noch sehr lang standhalten musst
du brauchst ein starkes Herz, aber kein hartes, sonst wird es kalt in der Brust
Eins haben Feiglinge nie erkannt: Man kann wachsen am steigenden Widerstand
also sei wie ein Krieger, Mann, nimm wieder am Leben teil und peil deine Ziele an
denn auch wenn die Umstände widrig sind, kannst du Pläne zu schmieden beginnen
egal wie groß die Risiken sind, all dein Einsatz wird sich lohnen, denn es gibt viel zu gewinnen
du spürst das tief in dir drin, wenn die Melodien dieser Lieder erklingen,
deine Seele umarmen und die Tränen der Wahrheit zu fließen beginnen, siehst du den Sinn

Naidoo:
Ob alt oder jung, ob blind ob stumm, die ohne Zeit oder die mit Geduld
sieh dich an, schau dich um, auch du bist ein Mensch aus Fleisch und Blut
aber auch wie das Küken aus der frischen Brut, spürt er, wie der Krieg uns nicht gut tut
eine ganze Generation schöpft Mut, die ganze Generation einer Nation
setzt sich den Frieden wie auf einen Thron, die ihr den Krieg liebt, was wisst ihr schon?
ihr liebt eure Kinder nicht wie Tochter und Sohn, liebt eure Kinder wie Korn, Rind und Huhn
ich sag dir, Liebe hat damit nichts zu tun, wer den Krieg liebt, erntet von mir Hohn
lautes Gelächter und lauteres drohen, in Form von Liedern, die Herzen durchbohren
mögen die in der Hölle schmoren, die Selbstmordattentäter auserkoren
um ihre Drecksarbeit zu tun, mögen sie nie in Frieden ruhen.

Bist du am Leben interessiert? Hast du dieses Wunder schon kapiert?
Kannst du die alten Lieder singen, die tief in deiner Seele klingen
bist du am Leben interessiert? Hast du dieses Wunder schon kapiert?
Kannst du die alten Lieder singen, die tief in deiner Seele klingen
Lasst uns diese Lieder rausbringen!
Das ganze Volk soll sie singen.
Lasst uns diese Lieder rausbringen!
Das ganze Volk soll sie singen!
Lasst uns diese Lieder rausbringen!

Xavier Naidoo: Bist du am Leben interessiert?

1. Warum ist der Titel des Liedes als Frage formuliert? Äußern Sie eine Vermutung.

2. Beschreiben Sie die sprachliche Form des Liedes. Fallen Ihnen Besonderheiten auf (Wortwahl, Aufbau ...)?

3. Wer ist das »Du«, an das sich der Liedtext richtet?

4. Worin besteht das Glück, das der Autor im ersten Abschnitt beschreibt?

5. Der Liedtext formuliert verschiedene Ratschläge, zum Beispiel: »Hör nicht auf, für das zu leben, an was du glaubst« (erste Zeile). Suchen Sie einen Ratschlag heraus, den Sie besonders wichtig finden, und formulieren Sie ihn in eigenen Worten.

6. »Kannst du die alten Lieder singen, die tief in deiner Seele klingen?« – Erklären Sie, wie diese Frage gemeint ist.

Kreativ schreiben: Poetry Slam

Ein Poetry Slam ist ein Wettbewerb, bei dem die Teilnehmenden selbst geschriebene Texte vor einem Publikum sprechen und »performen«. Sie lesen ihre Texte nicht nur vor, sondern erwecken sie mit ihrer Stimme und ihrem Körper zum Leben – durch Gestik und Mimik, Lautstärke und Betonung. Oft wird auch das Publikum angesprochen und einbezogen.

Ein Poetry Slam ist eine Gelegenheit, eigene Gedanken in einem Text zu formulieren und vor einem Publikum vorzutragen. Der Text, der vorgetragen wird, kann der Unterhaltung dienen ebenso wie der Kritik, etwa an der modernen Gesellschaft, der Sucht nach Konsum, der Medienwelt.

Ganz unterschiedliche Formen stehen dabei zur Wahl: Gedicht, Prosa, Lied oder Theaterszene, Rap oder Comedy ... Grenzen werden nur durch den zeitlichen Rahmen gesetzt: Die Performance darf oft nicht länger als fünf bis sieben Minuten dauern.

Schreiben Sie einen Text für einen Poetry Slam und tragen Sie ihn vor.

Mögliche Themen:

Ich bin am Leben interessiert.
Das Leben ist schwer zu durchschauen.
Was ist Glück?
Was bringt die Zukunft?

Dauer der Performance: drei bis fünf Minuten

Vorgehensweise:

1. Gruppenarbeit: Suchen Sie im Internet nach Poetry-Slam-Videos, z. B. auf YouTube. Wählen Sie ein gelungenes Beispiel aus und analysieren Sie es: Welche Form hat der Text? Wie ist er aufgebaut? Welche Mittel setzt der »Slammer« oder die »Slammerin« bei der Performance ein (Körpersprache, Mimik, Betonung, Lautstärke, Interaktion mit dem Publikum usw.)?
2. Schreiben Sie einen Text zu dem von Ihnen gewählten Thema.
3. Überlegen Sie sich, wie Sie den Text auf der Bühne darstellen können. Sie dürfen keine Requisiten, Musikinstrumente oder Kostüme verwenden.
4. Tragen Sie Ihren Text vor. Die Klasse ist die Jury. Wer den meisten Applaus bekommt, gewinnt.

Eine Dokumentation erstellen

WAS ICH AM ENDE KANN

Ich kenne die Teile, die zu einer vollständigen Dokumentation gehören.

Ich weiß, worauf ich beim Schreiben und Gestalten der einzelnen Teile achten muss.

Im Laufe einer Ausbildung, für die Berufsschule oder auch später im Berufsleben muss man gelegentlich Dokumentationen erstellen. Die Regeln für das Erstellen einer vollständigen, ansprechenden Dokumentation sind immer die gleichen.

Eine Dokumentation besteht in der Regel aus den folgenden sieben Teilen:

1. Titelblatt
2. Inhaltsverzeichnis
3. Einleitung
4. Hauptteil
5. Schluss
6. Quellenverzeichnis
7. Anhang

1. Titelblatt

Das Titelblatt soll ansprechen und die Neugier wecken.
Es enthält folgende Informationen:

- Titel und Thema
- Art der Dokumentation
- vollständige Namen der Autoren bzw. Autorinnen, Klasse
- Datum
- evtl. Gestaltungselemente

2. Inhaltsverzeichnis

- Das Inhaltsverzeichnis gibt eine Übersicht über meine Kapitel.
- Es zeigt, welche Teile meiner Arbeit auf welchen Seiten beginnen.
- Ich nummeriere die Kapitel und Unterkapitel: Kapitelangaben links und die Seitenzahl rechtsbündig.

3. Einleitung

- In der Einleitung begründe ich meine Themenwahl.
- Ich nenne die Problemstellung und schreibe, welche Ziele ich mit meiner Arbeit erreichen will.
- Ich gehe darauf ein, wie ich das Thema anpacke und welche Schwierigkeiten zu erwarten sind.

4. Hauptteil

- Im Hauptteil beschreibe ich meine Untersuchung. Hier behandle ich die zu Beginn formulierten Zielsetzungen.
- Ich baue den Hauptteil logisch auf in Einleitung, Hauptteil, Schluss (siehe »Lange Texte/Arbeiten schreiben«, Seite 113).
- Ich gliedere den Text in sinnvolle Kapitel, Unterkapitel, Abschnitte und Absätze.

5. Schluss

Am Ende runde ich die Arbeit ab:

- Ich nehme Bezug zur Problemstellung.
- Dann fasse ich die wichtigsten Ergebnisse prägnant zusammen.
- Ich kommentiere diese Ergebnisse und ziehe Schlussfolgerungen.
- Ich zeige ungelöste Probleme auf und verweise auf weiterführende Fragen, die sich aus meiner Arbeit ergeben haben.
- In einem letzten, größeren Abschnitt halte ich eine persönliche Rückschau auf den gesamten Arbeitsprozess und ziehe eine abschließende Schlussfolgerung (Fazit).

6. Quellenverzeichnis

- Im Quellenverzeichnis führe ich alle benutzten Quellen auf: Internetseiten, Bücher, Zeitungsartikel, Broschüren, übernommene Statistiken und Illustrationen, Auskunftsstellen usw.
- Bei Internetseiten nenne ich den genauen Pfad und das Datum des Downloads. Bei veröffentlichten Texten nenne ich Autor/Autorin, Titel, Erscheinungsort und -jahr, evtl. Verlag.
- Auch Quellen, die ich zusammenfasse, nenne ich.
- Zusätzlich versehe ich im Hauptteil an der jeweiligen Stelle die Zitate, zusammengefassten Quellen, Statistiken, Bilder usw. mit einem kurzen Vermerk zur Quelle (in Klammern oder am Seitenende).

7. Anhang

Im Anhang füge ich sämtliche Dokumente an, die für die Arbeit von Bedeutung sind: Tabellen, Mindmaps usw.

Wie gestalte ich die Dokumentation?

Eine Dokumentation wird nicht nur inhaltlich, sondern auch optisch wahrgenommen und bewertet. Deshalb ist es wichtig, dass ich meine Arbeit formal ansprechend gestalte.

Ich beachte dabei folgende Punkte:

- Ich wähle eine (höchstens zwei) gängige Schrift(en), nicht zu klein (Schriftgröße: 10 bis 12 Punkte).
- Der Zeilenabstand ist nicht zu eng (1.15 bis 1.5).
- Der Titel und die Untertitel sind fett, aber nicht unterstrichen.
- Ich verwende Auszeichnungen (fett, kursiv, unterstrichen) zurückhaltend.
- Wörtliche Zitate setze ich in Anführungszeichen.
- Illustrationen verwende ich nicht zur bloßen Dekoration, sondern um einen Sachinhalt zu verdeutlichen; sie sind immer mit Bildlegende und Quellennachweis versehen.
- Ich lasse links und rechts, oben und unten einen großzügigen Rand und nummeriere die Seiten.
- Die Seiten bedrucke ich nur einseitig.
- Bevor ich die Arbeit abgebe, kontrolliere ich gründlich:
  - Sind die Seiten vollständig (auch im Anhang)?
  - Stimmen Titel und Seitenangaben in Text und Inhaltsverzeichnis überein?

Textnachweis

S. 12
Martin Walser: Jagd. S. 30 ff.
© Suhrkamp Verlag Frankfurt am Main, 1990.

S. 22
»Berner Zeitung«, 16.02.2005 (gekürzt); das Interview führte Anita Zulauf.

S. 25
Martin Walser: Jagd. S. 82 ff.
© Suhrkamp Verlag Frankfurt am Main, 1990.

S. 30
www.hp.com (abgewandelte Produktbeschreibung), Zugriff: 14.02.2014.

S. 41 f.
Rocko Schamoni: Dorfpunks. S. 145 ff. © Rowolth Verlag Hamburg, 2004.

S. 47 (oben)
http://www.bund-bawue.de, Zugriff: 14.02.2014

S. 47 (unten)
www.welthungerhilfe.de, Zugriff: 14.02.2014

S. 52
http://unesco.de, Zugriff: 14.02.2014

S. 55 (oben)
Ludwig Uhland: Werke, Band 1: Sämtliche Gedichte. Hg. von Hartmut Fröschle und Walter Scheffler, S. 31, © Winkler Verlag München, 1980.

S. 55 f. (unten)
Johann Wolfgang von Goethe: Goethes Werke. Hamburger Ausgabe in 14 Bänden, Band 1: Gedichte und Epen. Hg. von Erich Trunz, 11. Auflage, S. 30 © Verlag C. H. Beck, 1978.

S. 56
Volker Braun: Gegen die symmetrische Welt. S. 33, © Mitteldeutscher Verlag, Halle/Leipzig, 1985.

S. 60
Kurt Tucholsky: Gesammelte Werke in 10 Bänden, Band 10: 1932. Hg. von Mary Gerold Tucholsky und Fritz J. Raddatz, S. 600 f. ©Rowolth Verlag Hamburg, 1960.

S. 66 (Mitte)
»Beobachter« Online, 01.10.2009 (Auszug), »So senken Sie Ihre Prämien!« von Urs Zanoni.

S. 66 (unten)
»Berliner Zeitung« Online, 11.10.2011, »Jeden Fünften packt der Herbst-Blues«.

S. 67 f.
Moliére: Der eingebildete Kranke. S. 52 ff. ©Suhrkamp Verlag Berlin, 2011.

S. 69
Erich Köhler: Klassik II. Hg. von Henning Kraus, S. 118, © Kohlhammer Verlag Freiburg im Breisgau, 2006.

S. 71
»Zeit online«, 15.10.2013, »Magersucht lässt sich besser behandeln« von Haluka Maier-Borst

S. 74
»Neue Zürcher Zeitung« Online, 13.08.2004, »Jugendliche in der Schuldenfalle«.

S. 75
»Stuttgarter Zeitung« Online, 23.02.2012, »Am Anfang steht das teure Handy« von Eva-Maria Manz.

S. 79
»Beobachter« Online, 03.10.2003, »Konsum: Verschulden bis zum Umfallen« von Maja Bosshart und Sibylle Stillhart.

S. 81 ff.
Christian Kracht: Faserland, S. 138 ff., ©dtv Köln, 1995.

S. 88
»Focus« Online, 28.03.2012, »Freude am Shoppen verführt zum Schuldenmachen« (Inhalt von dpa).

S. 90 ff.
Siegfried Lenz: Ein Freund der Regierung. Das Feuerschiff, S. 155–163 © Hoffmann und Campe Verlag Hamburg, 21960.

S. 100
»Die Welt« Online, 26.10.2011, »Gegen Mobbing: Projekt soll betroffenen Schülern helfen«.

S. 102
»Die Welt« Online, 02.12.2010, »Zum Abschuss freigegeben« von Rainer Morgenroth.

S. 103 f.
»Der Spiegel« Online, 22.02.2011, »Schreie, die keiner hört« von Markus Deggerich.

S. 106
»Frankfurter Neue Presse« Online, 06.09.2011, »Online-Mobbing macht krank« (Inhalt von dpa).

S. 110 f.
Andreas Steinhöfel: Defender. Geschichten aus der Mitte der Welt. S. 129 ff., © Carlsen Verlag Hamburg, 2001.

S. 118
»Spiegel online«, 07.02.2011, »Trotz Vollzeitjob: Zigtausenden Leiharbeitern droht die Armut«.

S. 120 (oben)
»Die Welt« Online, 12.08.2013, »So viele Zweitjobber wie nie im Südwesten«.

S. 120 (unten)
»Mittelland Zeitung«, 11.03.2010, »Faire Löhne sind chic«.

S. 127
Bertolt Brecht: Werke, Große kommentierte Berliner und Frankfurter Ausgabe, Gedichte 2, Sammlungen 1938 – 1956. Hg. von Werner Hecht u. a., S. 29, © Suhrkamp Verlag Berlin, Weimar und Frankfurt am Main, 1988.

S. 132 f.
»Süddeutsche Zeitung« Online, 11.05.2010, »Ist der Mensch zum Pendeln gemacht?« Interview von Jutta Göricke mit Steffen Häfner.

S. 142
»Spiegel online«, 03.07.2012, »Stadt, Land, Stress« (gekürzt), aufgezeichnet von Steffen Daniel Meyer.

S. 143 f.
Wladimir Kaminer: Liebesgrüße aus Deutschland. S. 47 ff. © Verlagsgruppe Random House München, 2013.

S. 152
»Frankfurter Allgemeine Zeitung« Online, 29.08.2013, »Keine Zeit fürs Internet«, Interview von Friederike Haupt mit Alexandra Gille.

S. 159 ff.
Jennifer Egan: Black Box, S. 7 f.
© Schöffling & Co. Verlag Frankfurt am Main, 2013.

S. 173 f.
Ilja Trojanow: Die Versuchungen der Fremde. 79 ff. © Piper Verlag München, 2011.

S. 189
»Tages-Anzeiger«, 13.01.2006, von Stefan Eiselin.

S. 191 f.
Xavier Naidoo: Bist du am Leben interessiert, Telegramm für X, 2006.

Quellennachweis der Fotos und Illustrationen

a. Fotos

S. 11 (links)
© Mat Hayward / Fotolia

S. 11 (rechts)
© Thomas Northcut / Thinkstock

S. 17 (links)
© Thinkstock

S. 17 (rechts)
© Thinkstock

S. 25
© Patrick Seeger / Picture Alliance

S. 28
© mangostock / Fotolia

S. 29 (oben)
© Ralf Hahn / Fotolia

S. 29 (unten)
© imageteam / Fotolia

S. 29 (rechts)
© digitalefotografien / Fotolia

S. 30
© Hewlett-Packard GmbH

S. 32
© contrastwerkstatt / Fotolia

S. 33
© Thinkstock

S. 39
© Robert Kneschke / Fotolia

S. 40
© kyslynskyy / Fotolia

S. 41
© Isabel Schiffler / Picture Alliance

S. 55 (oben)
© Picture Alliance

S. 55 (unten)
© akg-images / Picture Alliance

S. 56
© ddrbildarchiv.de / Picture Alliance

S. 57
© Marco Barone / Shutterstock

S. 59
© lightpoet / Fotolia

S. 60
© akg-images / Picture Alliance

S. 65 (oben)
© khunaspix / Fotolia

S. 65 (unten)
© Shestakoff / Fotolia

S. 67
© Bianchetti/Leemage / Picture Alliance

S. 73 (oben)
© Riccardo Piccinini / Fotolia

S. 73 (unten)
© Tim Brakemeier / Picture Alliance

S. 81
© Philipp Mertens / Geisler-Fotopress / Picture Alliance

S. 89
© Jean-Marc Bouju / keystone

S. 90
© Deutsche Fotothek / Morgenstern / Picture Alliance

S. 97
© Christian Schwier / Fotolia

S. 110
© Arne Dedert / Picture Alliance

S. 112
© Johannes Schmid und LIEBLINGS-FILM GmbH

S. 114
© Robert Kneschke / Fotolia

S. 118
© Kadmy / Fotolia

S. 127
© Fred Stein / Picture Alliance

S. 142
© Marius Becker / Picture Alliance

S. 143
© Frank May / Picture Alliance

S. 149 (oben)
© Fotolia

S. 149 (unten)
© Patrizia Tilly / Fotolia

S. 151
© Peter Atkins / Fotolia

S. 159
© Picture Alliance

S. 165 (oben links)
© lightpoet / Fotolia

S. 165 (oben rechts)
© contrastwerkstatt / Fotolia

S. 165 (Mitte)
© Jürgen Effner / Fotolia

S. 165 (unten links)
© Visions-AD / Fotolia

S. 165 (unten rechts)
© Gerhard Seybert / Fotolia

S. 170
© Syda Productions / Fotolia

S. 171
© Gennadiy Poznyakov / Fotolia

S. 173
© Jens Kalaene / Picture Alliance

S. 177 (oben)
© westfotos.de / Fotolia

S. 177 (unten)
© CandyBox Images / Fotolia

S. 179
© WavebreakMediaMicro / Fotolia

S. 182
© Robert Kneschke / Fotolia

S. 184
© DOC RABE Media / Fotolia

S. 186
© bluedesign / Fotolia

S. 189
© epa SWNS.COM / Picture Alliance

S. 191
© ECKEHARD SCHULZ / Picture Alliance

b. Zeichnungen und Illustrationen

S. 13, 34, 84 f.
© Matthias Plügner

S. 36, 58, 72
© Marius Hanke

S. 45
© Deutsche Stiftung Weltbevölkerung

S. 48
© Globus-Grafik / Picture Alliance

S. 49
© BGR Hannover

S. 115
© Harm Bengen / toonpool.com

S. 130
© Bundesinstitut für Berufsbildung (BIBB)

S. 131
© Statistisches Bundesamt

Stichwortverzeichnis